银行业信息化丛书

银行业开发安全管理与实践

毛斌 吕晓强 刘海波 等编著

Management and Practice for Banking
Software Security Development

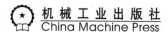

图书在版编目（CIP）数据

银行业开发安全管理与实践 / 毛斌等编著 . —北京：机械工业出版社，2022.8
（银行业信息化丛书）
ISBN 978-7-111-71272-5

Ⅰ. ①银⋯　Ⅱ. ①毛⋯　Ⅲ. ①银行业 – 信息系统 – 系统开发 – 信息安全 – 安全管理 – 研究　Ⅳ. ① F830.49

中国版本图书馆 CIP 数据核字（2022）第 130466 号

　　本书以银行业为背景，深入探讨了银行业开发安全，从银行业的信息系统现状探讨开发安全的必要性，从银行业的开发安全实践揭示开发安全的定义和内涵，用银行业的安全案例呈现开发安全的价值。本书从银行实践出发，严格按照信息系统的开发建设过程，翔实地介绍开发过程中的每一个环节安全工作的要求、解决方案、工作技巧和实践经验。IT 初学者可以通过本书学会开发安全的做法，IT 专家可以通过本书借鉴实践经验，IT 管理者可以通过本书提升安全管理能力，程序员、安全管理人员、测试人员、项目管理人员等都能从中受益。

　　本书既可作为系统了解开发安全知识的学习用书，也可作为开发安全日常工作中使用的速查手册，是金融行业开发安全领域从业人员的专业技术参考书。

银行业开发安全管理与实践

出版发行：机械工业出版社（北京市西城区百万庄大街 22 号　邮政编码：100037）	
责任编辑：杨熙越	责任校对：李小宝　王　延
印　　刷：北京铭成印刷有限公司	版　　次：2023 年 1 月第 1 版第 1 次印刷
开　　本：185mm×260mm　1/16	印　　张：15.25
书　　号：ISBN 978-7-111-71272-5	定　　价：89.00 元

客服电话：（010）88361066　68326294

版权所有·侵权必究
封底无防伪标均为盗版

前　言

本书以我国银行业为背景，对我国银行业的开发安全进行分析和探讨，力图通过对我国银行业开发安全的全面介绍，让读者对我国银行业在开发安全领域的管理思路、理论体系、实践经验等方面有一个清晰、全面的认识。

为了全面、准确反映我国银行业开发安全的实际情况，本书在编写过程中，分别调研了大型国有银行、股份制银行、城市商业银行等不同类型的典型银行，搜集具有代表性的第一手资料。

全书从银行业信息系统现状出发，探讨开发安全的必要性；通过银行业的开发安全实践，揭示开发安全的定义和内涵，利用银行业的安全案例呈现开发安全的价值。

本书强调从银行实践出发，严格按照银行信息系统的开发建设过程，翔实地介绍开发过程中的每一个环节安全工作的要求、解决方案、工作技巧和实践经验。IT初学者可以从中学会开发安全的做法，IT专家可以从中借鉴实践经验，IT管理者可以借此提升安全管理能力，程序员、安全人员、测试人员、项目管理人员等都能从中受益。

本书力求在下述三个方面取得一定的突破：

1）通用性：在编写本书的过程中，编写组广泛参考国际国内相关标准、法规、指南和成功实践，与主流的开发安全标准规范保持深度兼容性，具有很好的通用性。

2）全周期：无论是理论体系阐述还是实际经验总结，其主要内容均以信息系统开发全周期的结构呈现，并由此提出全周期开发安全管理的框架和技术模型，使读者能够从整体上对银行业开发安全工作进行把握。

3）实践性：本书以银行业实践为基础，通过逻辑梳理又反过来指导实践。为了更有效地反映银行当前开发安全实践，本书在各部分均有实例的基础上，专门添加案例章节，对银行业开发安全实践情况进行更为深入的介绍。

本书的具体编写工作由中国民生银行承担，由银行信息科技部毛斌、吕晓强、刘海波、李吉慧、张磊、高晓梦、张凯编著。本书在编写过程中，得到了中国民生银行各级领导的高度重视和大力支持，他们提出了大量实质性修改意见，在此对他们的辛勤付出表示感谢！感谢中国农业银行提供的宝贵资料和实践经验！感谢中国建设银行、华夏银行、北京理工大学在本书评审中提出的宝贵建议！本书在编写过程中，还参阅了大量文献资料，在此向这些文献资料的原作者表示衷心感谢！

由于银行业开发安全工作本身的复杂性和编者水平所限，书中难免存在疏漏、不足之处，敬请读者指正。

目 录

前言

第 1 章　绪论 / 1

    1.1　银行业信息系统的发展状况　/ 1

    1.2　银行业信息系统安全现状　/ 3

    1.3　国内外开发安全的现状　/ 4

        1.3.1　国外开发安全　/ 4

        1.3.2　国内开发安全　/ 6

    1.4　国内银行业开发安全的现状　/ 7

    1.5　国内银行业开发安全的监管要求　/ 8

        1.5.1　法律要求　/ 8

        1.5.2　行业监管要求　/ 9

第 2 章　全面认识开发安全 / 19

    2.1　开发安全基础概念　/ 19

        2.1.1　信息安全　/ 20

        2.1.2　信息系统安全　/ 20

        2.1.3　开发安全综述　/ 21

    2.2　开发安全关注点　/ 21

        2.2.1　项目准备阶段的安全　/ 22

        2.2.2　需求分析阶段的安全　/ 23

        2.2.3　系统设计阶段的安全　/ 23

        2.2.4　系统编码阶段的安全　/ 24

2.2.5 系统测试阶段的安全 / 28
2.2.6 部署阶段的安全 / 28
2.2.7 运维阶段的安全 / 29
2.2.8 废弃阶段的安全 / 29
2.2.9 项目管理安全 / 29
2.2.10 系统开发外包的安全 / 30
2.2.11 开发安全培训 / 33

2.3 开发安全的价值 / 34
2.4 基于软件工程的开发安全体系 / 34
 2.4.1 安全描述语言 / 35
 2.4.2 软件安全分析与安全设计 / 36
 2.4.3 设计模式介绍 / 37
 2.4.4 POAD 方法介绍 / 38
 2.4.5 安全模式及其应用研究 / 39
 2.4.6 安全模式库构建 / 41

2.5 基于成功实践的开发安全体系 / 43
 2.5.1 微软 SDL / 43
 2.5.2 OWASP 的安全开发项目 / 53
 2.5.3 McGraw 的 BSI 模型 / 57
 2.5.4 搜狐 SDL / 57

2.6 基于软件开发成熟度的开发安全体系 / 60
 2.6.1 安全性能力成熟度模型 / 61
 2.6.2 安全性管理过程域 / 61
 2.6.3 安全性工程过程域 / 63
 2.6.4 安全性能力成熟度模型与 CMMI 和安全性标准间的关系 / 64
 2.6.5 安全性能力成熟度模型使用指南 / 66

2.7 开发安全综述 / 68

第 3 章 银行业开发全生命周期安全管理体系 / 69

3.1 开发全生命周期安全管理介绍 / 69
3.2 开发生命周期安全管理的模型 / 69

3.2.1　ADCTA 循环模型　/ 69

3.2.2　ADCTA 循环模型的应用　/ 71

3.3　开发全生命周期安全管理体系　/ 72

3.4　准备阶段　/ 74

3.4.1　项目可行性安全分析和安全预评审　/ 74

3.4.2　威胁分析准备工作　/ 74

3.4.3　威胁模型　/ 75

3.4.4　威胁建模的方法　/ 80

3.4.5　银行业威胁分析特色　/ 88

3.5　安全需求　/ 89

3.5.1　工作内容　/ 89

3.5.2　银行业安全需求特色　/ 90

3.6　安全设计　/ 99

3.6.1　工作内容　/ 99

3.6.2　银行业安全设计特色　/ 100

3.7　安全编码　/ 102

3.7.1　工作要求　/ 102

3.7.2　银行业安全编码特色　/ 106

3.7.3　银行业的安全编码支撑体系　/ 106

3.8　安全测试　/ 106

3.8.1　工作要求　/ 106

3.8.2　银行业安全测试特色　/ 111

3.8.3　银行业安全测试资源库　/ 113

3.9　安全部署　/ 114

3.9.1　工作要求　/ 114

3.9.2　银行业安全部署特色　/ 115

3.10　安全运维　/ 117

3.10.1　工作要求　/ 117

3.10.2　银行业安全运维特色　/ 117

3.11　安全培训　/ 121

第 4 章 掌握开发安全实施技巧 / 122

4.1 开发全生命周期安全管理的内容 / 122
4.2 准备工作 / 123
    4.2.1 信息安全人才储备 / 123
    4.2.2 开发流程和管理调研 / 124
    4.2.3 安全现状调研 / 125
4.3 开发安全管理体系建设 / 125
4.4 安全评审流程设计 / 126
    4.4.1 评审流程 / 126
    4.4.2 安全评审的组织架构 / 128
    4.4.3 安全评审的输入输出 / 129
4.5 人员培训 / 129
    4.5.1 制订培训计划 / 130
    4.5.2 开发安全管理培训 / 130
    4.5.3 开发安全技能培训 / 130
4.6 体系试运行及正式运作 / 131
4.7 体系运行有效性评估 / 132
    4.7.1 体系评估的内容 / 132
    4.7.2 有效性评估方法 / 132
4.8 实施工作的难点和应对措施 / 133

第 5 章 巧用开发安全的有关工具 / 136

5.1 工具整体分析 / 136
5.2 工具详细介绍 / 137
    5.2.1 准备 / 137
    5.2.2 需求 / 141
    5.2.3 编码 / 143
    5.2.4 测试 / 154
    5.2.5 部署 / 156
    5.2.6 运维 / 159

第 6 章 开发安全的发展趋势 / 169

6.1 面向敏捷开发的开发安全管理 / 169

6.1.1 敏捷开发介绍 / 169
6.1.2 敏捷开发对安全管理的挑战 / 174
6.1.3 敏捷开发的切入点 / 174
6.1.4 敏捷开发安全管理实践 / 178

6.2 基于云计算的开发安全管理 / 184
6.2.1 国内外主流云服务开发平台介绍 / 184
6.2.2 云计算环境下的信息安全防御策略 / 186
6.2.3 云计算的安全等级保护要求 / 187
6.2.4 银行云计算安全的发展 / 193

6.3 DevOps 的安全管理 / 193
6.3.1 DevOps 介绍 / 193
6.3.2 DevOps 的安全管理 / 194

6.4 基于威胁情报的开发安全管理 / 195
6.4.1 威胁情报的概念 / 195
6.4.2 威胁情报的必要性 / 196
6.4.3 威胁情报与安全开发 / 197

第 7 章 开发安全案例 / 198

7.1 民生银行开发安全应用实例 / 198
7.1.1 背景 / 198
7.1.2 技术路线和关键技术 / 199
7.1.3 民生银行开发安全管理架构 / 199
7.1.4 民生银行开发安全管理体系 / 200
7.1.5 民生银行安全评审流程 / 204
7.1.6 安全需求 / 205
7.1.7 情景式需求分析平台 / 206
7.1.8 安全设计和开发支持 / 207
7.1.9 安全解决方案 / 207
7.1.10 小结 / 209

7.2 中国农业银行安全开发管控实例 / 209
7.2.1 项目背景 / 209
7.2.2 安全开发管理理念及思路 / 209
7.2.3 安全开发管控项目实践 / 211

7.2.4 小结 / 220

7.3 基于架构安全的开发安全管理实践 / 220
7.3.1 架构管理介绍 / 220
7.3.2 架构安全管理 / 222
7.3.3 小结 / 226

7.4 XcodeGhost事件 / 226
7.4.1 事件始末 / 226
7.4.2 原理分析 / 227
7.4.3 传播途径 / 228
7.4.4 影响面 / 229
7.4.5 后续 / 229
7.4.6 案例总结 / 229

参考文献 / 230

第 1 章

绪　　论

1.1　银行业信息系统的发展状况

信息化是通过对信息科技的开发与广泛应用，达到促进信息交流和知识共享、推动经济增长和社会发展目标的一种历史进程。银行业信息化表现为信息技术在银行领域中的广泛应用而引起的一场银行革命。我国银行业的信息化发展起步较晚，以银行中使用的计算机为例，与西方发达国家相比，我国银行业应用计算机大约晚了 20 多年。但我国作为后发使用者，也有不少优势，例如可以总结前人的经验，少走弯路。总体来说，我国银行业信息化现状并不落后，居于世界领先水平。

银行作为国家金融体系的重要组成部分，在经济生活中发挥着重要作用，随着银行业务的不断发展和创新，各种内外部信息系统组成了一个庞大的体系，既包括银行总行、分行、支行、营业网点内部之间的业务互动，又涵盖与个人、企业、政府部门等外部数据的交换，因此信息系统及其包含的数据是银行最为重要的"资产"，是银行业务经营与信息科技应用的核心。

目前，我国大型商业银行和股份制商业银行均采用数据大集中体系，建立了前端渠道服务层、服务和交易处理层、后端风险管理及分析决策层的银行核心应用系统分层模式，形成了通过电子银行、银行柜面等前端渠道服务层为客户提供业务，以服务和交易处理层为数据整合中心，向风险管理、决策管理、内部管理等后端风险管理及分析决策层提供基础业务数据的信息化体系。中小城商行、农商行、农信社等银行业金融机构信息技术发展很快，采用自建、共建、托管等多种方式建立其信息系统，科技能力虽然与大型商业银行有差距，但也取得了长足进步。

银行业典型 IT 架构，通常由渠道类、业务类、管理类和其他四大类信息系统组成，如图 1-1 所示。

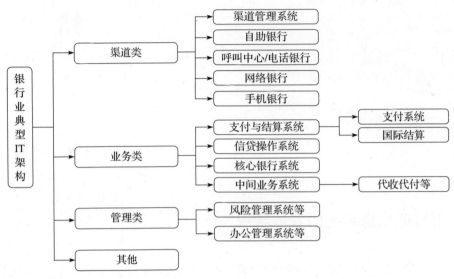

图 1-1　银行业典型 IT 架构

银行业典型 IT 架构体现出基于计算机和网络通信的信息技术与传统金融高度紧密结合，无论对技术进步还是对银行发展而言，都是一个前所未有的重要超越。信息化给银行业提供了巨大的发展机遇，促使银行较以往更贴近市场和客户，信息技术在我国银行业中的应用推动了银行业务扩展和管理水平的深化。

现代银行信息技术发展的重要特征就是互联网技术的深入应用，互联网"开放、平等、协作、分享"的精神渗透至传统银行等金融业态，形成了互联网金融。互联网金融借助大数据、云计算、社交网络和搜索引擎等信息技术优势，从商品流到企业的资金流、信息流，再延伸至银行支付、融资等核心业务领域，实现对市场、用户、产品、价值链的逐步重构，打破了传统的金融行业界限和竞争格局。

银行业正不断适应互联网金融的发展，依托互联网发生深刻变化，金融创新力度前所未有。银行业在 ATM 机和 POS 机结算终端广泛使用的基础上，大力发展以电话银行、自助银行、网络银行、手机银行等为代表的电子银行系统，已经成为当今时代各家商业银行提高服务质量、开展业务创新和增强竞争优势的重要战略之一。

信息技术成为银行业务支撑和创新的关键，同时也是提升银行管理的关键。依托智能化信息技术，通过将管理理念、体制与信息技术进行充分的结合，银行管理水平得以显著深化与提升。如今，信息技术在我国银行办公、管理与决策方面扮演着越来越重要的角色，是现代银行管理信息系统的重要基础，它的建立与完善改善了银行内部的办公流程，实现了银行内各部门之间的协同合作，大大缩短了信息从获取到分析、决策以至反馈和控制的时间。

总之，信息技术全面应用于银行业的方方面面，在提高现代银行的市场反应能力和业务处理效率、管理效率，提升银行核心竞争力等方面发挥着极其重要的作用。

1.2 银行业信息系统安全现状

伴随着银行信息系统互联网化和信息技术的日新月异，商业银行传统金融业务与新兴互联网技术正在经历深度的融合，这种融合是商业银行的金融模式创新和服务渠道转型的驱动力，同时也带来严峻的网络安全威胁。

纵观全球，从技术建设水平以及风险监管环境看，银行业的信息安全体系对比其他行业更为成熟和完善，表现在商业银行普遍具备网络防御、信息备份、灾难恢复和系统性能保障等基本的信息安全保障措施，同时商业银行接受的定期合规检查也是最严格的。然而，随着银行自身业务电子化依赖程度的加深以及金融服务趋于开放互联，全球银行业的网络安全威胁事件近年来不降反升，严重影响银行声誉，甚至影响社会稳定，打击公众对互联网金融的信心。金融领域的信息安全问题具有严峻性、持续性和衍生性，信息安全风险边界呈现出扩大化、分散化的趋势，主要表现在以下几点：

- 从威胁模式看，商业银行面临多样化的网络攻击形式，APT（高级持续威胁）攻击增多。商业银行面临的最主要的网络安全威胁是资金窃取、数据泄露以及系统服务中断。
- 从涉及地域看，信息安全风险正在威胁全球范围的商业银行。区别于实地"抢银行"的概念，在互联网金融时代，黑客已突破洲际地域界线，可以将任何区域的商业银行信息系统作为攻击目标，开展有组织的网络窃取和破坏活动，针对商业银行的网络攻击行为已成为全球性的普遍问题。
- 从成本投入看，攻击成本和防御成本呈现严重不对称性。商业银行在安全设施、人才培养和技术研发方面的投入正逐年增加，但同时随着同类业务的泛化、攻击方法的简化和恶意工具的普及，网络攻击难度和成本正在降低，防御与攻击的成本反差，都增加了防御的难度。

- 从外部因素看，网络安全与地缘政治、民族宗教等问题紧密相连，存在跨界震荡。当前，在国际政治、军事、宗教等领域发生的区域冲突和争端正越来越多地转嫁于网络空间，带有政治意图或意识形态的网络威胁大幅增加。
- 从业务发展因素看，新兴业务应用的增长带来安全隐患。移动金融、网络理财、第三方支付、企业网络融资、直销银行等新应用的出现使得银行线上业务链条拉长，漏洞随之增多，不仅带来了技术安全问题，还表现出业务安全隐患，传统的信息安全风险评估方法已难以适应。

简而言之，银行业的安全状况呈下降趋势，传统安全工作偏于在系统建设完成之后展开，已经无法满足银行业的安全要求，必须将安全工作大幅前移，全面重视开发安全，真正实现系统全生命周期的安全，保障银行业务的稳健有序开展。

1.3　国内外开发安全的现状

当前银行业信息系统的安全状况，特别是银行系统的互联网化，对信息安全提出更高要求，但信息系统安全保障是一个庞大和复杂的课题，开发安全性的实现与落地并不容易，国内外均投入大量的人力物力进行开发安全的研究与实践。

目前，国内外开发安全的研究既有理论研究，又有通过企业的实践进行分析总结的成功实践，以下将选择部分信息进行介绍。

1.3.1　国外开发安全

国外开发安全发展较早，美国是其中发展较好的国家。

在理论和规范方面，美国的国家标准与技术研究院（National Institute of Standards and Technology，NIST）推出的 SP800 系列文档，包含开发安全管理的标准，包括初始阶段、获取/开发阶段、执行阶段、操作/维护阶段和部署阶段。每一阶段都包括一组最简化的安全步骤，以指导在开发过程中实现安全与系统融合。

此外，国外的大型企业已经进行了很多的开发安全实践，总结出相应的开发安全管理理念：

（1）微软 SDL。SDL 的全称是 Security Development Lifecycle，即安全开发生命周期。它是由微软最早提出的，在软件工程中实施，是帮助解决软件安全问题的办法。SDL 是一个安全保证的过程，起始点是软件开发，它在开发的所有阶段都引入了安全和个人隐私保护的原则，包括开发威胁模型、使用静态分析工具以及代码审核和安全测试。自 2004 年起，SDL 一直都是微软在全公司实施的强制性策略。

SDL 中的方法，试图从安全漏洞产生的根源上解决问题，通过对软件工程的控制，保证产品的安全性。SDL 主要由以下 7 部分组成：

- 安全培训（training）：推广安全编程意识。
- 需求分析（requirements）：寻找安全嵌入的最优方式。
- 系统设计（design）：威胁建模设计。
- 实现（implementation）：安全开发。
- 验证（verification）：黑/白盒测试。
- 发布（release）：最后检查确认。
- 响应（response）：应急响应，漏洞跟踪解决。

通过上面的环节，微软 SDL 是将设计、代码和文档等与安全相关的漏洞减到最少，在软件开发的生命周期中尽可能早地发现解决相关漏洞建立的流程框架。

（2）CSDL。这是思科定义的安全开发生命周期，思科希望通过实施 CSDL 来检测、修复设计和编码缺陷，降低、防止设计和编码缺陷带来的危害。CSDL 使用多层防御方法。首先，通过基础需求和威胁建模评审，将产品安全纳入整体设计和设计评审流程。其次，执行严格软件开发设计流程来检测、修复和防止软件缺陷。最后，利用渗透测试来验证前面两层的防御，发现和修复缺陷。

（3）BSI 模型。BSI 模型是 Gray McGraw 提出的安全开发模型，BSI 是 Building Security IN 的缩写，强调应该使用工程化的方法来实施软件安全，即在整个软件开发生命周期中都要确保将安全作为软件的一个有机组成部分。该模型的三根支柱是风险管理、软件安全的接触点和安全知识。风险管理贯穿整个生命周期，用来追踪和减轻风险；接触点，即进行安全开发的最佳实践；安全知识，即收集、组织和传播对安全教育和接触点实施极为重要的知识，知识类型包括原则（principle）、方针（guideline）、规则（rule）、弱点（vulnerability）、攻击程序（exploit）、攻击模式（attack pattern）和历史风险（historical）。

（4）OWASP 的 CLASP 模型。CLASP 为 comprehensive lightweight application security process 的首字母缩写，即综合轻量应用安全过程，提供一个经验型的架构，以实现对

开发安全的支持。CLASP 实际上是一组过程的片段，可以集成到任何软件开发过程中。CLASP 采用说明性的手段，建议组织采取相关的活动，并且提供一个安全资源，介绍工具用以实现自动过程。

（5）SSE-CMM 模型。SSE-CMM（Systems Security Engineering，Capability Maturity Model）是一个过程参考模型。它关注的是信息技术安全（ITS）领域内某个系统或者若干相关系统实现安全的要求。在 ITS 领域内，SSE-CMM 关注的是用来实现 ITS 的过程，尤其是这些过程的成熟度。SSE-CMM 不规定组织使用的具体过程以及具体的方法，而是利用其现有的过程实现信息技术安全。它主要涵盖以下内容：

- SSE-CMM 强调的是分布于整个安全工程生命周期中各个环节的安全工程活动，包括概念定义、需求分析、设计、开发、集成、安装、运行、维护及更新。
- SSE-CMM 应用于安全产品开发者、安全系统开发者及集成者，还包括提供安全服务与安全工程的组织。
- SSE-CMM 适用于各种类型、规模的安全工程组织。

以上开发安全模型的特点如表 1-1 所示。

表 1-1 开发安全模型特点

序号	模型名称	模型特点
1	SDL	全面覆盖，文档丰富，更新及时，较多工具支持，成本较高，适合大型企业
2	CSDL	与 SDL 类似，具体管控内容有所区别
3	BSI	强调开发安全重点，注重实用方法，上手较快
4	CLASP	轻量级过程，以角色及其职责为核心，适用于小型企业
5	SSE-CMM	理论性较强，强调与现有过程的结合

总体来说，国外的安全开发理论比较发达，实际应用比较广泛，值得有志于学习与实践开发安全的读者们借鉴和学习。

1.3.2 国内开发安全

国内对开发安全工作非常重视，开展时间并不比国外晚多少，但在理论研究深度和实践强度上，对比发达国家还是有一定距离。

在理论和规范方面，中国信息安全测评中心推出国家标准 GB/T 18336—2015《信息技术 安全技术 信息技术安全评估准则》，综合考虑产品的预期应用环境，通过对信息安全产品的整个生命周期,包括技术、开发、管理、交付等部分进行全面的要求和对应的安全性评估与测试,验证产品的保密性、完整性和可用性程度,确定产品对其预期应用而言是否足够安全,以及在使用中隐含的安全风险是否可以容忍,产品是否满足相应评估保证级的要求。这是国内比较系统地对开发安全提出明确要求的标准。

国内大量的企业都在开展开发安全活动,但对开发安全工作进行系统性总结的不多。搜狐公司总结的 Sohu SDL 是其中一个比较公开的例子。本节先对 Sohu SDL 做一个简单介绍,从中可以看出国内 SDL 的发展水平,后续 2.5.4.1 节和 2.5.4.2 节还会从多角度详细介绍 Sohu SDL 流程。

搜狐公司 Sohu SDL 期望解决其信息安全面临的,诸如项目开发周期短、迭代频繁、缺乏安全设计、缺乏安全编程意识、老旧代码难以维护、业务线代码风格多变等问题。

1.4 国内银行业开发安全的现状

国内银行业的开发安全现状参差不齐,大型银行与中小型银行差异巨大。

大型银行具备人数庞大的开发团队,对开发安全非常重视,并付诸实践。其开发安全活动既包含开发安全管理,又包含开发安全技术支持。图 1-2 是某大型银行的全生命周期安全管理制度,该管理制度表明其开发安全管理已经覆盖信息系统全生命周期的管理。

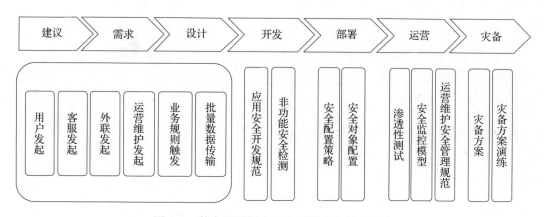

图 1-2 某大型银行全生命周期安全管理制度

中小型银行受限于企业规模和人力的不足,在开发安全工作展开方面与大型银行相比还有相当大的差距。即便在不同的中小型银行中,规模和人力资源也有差异,安全开发水平也参差不齐。表1-2从IT系统基础、开发模式、开发安全组织、开发安全管理流程、开发安全工具等方面对不同类型的银行进行了对比分析。

表1-2 开发安全水平对比

内容	大型银行	较好的中小型银行	中小型银行
银行构成	以工、农、中、建为代表的大型银行	股份制银行和少量规模较大的城商行、农商行	城商行和农商行
IT系统基础	系统统一度高、数据集中度高,应用系统高度融合,有助于开展开发安全工作	核心系统比较统一,数据集中度中等,应用系统整合不足	中小型金融机构系统面临整合、升级、重建;核心系统版本不统一,数据集中度不高;应用系统未实现有效整合,众多独立分散的系统安全隐患巨大
开发模式	主要部分均自主开发	自主开发和外包开发、采购相结合	外包开发、采购为主
开发安全组织	有多个独立的安全组织,人力相对充分	有独立的安全管理组织,人力不足	无独立安全组织或人力严重不足
开发安全管理流程	有严格的开发安全管理流程,但仍有管理不足之处	有开发安全管理流程,但受限于人力不足、管理不充分	开发安全管理流程没有或者流于形式,依赖少量骨干人员的个人能力
架构安全	自主架构,具备架构安全基础,但常受困于架构太老而难以调整	不完全自主架构,架构安全只能在局部修补	架构不自主,架构安全工作难以展开
代码安全	源代码审计展开充分	重点系统展开	少量开展
开发安全工具	工具种类较多,部分工具效果不太理想	工具种类较少,工具化不足	工具支撑不足
开发外包管理	少量外包,管理严格	外包较多,管理严格	外包为主,管理相对薄弱
可推广性	对人力依赖比较高,不具备行业推广性	推广性较好	需要学习和借鉴

中小型银行在开发安全领域表现出来的水平差距,对开发安全在银行业中的推广是一个重大挑战,如何把握中小型银行的特点,找到适合中小型银行的开发安全实践思路,是在银行业推广开发安全的关键。

1.5 国内银行业开发安全的监管要求

1.5.1 法律要求

2017年6月1日,《中华人民共和国网络安全法》(以下简称《网络安全法》)正式实施。

《网络安全法》第三十一条明确规定:"国家对公共通信和信息服务、能源、交通、水利、金融、公共服务、电子政务等重要行业和领域,以及其他一旦遭到破坏、丧失功能或者数据泄露，可能严重危害国家安全、国计民生、公共利益的关键信息基础设施，在网络安全等级保护制度的基础上，实行重点保护。关键信息基础设施的具体范围和安全保护办法由国务院制定。"根据此条规定，银行业作为金融行业的重要组成部分，其网络和信息系统属于关键信息基础设施，必须实行重点保护。

对于关键信息基础设施的保护，《网络安全法》有具体要求，与开发安全直接相关的是第三十三条："建设关键信息基础设施应当确保其具有支持业务稳定、持续运行的性能，并保证安全技术措施同步规划、同步建设、同步使用。"即俗称的"三同步"。根据"三同步"的要求，同步规划和同步建设体现在开发流程中，属于开发安全范围，即在开发过程中，在需求、设计阶段就必须规划安全，需求中包含安全需求，设计中包含安全设计；在建设中，功能与安全一同建设；上线时，同步使用。必须做好开发安全工作，才能满足"三同步"的要求。

以上是法律方面的强制要求，是银行业信息安全工作的准绳，银行业必须开展开发安全相关工作，以满足法律要求。

1.5.2 行业监管要求

1.5.2.1 开发安全策略

银监会 2006 年印发的《电子银行安全评估指引》（银监发〔2006〕9 号），与开发安全策略方面直接相关的要求如下。

第二十八条 电子银行安全策略的评估，至少应包括以下内容：

……

（二）系统设计与开发的安全策略；

银监会 2009 年颁发的《商业银行信息科技风险管理指引》（银监发〔2009〕19 号），与开发安全策略方面直接相关的要求如下。

第八条 商业银行应设立首席信息官，直接向行长汇报，并参与决策。首席信息官的职责包括：

……

（二）确保信息科技战略，尤其是信息系统开发战略，符合本银行的总体业务战略和信息科技风险管理策略。

……

第十五条 商业银行应制定全面的信息科技风险管理策略，包括但不限于下述领域：

……

（二）信息系统开发、测试和维护。

……

第二十一条 商业银行信息科技部门应落实信息安全管理职能。该职能应包括建立信息安全计划和保持长效的管理机制，提高全体员工信息安全意识，就安全问题向其他部门提供建议，并定期向信息科技管理委员会提交本银行信息安全评估报告。信息安全管理机制应包括信息安全标准、策略、实施计划和持续维护计划。

信息安全策略应涉及以下领域：

……

（八）系统开发与维护管理。

1.5.2.2 开发安全管理

银监会2009年颁发的《商业银行信息科技风险管理指引》（银监发〔2009〕19号）第五章，单独对信息系统开发、测试和维护提出了要求：

第三十四条 商业银行应采取适当的系统开发方法，控制信息系统的生命周期。典型的系统生命周期包括系统分析、设计、开发或外购、测试、试运行、部署、维护和退出。所采用的系统开发方法应符合信息科技项目的规模、性质和复杂度。

第三十五条 商业银行应制定相关控制信息系统变更的制度和流程，确保系统的可靠性、完整性和可维护性，其中应包括以下要求：

（一）生产系统与开发系统、测试系统有效隔离。

（二）生产系统与开发系统、测试系统的管理职能相分离。

（三）除得到管理层批准执行紧急修复任务外，禁止应用程序开发和维护人员进入生产系统，且所有的紧急修复活动都应立即进行记录和审核。

（四）将完成开发和测试环境的程序或系统配置变更应用到生产系统时，应得到信息科技部门和业务部门的联合批准，并对变更进行及时记录和定期复查。

第三十六条 商业银行应制定并落实相关制度、标准和流程，确保信息系统开发、测试、维护过程中数据的完整性、保密性和可用性。

此外，银行信息系统开发主要依托于外包公司，银保监会2021年发布的《银行保险机构信息科技外包风险监管办法》（银保监办发〔2021〕141号）对银行信息科技外包从外包管理组织架构、信息科技外包战略及风险管理、外包风险评估与准入、服务提供商尽职调查、外包服务合同及要求、外包服务安全管理等方面提出了相关要求，其中不乏对开发过程的外包人员、环境、终端、文档、源代码审计、安全测试、安全培训等的要求。

1.5.2.3 技术安全规范

中国人民银行的 JR/T 0068—2020《网上银行系统信息安全通用规范》涵盖了安全技术规范，包括客户端安全要求、专用安全设备安全要求、网络与通信安全要求、服务端安全要求。

在 GB/T 25070—2019《信息安全技术 网络安全等级保护安全设计技术要求》中，也有与开发安全相关的安全要求。特别是应用安全要求和数据安全要求，都必须在开发过程中通过必要的安全需求分析和设计来满足。

在一些专项技术规范中，也明确了相关安全技术要求，如表 1-3 所示。

表 1-3 专项技术规范中相关安全技术要求

序号	类别	技术规范
1	银行卡	JR/T 0052—2020《银行卡卡片规范》
2		JR/T 0008—2000《银行卡发卡行标识代码及卡号》
3	磁条卡	GB/T 19584—2004《银行卡磁条信息格式和使用规范》
4		《中国金融集成电路（IC）卡规范（V3.0）》
5		JR/T 0025.1—2018《中国金融集成电路（IC）卡规范 第 1 部分：总则》
6		JR/T 0025.3—2018《中国金融集成电路（IC）卡规范 第 3 部分：与应用无关的 IC 卡与终端接口规范》
7		JR/T 0025.4—2018《中国金融集成电路（IC）卡规范 第 4 部分：借记/贷记应用规范》
8		JR/T 0025.5—2018《中国金融集成电路（IC）卡规范 第 5 部分：借记/贷记应用卡片规范》
9		JR/T 0025.6—2018《中国金融集成电路（IC）卡规范 第 6 部分：借记/贷记应用终端规范》
10		JR/T 0025.7—2018《中国金融集成电路（IC）卡规范 第 7 部分：借记/贷记应用安全规范》
11		JR/T 0025.8—2018《中国金融集成电路（IC）卡规范 第 8 部分：与应用无关的非接触式规范》
12	IC 卡	JR/T 0025.10—2018《中国金融集成电路（IC）卡规范 第 10 部分：借记/贷记应用个人化指南》
13		JR/T 0025.12—2018《中国金融集成电路（IC）卡规范 第 12 部分：非接触式 IC 卡支付规范》
14		JR/T 0025.13—2018《中国金融集成电路（IC）卡规范 第 13 部分：基于借记/贷记应用的小额支付规范》
15		JR/T 0025.14—2018《中国金融集成电路（IC）卡规范 第 14 部分：非接触式 IC 卡小额支付扩展应用规范》
16		JR/T 0025.15—2018《中国金融集成电路（IC）卡规范 第 15 部分：电子现金双币支付应用规范》
17		JR/T 0025.16—2018《中国金融集成电路（IC）卡规范 第 16 部分：IC 卡互联网终端规范》
18		JR/T 0025.18—2018《中国金融集成电路（IC）卡规范 第 18 部分：基于安全芯片的线上支付技术规范》

（续）

序号	类别	技术规范
19	银行卡受理终端	JR/T 0120—2016《银行卡受理终端安全规范》
20		JR/T 0001—2016《银行卡销售点（POS）终端技术规范》
21	银行卡联网联合	JR/T 0055.1—2009《银行卡联网联合技术规范 第1部分：交易处理》
22		JR/T 0055.2—2009《银行卡联网联合技术规范 第2部分：报文交换》
23		JR/T 0055.3—2009《银行卡联网联合技术规范 第3部分：文件数据格式》
24		JR/T 0055.4—2009《银行卡联网联合技术规范 第4部分：数据安全传输控制》
25		JR/T 0055.5—2009《银行卡联网联合技术规范 第5部分：通信接口》
26	支付	JR/T 0149—2016《中国金融移动支付 支付标记化技术规范》
27		《网络支付报文结构及要素技术规范（V1.0）》
28		JR/T 0088.1—2012《中国金融移动支付 应用基础 第1部分：术语》
29		JR/T 0088.2—2012《中国金融移动支付 应用基础 第2部分：机构代码》
30		JR/T 0088.3—2012《中国金融移动支付 应用基础 第3部分：支付应用标识符》
31		JR/T 0088.4—2012《中国金融移动支付 应用基础 第4部分：支付账户介质识别码》
32		JR/T 0089.1—2012《中国金融移动支付 安全单元 第1部分：通用技术要求》
33		JR/T 0089.2—2012《中国金融移动支付 安全单元 第2部分：多应用管理规范》
34		JR/T 0090—2012《中国金融移动支付 非接触式接口规范》
35		JR/T 0091—2012《中国金融移动支付 受理终端技术要求》
36		JR/T 0093.1—2012《中国金融移动支付 远程支付应用 第1部分：数据元》
37		JR/T 0093.2—2012《中国金融移动支付 远程支付应用 第2部分：交易模型及流程规范》
38		JR/T 0093.3—2012《中国金融移动支付 远程支付应用 第3部分：报文结构及要素》
39		JR/T 0093.4—2012《中国金融移动支付 远程支付应用 第4部分：文件数据格式规范》
40		JR/T 0093.5—2012《中国金融移动支付 远程支付应用 第5部分：短信支付技术规范》
41		JR/T 0093.6—2015《中国金融移动支付 远程支付应用 第6部分：基于安全单元（SE）的安全服务技术规范》
42		JR/T 0094.1—2012《中国金融移动支付 近场支付应用 第1部分：数据元》
43		JR/T 0094.2—2012《中国金融移动支付 近场支付应用 第2部分：交易模型及流程规范》
44		JR/T 0094.3—2012《中国金融移动支付 近场支付应用 第3部分：报文结构及要素》
45		JR/T 0094.4—2012《中国金融移动支付 近场支付应用 第4部分：文件数据格式规范》
46		JR/T 0095—2012《中国金融移动支付 应用安全规范》
47		JR/T 0096.1—2012《中国金融移动支付 联网联合 第1部分：通信接口规范》
48		JR/T 0096.2—2012《中国金融移动支付 联网联合 第2部分：交易与清算流程规范》
49		JR/T 0096.3—2012《中国金融移动支付 联网联合 第3部分：报文交换规范》
50		JR/T 0096.4—2012《中国金融移动支付 联网联合 第4部分：文件数据格式规范》
51		JR/T 0096.5—2012《中国金融移动支付 联网联合 第5部分：入网管理规范》
52		JR/T 0096.6—2012《中国金融移动支付 联网联合 第6部分：安全规范》
53		JR/T 0097—2012《中国金融移动支付 可信服务管理技术规范》
54		JR/T 0098.1—2012《中国金融移动支付 检测规范 第1部分：移动终端非接触式接口》
55		JR/T 0098.2—2012《中国金融移动支付 检测规范 第2部分：安全芯片》

(续)

序号	类别	技术规范
56	支付	JR/T 0098.3—2012《中国金融移动支付 检测规范 第3部分：客户端软件》
57		JR/T 0098.4—2012《中国金融移动支付 检测规范 第4部分：安全单元（SE）应用管理终端》
58		JR/T 0098.5—2012《中国金融移动支付 检测规范 第5部分：安全单元（SE）嵌入式软件安全》
59		JR/T 0098.6—2012《中国金融移动支付 检测规范 第6部分：业务系统》
60		JR/T 0098.7—2012《中国金融移动支付 检测规范 第7部分：可信服务管理系统》
61		JR/T 0098.8—2012《中国金融移动支付 检测规范 第8部分：个人信息保护》
62	信息安全指南	GB/T 27910—2011《金融服务 信息安全指南》
63	等级保护	JR/T 0071—2020《金融行业网络安全等级保护实施指引》
64		JR/T 0072—2020《金融行业网络安全等级保护测评指南》
65		JR/T 0073—2012《金融行业信息安全等级保护测评服务安全指引》
66	加密及密钥管理	GB/T 21079.1—2011《银行业务 安全加密设备（零售） 第1部分：概念、要求和评估方法》
67		GB/T 20547.2—2006《银行业务 安全加密设备（零售） 第2部分：金融交易中设备安全符合性检测清单》
68		GB/T 21081—2007《银行业务 密钥管理相关数据元（零售）》
69		GB/T 27929—2011《银行业务 采用对称加密技术进行报文鉴别的要求》
70		GB/T 27909.1—2011《银行业务 密钥管理（零售） 第1部分：一般原则》
71		GB/T 27909.2—2011《银行业务 密钥管理（零售） 第2部分：对称密码及其密钥管理和生命周期》
72		GB/T 27909.3—2011《银行业务 密钥管理（零售） 第3部分：非对称密码系统及其密钥管理和生命周期》
73		GB/T 21082.4—2007《银行业务 密钥管理（零售） 第4部分：使用公开密钥密码的密钥管理技术》
74	生物识别	GB/T 27912—2011《金融服务 生物特征识别 安全框架》
75	电子认证	JR/T 0118—2015《金融电子认证规范》
76	证书管理	GB/T 27928.1—2011《金融业务 证书管理 第1部分：公钥证书》
77		GB/T 21077.2—2007《银行业务 证书管理 第2部分：证书扩展项》
78	银团贷款	JR/T 0138—2016《银团贷款业务技术指南》
79	保险	JR/T 0037—2016《银行保险业务财产保险数据交换规范》
80	票据影像交换	JR/T 0056—2009《票据影像交换技术规范 影像采集》
81		JR/T 0057—2009《票据影像交换技术规范 数据元》

此外，在一些专项通知中，行业监管也规定了一些技术要求，如：

- 《中国人民银行关于进一步加强银行卡风险管理的通知》（银发〔2016〕170号）。
- 《中国人民银行办公厅关于开展银行卡信息泄露风险专项排查工作的通知》（银办发〔2016〕192号）。

- 《中国人民银行办公厅关于印发〈网络支付报文结构及要素技术规范（V1.0）〉的通知》（银办发〔2016〕222号）。
- 《中国人民银行关于银行业金融机构做好个人金融信息保护工作的通知》（银发〔2011〕17号）。
- 《中国人民银行办公厅关于加强条码支付安全管理的通知》（银办发〔2017〕242号）。
- 《中国银监会办公厅关于加强网络信息安全与客户信息保护有关事项的通知》（银监办发〔2017〕2号）。

1.5.2.4 业务安全规范

银行大部分业务依托于信息系统，在信息系统开发的需求阶段，应对各类业务进行专项调研分析，满足监管业务安全要求。

本书梳理了银行常规业务领域的监管业务要求，主要包括电子银行、互联网金融、银行卡收单、支付、账户管理五个方面（见表1-4）。

表1-4 银行常规业务领域的监管业务要求

序号	类别	文号/标准号	名称
1	电子银行	银监发〔2006〕9号	《电子银行安全评估指引》
2		银监会令〔2006〕5号	《电子银行业务管理办法》
3		银监办发〔2007〕134号	《中国银监会办公厅关于做好网上银行风险管理和服务的通知》
4		JR/T 0068—2020	《网上银行系统信息安全通用规范》
5		银监办发〔2015〕97号	《中国银监会办公厅关于加强银行业金融机构内控管理有效防范柜面业务操作风险的通知》
6	互联网金融	银发〔2015〕221号	《关于促进互联网金融健康发展的指导意见》
7		国办发〔2016〕21号	《国务院办公厅关于印发互联网金融风险专项整治工作实施方案的通知》
8		银监办发〔2016〕24号	《中国银监会办公厅关于2016年推进普惠金融发展工作的指导意见》
9		银监办发〔2016〕163号	《中国银监会办公厅关于进一步提升大型银行县域金融服务能力的通知》
10		银监发〔2016〕24号	《中国银监会关于规范商业银行代理销售业务的通知》
11		整治办函〔2017〕64号	《关于对互联网平台与各类交易场所合作从事违法违规业务开展清理整顿的通知》
12		银监办发〔2009〕47号	《中国银监会办公厅关于进一步规范银行代理保险业务管理的通知》
13		银监发〔2005〕63号	《中国银行业监督管理委员会关于印发〈商业银行个人理财业务风险管理指引〉的通知》
14		银保监会令〔2018〕6号	《商业银行理财业务监督管理办法》

（续）

序号	类别	文号/标准号	名称
15		银监办发〔2006〕157号	《中国银行业监督管理委员会办公厅关于商业银行开展个人理财业务风险提示的通知》
16		银监办发〔2007〕114号	《中国银监会办公厅关于调整商业银行代客境外理财业务境外投资范围的通知》
17		银监会令〔2011〕5号	《商业银行理财产品销售管理办法》
18		银监发〔2014〕35号	《中国银监会关于完善银行理财业务组织管理体系有关事项的通知》
19		银监会令〔2010〕4号	《商业银行集团客户授信业务风险管理指引》
20		银监发〔2004〕57号	《中国银行业监督管理委员会关于印发〈商业银行房地产贷款风险管理指引〉的通知》
21		银监发〔2007〕54号	《中国银监会关于印发〈贷款风险分类指引〉的通知》
22		银监会令〔2007〕12号	《中国银行业监督管理委员会关于修改〈商业银行集团客户授信业务风险管理指引〉的决定》
23		银监会令〔2010〕2号	《个人贷款管理暂行办法》
24		网贷整治办函〔2017〕56号	《关于印发小额贷款公司网络小额贷款业务风险专项整治实施方案的通知》
25		银监发〔2017〕26号	《中国银监会 教育部 人力资源社会保障部关于进一步加强校园贷规范管理工作的通知》
26		整治办函〔2017〕57号	《关于立即暂停批设网络小额贷款公司的通知》
27		整治办函〔2017〕141号	《关于规范整顿"现金贷"业务的通知》
28	互联网金融	银监会令〔2016〕1号	《网络借贷信息中介机构业务活动管理暂行办法》
29		网贷整治办函〔2017〕57号	《关于做好P2P网络借贷风险专项整治整改验收工作的通知》
30		银监办发〔2016〕160号	《中国银监会办公厅 工业和信息化部办公厅 工商总局办公厅关于印发网络借贷信息中介机构备案登记管理指引的通知》
31		银监办发〔2017〕113号	《中国银监会办公厅关于印发〈网络借贷信息中介机构业务活动信息披露指引〉的通知》
32		银监办发〔2017〕21号	《网络借贷资金存管业务指引》
33		银办发〔2016〕192号	《中国人民银行办公厅关于开展银行卡信息泄露风险专项排查工作的通知》
34		银发〔2016〕170号	《中国人民银行关于进一步加强银行卡风险管理的通知》
35		银发〔1999〕17号	《关于下发〈银行卡业务管理办法〉的通知》
36		银发〔2002〕6号	《中国人民银行关于规范联名卡管理的通知》
37		银发〔2005〕103号	《中国人民银行 发展改革委 公安部 财政部 信息产业部 商务部 税务总局 银监会 外汇局关于促进银行卡产业发展的若干意见》
38		银发〔2006〕84号	《中国人民银行 中国银行业监督管理委员会关于防范信用卡风险有关问题的通知》
39		银发〔2007〕273号	《中国人民银行关于加强银行卡境外受理业务管理有关问题的通知》

（续）

序号	类别	文号/标准号	名称
40	互联网金融	银办发〔2009〕149号	《中国人民银行办公厅关于贯彻落实〈中国人民银行 中国银行业监督管理委员会 公安部 国家工商总局关于加强银行卡安全管理、预防和打击银行卡犯罪的通知〉的意见》
41		银发〔2009〕142号	《中国人民银行 中国银行业监督管理委员会 公安部 国家工商总局关于加强银行卡安全管理、预防和打击银行卡犯罪的通知》
42		银监发〔2009〕17号	《中国银监会关于进一步加强银行卡服务和管理有关问题的通知》
43		银发〔2011〕47号	《中国人民银行关于进一步规范和加强商业银行银行卡发卡技术管理工作的通知》
44		银监会令〔2011〕2号	《商业银行信用卡业务监督管理办法》
45		银办发〔2014〕107号	《中国人民银行办公厅关于逐步关闭金融IC卡降级交易有关事项的通知》
46		银发〔2014〕2号	《中国人民银行关于规范单位结算卡业务管理的通知》
47		银发〔2014〕5号	《中国人民银行关于加强银行卡业务管理的通知》
48		中支协发〔2014〕39号	《中国支付清算协会关于印发〈银行卡业务风险控制与安全管理指引〉的通知》
49		国发〔2015〕22号	《国务院关于实施银行卡清算机构准入管理的决定》
50		银发〔2017〕21号	《中国人民银行关于强化银行卡受理终端安全管理的通知》
51	银行卡收单	中国人民银行公告〔2013〕第9号	《银行卡收单业务管理办法》
52		银发〔2015〕199号	《中国人民银行关于加强银行卡收单业务外包管理的通知》
53		中支协发〔2015〕76号	《中国支付清算协会关于印发〈银行卡收单外包业务自律规范〉及〈银行卡收单外包服务协议范本〉的通知》
54		银发〔2017〕45号	《中国人民银行关于持续提升收单服务水平 规范和促进收单服务市场发展的指导意见》
55		中支协发〔2017〕84号	《中国支付清算协会关于印发〈银行卡收单外包服务机构评级指引〉的通知》
56	支付	银办发〔2010〕159号	《中国人民银行办公厅关于印发网上支付跨行清算系统相关管理办法的通知》
57		银办发〔2016〕222号	《中国人民银行办公厅关于印发〈网络支付报文结构及要素技术规范（V1.0）〉的通知》
58		中国人民银行公告〔2005〕第23号	《电子支付指引（第一号）》
59		中国人民银行公告〔2010〕第17号	《非金融机构支付服务管理办法实施细则》
60		中国人民银行令〔2010〕第2号	《非金融机构支付服务管理办法》
61		银办发〔2011〕37号	《中国人民银行办公厅关于加强网上支付跨行清算系统业务管理的通知》

（续）

序号	类别	文号/标准号	名称
62	支付	中国人民银行公告〔2011〕第14号	《非金融机构支付服务业务系统检测认证管理规定》
63		中国人民银行公告〔2013〕第6号	《支付机构客户备付金存管办法》
64		银监发〔2014〕10号	《中国银监会 中国人民银行关于加强商业银行与第三方支付机构合作业务管理的通知》
65		银发〔2015〕40号	《中国人民银行关于印发〈中国人民银行支付系统参与者监督管理办法〉的通知》
66		中国人民银行公告〔2015〕第43号	《非银行支付机构网络支付业务管理办法》
67		银发〔2016〕261号	《中国人民银行关于加强支付结算管理防范电信网络新型违法犯罪有关事项的通知》
68		银办发〔2017〕217号	《中国人民银行办公厅关于进一步加强无证经营支付业务整治工作的通知》
69		银办发〔2017〕242号	《中国人民银行办公厅关于加强条码支付安全管理的通知》
70		银办发〔2017〕248号	《中国人民银行办公厅关于调整支付机构客户备付金集中交存比例的通知》
71		银办发〔2017〕281号	《中国人民银行关于规范支付创新业务的通知》
72		银办发〔2017〕10号	《中国人民银行办公厅关于实施支付机构客户备付金集中存管有关事项的通知》
73		银办发〔2017〕110号	《中国人民银行办公厅关于加强小额支付系统集中代收付业务管理有关事项的通知》
74		银发〔2017〕281号	《中国人民银行关于规范支付创新业务的通知》
75		银发〔2017〕296号	《中国人民银行关于印发〈条码支付业务规范（试行）〉的通知》
76		银支付〔2017〕14号	《中国人民银行支付结算司关于开展违规"聚合支付"服务清理整治工作的通知》
77	账户管理	国务院令〔2000〕第285号	《个人存款账户实名制规定》
78		中国人民银行令〔2003〕第5号	《人民币银行结算账户管理办法》
79		银发〔2005〕16号	《中国人民银行关于印发〈人民币银行结算账户管理办法实施细则〉的通知》
80		银发〔2009〕212号	《中国人民银行关于印发〈跨境贸易人民币结算试点管理办法实施细则〉的通知》
81		银发〔2015〕392号	《中国人民银行关于改进个人银行账户服务加强账户管理的通知》
82		银发〔2016〕302号	《中国人民银行关于落实个人银行账户分类管理制度的通知》
83		银发〔2017〕117号	《中国人民银行关于加强开户管理及可疑交易报告后续控制措施的通知》
84		银发〔2017〕288号	《中国人民银行关于优化企业开户服务的指导意见》

（续）

序号	类别	文号/标准号	名称
85	账户管理	银发〔2018〕16号	《中国人民银行关于改进个人银行账户分类管理有关事项的通知》
86		银发〔2010〕249号	《中国人民银行关于印发〈境外机构人民币银行结算账户管理办法〉的通知》
87		中国人民银行公告〔2011〕第23号	《外商直接投资人民币结算业务管理办法》
88		银发〔2014〕178号	《中国人民银行关于加强银行业金融机构人民币同业银行结算账户管理的通知》

由此可见，行业监管从多方面对开发安全提出了要求，银行科技部门必须重视开发安全，提升信息系统安全性，满足监管要求。

第 2 章 全面认识开发安全

从字面意思理解，开发安全就是在开发过程中保证安全。但由于信息系统的迅猛发展，开发过程越来越庞大和复杂，在开发过程中保证安全也越来越复杂，全面地认识开发安全就变得更加重要了。本章通过介绍开发安全的基础概念、开发安全关注点、开发安全的具体价值、各类开发安全体系的介绍与对比，让读者对开发安全形成完整认识。

2.1 开发安全基础概念

开发安全是指在信息系统开发过程中采取有效活动，实现开发过程的安全，最终保障信息系统的信息安全。

开发安全的概念既容易理解又难以理解。容易理解是指，直观来说，在开发过程中采取的任何与安全相关的工具、手段、措施、管理制度都属于开发安全；难以理解是指，开发安全的概念是开放的，并没有一个清晰的限定和约束，很难在开发过程中把开发安全的相关内容严格区分开来。

必须清楚地认识到，开发安全总体属于实践科学，并非单纯的理论科学，必须不断结合成功实践来提升对开发安全的认知。

要了解开发安全的内涵，首先应对信息安全有所了解，并对信息系统安全有所了解。

2.1.1 信息安全

信息安全是什么？国际标准化组织（ISO）对信息安全的定义是：为数据处理系统建立和采取的技术和管理提供安全保护。

信息安全本身涵盖的范围很大，既包括如何防范商业企业机密泄露、防范不良信息的泛滥、防范个人信息的泄露等，又包括网络安全、系统安全、各种安全协议、安全机制（数字签名、消息认证、数据加密等）等内容。信息安全工作就是确保信息系统（包括硬件、软件、数据、人、物理环境及其基础设施）受到保护，不因偶然的或者恶意的原因而遭到破坏、更改和泄露，系统连续可靠正常地运行，信息服务不中断，最终实现业务连续性。

信息安全的含义在不断地延伸，从最初的信息保密性发展到信息的完整性、可用性、可控性和不可否认性等，进而又发展为"攻（攻击）、防（防范）、测（检测）、控（控制）、管（管理）、评（评估）"等多方面的基础理论和实施技术。总的来说，信息安全主要包括以下七方面的内容，即需保证信息的机密性、完整性、可用性、真实性、可核查性、不可否认性和可靠性。

- 机密性（confidentiality）：信息不能被未授权的个人、实体或者过程利用或知悉的特性。
- 完整性（integrity）：保护资产准确和完整的特性。
- 可用性（availability）：根据授权实体的要求可访问和利用的特性。
- 真实性（authenticity）：确保主体或资源与它们声称的相一致的特性。真实性可应用于诸如用户、进程、系统以及信息等实体。
- 可核查性（accountability）：确保实体的所有行为活动均被记录，可以被事后核查的特性。
- 不可否认性（non-repudiation）：确信实体活动发生或未发生的特性，确保实体不可否认其行为。
- 可靠性（reliability）：系统在规定条件和规定时间内，能完成规定功能的特性。

2.1.2 信息系统安全

信息系统安全是指在信息系统生命周期内应用系统安全工程和系统安全管理方法，辨识信息系统中的隐患，并采取有效的控制措施使其危险性最小，从而使信息系统在规定的性能、时间和成本范围内达到最佳的安全程度。

2.1.3 开发安全综述

通过对信息安全和信息系统安全的研究，我们可以清晰地认识到，信息系统的安全即是信息系统全生命周期的安全（包括准备、需求分析、设计、编码/开发、测试、部署、运维、废弃等环节），涵盖范围最大的开发安全自然是信息系统全生命周期的安全。又因为人们通常以上线为节点，将部署以前（含部署）的阶段认为是开发过程，部署的以后阶段为运营维护阶段，这样理解开发安全就是指包含需求分析、设计、编码、测试、部署等阶段的安全。

本书所称的开发安全是信息系统全生命周期的开发安全，对准备、需求、设计、编码/开发、测试、部署、运维、废弃等环节的安全性进行管理，提升各环节的安全性，最终实现信息系统安全保障的安全管理活动总集。

2.2 开发安全关注点

在开发过程中，每一个活动可能都与安全相关，我们无法将所有的开发活动都作为开发安全的关注点，要想确切地了解开发安全应该关注什么，就必须从开发过程中的安全问题切入，解决开发过程中的安全问题，这就是开发安全的关注点。

从大的范围来说，开发安全关注的是开发过程安全、开发环境安全、开发技术安全三部分。《软件安全开发模型的研究》指出，在软件开发过程中常见的安全问题如下：

1）没有明确用户对安全性方面的需求。

2）设计上没有安全性的考虑。

3）程序设计中存在安全漏洞。

4）代码中存在漏洞，如缓冲区溢出、对入口参数没有设置有效性检查等。

5）为了测试方便，开发人员在程序中开后门。

6）开发人员在程序中植入恶意代码。

7）引用别人的代码或公共源码，但没有经过安全性测试。

8）开发人员使用的库函数，存在安全漏洞。

9）代码存放不安全。

10）代码被非授权访问。

11）开发文档不安全。

12）开发人员在外部邮件组或不正确的邮件组中，泄露开发项目信息。

13）未经许可，采用没有通过合法渠道获得的代码。

14）开发人员泄露软件的加密方法。

15）开发人员泄露软件的关键设计、代码和项目进展情况。

16）在不安全的地方（家中、客户机器上）修改、维护、讨论代码。

17）开发的网络环境不安全。

其中1）、2）、5）、6）、7）、8）属于开发过程安全，9）、10）、11）、12）、13）、14）、15）、16）、17）属于开发环境安全，其余属于开发技术安全。

上述问题是从开发团队角度出发总结出的常见问题，与从安全管理团队、监管角度看待开发安全略有差别，因此并不能完全覆盖开发过程中的安全问题，但可以让读者对开发安全的复杂性有初步的了解，认识到开发过程中的安全问题体现在全周期的各个环节中。开发安全的关注范围必然非常广，通过信息系统开发建设的各个阶段分别阐述，可以让读者对开发安全的关注点有完整的认识。

2.2.1　项目准备阶段的安全

项目准备阶段是指系统开发流程开始之前的一段时期，包含进行必要的研究、分析，确定系统开发的大概范围和可行性，促进项目成立等相关工作。

项目准备阶段的活动比较少，准备阶段的安全主要是系统可行性分析的安全。

从软件工程的角度来看，软件开发应该是一种组织良好、管理严密、各类人员协同配合、共同完成的工程项目，因此软件开发具有明显的工程特征。软件项目管理活动贯穿整个软件项目生存周期，软件项目管理的作用就是要确保所进行的开发、服务和质量保证的流程能够被实施和监控，并且使每一个单一软件项目过程的管理最终能够为项目管理提供检查点和控制点。

可行性分析是软件立项管理的一部分，同时也是软件需求管理的一个重要前提。在软件项目中，可行性分析涉及技术可行性分析、经济可行性分析、人力可行性分析以及社会环境分析。可行性分析报告中要说明软件开发项目在技术上、经济上和社会因素上的可行性，阐述为了合理地达到开发目标可供选择的各种可能的实施方案，并论证所选定的实施方案的理由。

可行性分析中的安全分析，是在分析过程中必须充分考虑系统的信息安全风险，以及风险给项目带来的技术上、经济上和社会因素上的限制，这种分析的实质就是应用系统面临的威胁分析，威胁分析的完备性、准确性和有效性对最终可行性报告的质量起关键作用，是整个开发安全关注的起点。

2.2.2 需求分析阶段的安全

基于软件需求分析过程的安全性分析,应该在需求分析过程中可以得到初步结果时就开始,并贯穿整个结果的详细化过程,其主要目的在于尽早发现和定位安全隐患,消除或降低风险发生的可能性及其影响,并指导软件开发的其他过程及这些过程中的安全性分析的顺利进行。这是对软件系统进行高费用更改之前采取的最为经济有效的预防和纠正措施。

开发安全软件需求通过分析并得到结果的过程分为两个阶段,分别是初步获得需求分析结果阶段(简称初步结果阶段)以及最终获得详细结果阶段(简称详细结果阶段)。

2.2.3 系统设计阶段的安全

在系统的开发安全范围内,系统设计是一个复杂且重要的环节,决定着软件的功能、性能和质量,软件的最终安全性与设计阶段的安全也密切相关。在软件设计阶段,就必须系统地关注安全问题,应用安全模式等设计方式进行软件安全设计,保障软件设计的安全性。

安全设计的本质是将安全管理工作中的风险管理过程和当前软件设计中采用的面向模式的分析、设计过程相结合,充分利用安全设计模式库中的安全模式的过程。

在面向模式的分析设计中,使用安全的设计模式、规避不安全的设计模式是保证设计安全的关键。借助模式社区及安全模式社区的相关研究(如模式分类标准研究、模式关系研究、模式应用过程研究等),形成了具体的应用安全模式进行分析和设计。设计阶段安全设计工作分为三个阶段,并细化为九个实践活动,分别是风险确定阶段,进行风险识别、风险分析与评估活动;系统安全架构阶段,进行浏览模式库、选择相应安全模式、评估安全模式、建立系统的高层架构等实践活动;系统设计细化阶段,进行业务类图构建、安全模式实例化、整合系统结构等实践活动。基于安全模式的系统安全设计方法的三个阶段如图 2-1 所示。

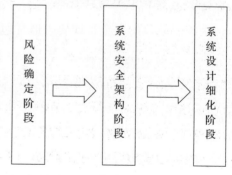

图 2-1 系统安全设计的三个阶段

这种设计方法的优点有:

1)风险管理过程和面向模式的分析设计方法相结合,在实践过程中协调好先后顺序，使流程趋向合理化。

2）对通用方法的应用更加精细化。

一般情况下，软件设计分为概要设计与详细设计，安全性也分别体现在两者中。概要设计中的安全考虑有：

- 系统输入的安全性，对错误输入、恶意输入的处理。
- 系统内部数据传输的安全性。
- 系统输出的安全性。
- 系统内各模块的出错处理。
- 运行中可能出现的各种异常情况，是否都有合适、安全的处理方法。
- 软件的防盗版设计。
- 如果是分布式系统，还要考虑网络传输的安全性（是否需要加密、加密的强度等）、各分布模块的安全性和抗网络攻击的能力。

详细设计中的安全考虑有：

- 接口安全性（入口安全性检验）。
- 算法安全性。
- 程序异常处理。

2.2.4 系统编码阶段的安全

编码是整个开发过程中最重要的输出成果，是整体开发安全最重要的管理目标，编码阶段的安全由管理要求和技术规范两部分组成。

2.2.4.1 编码安全管理要求

编码阶段的安全管理要求通常包括如下方面：

1. 编码成果的完整性

为了保证编码成果（包括中间成果）的完整性及防止代码丢失，通常需要进行如下控制：

- 进行备份，最好形成固定的备份制度。如，做到每天的增量备份和每周的完全备份，并建立灾难恢复机制。
- 进行软件配置管理、避免混乱，其中需要强调的是版本控制。
- 对阶段成果进行评审和检查。

2. 编码过程、编码成果的保密性

系统编码阶段安全的一个重要属性就是信息的保密性，为了做到这点，通常需要进行如下安全控制：

- 将开发的文档和代码存放在安全的地方，没有授权的用户不能访问。
- 开发人员不得在外部邮件组或不正确的邮件组讨论项目的进度、软件的设计和软件的代码。
- 项目的关键文档必须与项目的普通文档相区别，还要限制可以获得这些资料的人员。如，整体设计文档、关键设计文档、核心源代码、软件的加密方法、license 的实现等，禁止非核心人员获得此类文档。
- 开发人员不得以技术交流为由，把整个代码或文档的复制版与非项目组成员分享。
- 不能在家（或其他非公司所在地）开发与项目相关的内容，禁止以明文的方式通过网络传输项目内容。
- 维护个人开发环境，避免个人开发环境感染病毒和被攻击，以致泄露项目开发的机密。
- 项目文档需具有密级，严格控制代码访问，明确项目文档访问的权限，防止员工具有越权访问资源的权力。
- 软件开发和支持环境应当被严格控制。

负责系统开发的管理人员应当对软件项目和支持环境的安全负责。他们应该确保所有被提议的系统改动都进行了复审，使这些改动既不损害系统安全又不损害操作环境的安全。

2.2.4.2 编码安全技术规范

一般情况下，经过优良设计或具有良好编码风格的代码，应该比较安全。通常，良好编码风格有以下几个特点但不限于：规范安全使用标准函数；养成对调用函数输入输出参数进行校验的良好习惯；根据软件实际需求，编写单元测试、性能测试、系统测试、集成测试、回归测试等用例，在编码完成后，及时进行各种测试工作；编码完成后，养成细致确认错误和异常情况是否已被正确处理的习惯；养成代码与文档同步更新的习惯；在代码集成和引用方面，避免使用未经许可的代码。

1. 规范安全使用标准函数

在调用函数时，有些开发人员没有养成规范调用的习惯，增加了安全风险。比如，经常使用危险函数，需要配对使用的函数很少配对使用，使用前需要进行参数验证的函数时常忘记验证而直接使用，对函数功能理解不透造成错用函数等。此外，尽管一些函数调用可能与安全性无关，但若使用不当，仍会导致不易发觉的安全隐患。所以，一方面需要开发人员养成规范安全使用函数的技能习惯；另一方面，开发人员在编写供自己使用或别人使用的函数时，更需要提高安全编码的技能。

2. 更新控制程序有关事项

为最小化信息系统的错误，执行更新时要进行严格控制。应执行规范更新控制步骤，确保安全和控制步骤不被损害。支持程序员只对那些与工作有关的部分系统享有访问权，并且确保更新已获得正式批准和同意。程序更新涉及事项包括但不限于以下几点：

- 保留一份已达成协议的授权级别的记录。
- 确保更新由经过授权的用户提出。
- 对控制和步骤的完整性进行复审，确保不会因为更新而受到损害。
- 检查所有需要修改的计算机软件、信息、数据库实体和硬件。
- 在更新前，应获得对详细建议的批准。
- 确保在任何更新实施前，被授权的用户接受这些更新。
- 确保实施更新是为了减少业务中断。
- 确保系统文档组在每一个更新完成后，旧文档被存入档案或被处理。
- 为所有软件更新保留一个版本控制。
- 对所有的更新请求保留一份以备审查。
- 确保在正确的时间进行更新，不能扰乱所涉及的业务过程。

3. 操作系统更新升级有关事项

为提高系统开发安全性，应定期开展操作系统版本升级、打补丁或查杀病毒等工作。系统更新后，应及时对操作系统和相关应用系统进行复审和测试，保证系统正常有效运行，并确保更新对操作或安全没有负面影响。这个过程应当包括但不限于以下几点：

- 对应用程序控制和步骤完整性的复审，确保它们不因操作系统的更新而受到损害。
- 确保年度的支持计划和财政预算中包括了对这些操作系统更新的复审和系统测试。

- 确保及时通知对操作系统的更新，使得在更新实施前能够进行适当的复审。
- 确保业务连续性计划做到恰当更新。

4. 软件包更新注意事项

软件开发过程中，尽量避免更新厂商提供的软件包。若因工作需要必须更新，应慎重考虑但不限于以下方面：

- 软件内置的控制和完整性步骤是否存在被损害的风险。
- 是否已得到软件包厂商许可。
- 从厂商那里得到所需程序更新的可能性。
- 对原软件实行备份，在备份软件基础上进行更新。

5. 预防秘密通道和木马程序入侵

秘密通道是指通过一些间接或隐蔽的手段暴露信息，可通过改变一个或一些参数来激活，这样的参数无论在安全还是在不安全的计算系统中均可访问，也可以通过在数据流中嵌入信息来激活秘密通道。木马程序通常被设计成以一种非法的、不易觉察的、非用户和接收人所必需的形式来侵入系统的程序。为防止秘密通道或木马程序入侵，采取但不限于如下控制方式：

- 仅从信誉良好的程序提供者处采购软件产品。
- 以源代码形式购买软件产品，能有效检验软件质量，确保软件安全合格，提高软件的优良品质。
- 使用经过安全评估的软硬件产品。
- 在操作使用前审查所有源代码。
- 程序安装完毕，需要对应用程序访问和修改权限加以控制。
- 对关键系统的管理须任用受严格安全考核的员工负责。

6. 程序出错和异常处理

程序运行过程中，在输入数据时可能由于处理错误或故意行为而导致程序运行错误，因此，设计程序时应当充分考虑并采取必要措施，使程序运行损失风险降至最低。需考虑的因素包括但不限于以下几点：

- 在程序中增加用来执行对数据的添加、删除、更新的函数的使用判断条件。
- 防止程序在错误的指令下运行。

- 使用正确的程序进行处理失效的恢复，以保证程序正确地处理数据。

7. 代码安全性维护

在代码更新后，及时填写更新记录，对维护代码安全性能起到很大的作用，因此，开发人员必须确保入口参数、数据结构、引用代码、代码更新等注释达到清晰、易读、易懂、完整。

2.2.5 系统测试阶段的安全

测试阶段的安全包括但不限于：系统安全性验证、用户安全性验证、数据备份与恢复安全性验证、操作日志安全性验证、漏洞扫描、渗透测试等，安全检测方法通常包括：静态检测、动态检测、文档检查、接口安全性检测、出错处理检测、异常情况检测、代码覆盖检测、渗透性安全测试。可参看本书 3.8.1.2 节。

2.2.6 部署阶段的安全

部署阶段的安全主要是应用运行环境的安全性，包括网络安全、主机和配置安全等内容。

2.2.6.1 网络安全

正常情况下，应用是部署在已经建成，具备安全控制设施的网络中间。因此，开发安全不关注网络本身的安全问题，只关心应用相关的网络安全控制。主要是访问控制，包括对主机和应用的访问控制等，可以通过防火墙的访问控制来实现对主机的访问控制，对应用的访问端口的控制，还可以通过 Web 应用防火墙等设备来实现更精细的访问控制。

2.2.6.2 主机和配置安全

主机和配置安全是指主机的访问控制安全，和在主机上安全地安装合适的操作系统、数据库系统、中间件等，并且进行适当的配置，按照最小权限原则进行适当的限制。

主机的访问控制安全主要由网络控制安全与主机操作系统等的配置安全构成。网络控制安全即上节所提到的网络访问控制，此处不再赘述。

操作系统、数据库系统、中间件等配置特别复杂，尤其是配合应用的正常使用，需要相当的时间去调整，在测试阶段前，就尽量参照真实环境进行安装和配置，将大大提高安装和配置的效率。

使用配置核查工具也能够有效提升配置核查的效率，提升部署的安全性。

2.2.7 运维阶段的安全

运维阶段的安全非常重要，保证应用长时间安全稳定运行是一个巨大挑战，本书只从开发安全范围内讨论运维阶段安全，主要包括变更安全管理和周期性安全检查。

2.2.7.1 变更安全管理

当前银行系统更新周期越来越短，系统变更频率越来越高，开发安全能否有效支持系统变更是开发安全能否落地的关键。

具体一个变更发生时，仍有需求分析、设计、编码、测试、部署等过程，只是有所简化，关注的安全点与上面的讨论是一致的。

变更流程的安全管控非常重要，由于变更发生频繁，有的变更对安全影响非常小，可以忽略不计，有的则非常大，因此必须采用适当的方式对变更进行分类，并进行有区别的管控，才能保障变更安全管控的有效进行。

2.2.7.2 周期性安全检查

周期性安全检查是对开发安全的一个补充，经过开发安全过程产生的应用仍然有存在漏洞等安全隐患的可能，通过周期性安全检查能够再发现一部分安全隐患，并加以整改来消除安全隐患。

2.2.8 废弃阶段的安全

在废弃阶段的安全主要是干净彻底地废除不再工作的应用系统，包括数据和应用等全部内容。

同时，在编码、测试、部署等环节搭建的临时应用和临时环境，均应该纳入废弃安全的统一管理，确保其不再使用后能被安全废弃。

2.2.9 项目管理安全

2.2.9.1 开发环境安全管理

确保开发人员工作的网络环境是安全可靠的。

1）通过适当的网络建设，建立独立的安全域，确保开发人员、测试人员所在的安全域与其他工作域有安全的隔离。

2）详细规划开发安全域的访问策略，确保其访问的安全控制和最小权限。

3）确保文档，尤其是源代码在出入安全域时受到必要的控制。

2.2.9.2 开发安全文档管理

创建一个安全开发知识库对于软件项目在其生命周期的各个阶段都具有非常重要的意义。通常,开发团队中只有少量成员对基本的安全弱点、常见的安全漏洞类型、基本的安全设计或者安全测试都了解得一清二楚,因此,应该创建一个软件安全开发的知识库,给整个开发团队提供参考和指导,并在实践的过程中不断地充实和完善知识库的内容。

软件安全开发知识库中应该包括以下内容:

1)软件安全设计、开发和测试基础:对软件安全开发的基础知识进行介绍,使开发团队了解软件安全开发的必要性。

2)能够导致威胁的设计问题:包括默认端口开放、注册表键值存储错误、可以被绕过的认证机制等可能造成威胁的软件设计问题。

3)不安全的编程技术:包括对缓冲区溢出、注入、跨站脚本、明文保存用户密码等常见的容易造成安全问题的编程错误的原理性介绍等。

4)安全工具:包括对一些静态源代码扫描工具、渗透测试工具等软件开发过程中使用的安全工具的使用,以及使用这些工具进行安全开发的最佳实践。

5)开发团队内部类库安全文档:通常软件开发团队都会自行开发一些通用类库,供团队内部使用,应该提供说明,指出每一个方法在调用时需要注意的安全信息以及其最佳实践的文档。

软件安全开发知识库的维护过程是一个逐渐完善和积累的过程,知识库中的安全文档保证当前的软件开发项目尽可能地少出现潜在的安全问题。随着项目的不断推进和实践,根据项目经验,还可以增加新的文档,为新的软件开发项目奠定安全基础,形成一个良性循环。

2.2.10 系统开发外包的安全

系统开发外包是当今软件开发过程中的常见现象,人员的来源和组成变得更加多样化且更加复杂,对管理和流程造成冲击,对开发安全的影响较大,其安全和风险管理非常重要。

2.2.10.1 外包安全风险

1. 信任风险

是否能与信息安全服务的系统开发外包服务商建立良好的工作和信任关系,是决定开发服务外包安全风险大小的一个重要因素。系统开发外包服务商可以访问到业主的敏感信息，全面了解其系统的安全状况，而这些重要信息如果被有意或无意地泄露出去，就会给业主带来巨大的损害。如果不信任外包商，不对外包商提供一些关键信息，则会造成外包商在运作过程中的信息不完全，从而导致某些环节的失效，同样会给业主的业务造成影响并带来损失。因此，信任是双方合作的基础，也是很大程度上规避风险的重点内容。系统开发外包服务的安全，是需要对外包服务商服务水平和开发过程中所能采取的安全开发管理措施进行权衡，选择最佳策略。

2. 依赖风险

业主容易对某个信息安全服务的外包商产生依赖性，并受其商业变化、商业伙伴和其他企业的影响。恰当的风险缓释方法是将安全服务外包给多个服务外包商，但相应地会加大支出并造成管理上的困难。

业主对外包商的依赖将失去三种灵活性：第一种是短期灵活性，即企业重组资源的能力以及在经营环境发生变化时的应变能力；第二种是适应能力，即在短期到中期的事件范围内所需的灵活性，这是再造业务流程和战略的能力；第三种灵活性就是进化性，其本质是中期到长期的灵活性，发生在业主改造技术基本设施以利用新技术的时期。进化性的获得需要对技术趋势、商业趋势的准确预测能力以及确保双方建立最佳联盟的能力。

3. 所有权风险

无论外包商提供服务的范围如何，业主都对基础设施的安全操作和关键资产的保护持有所有权和责任。企业必须确定服务外包商有足够的能力承担职责，并且其服务级别协议条款支持这一职责的履行。

4. 共享环境风险

信息安全服务的外包商使用的向多个业主提供服务的操作环境，要比单独的机构内部环境包含更多的风险，因为共享的操作环境将支持在多企业之间共享数据传输（如公共网络）或处理（如通用服务器），这将会增加一家企业访问另一家企业敏感信息的可能性。这对企业而言也是一种风险。

5. 实施过程风险

启动一个可管理的安全服务关系可能引起业主到服务外包商，或者一个服务外包商到另一个外包商之间的人员、过程、硬件、软件或其他资产的复杂过渡，这一切都可能引发新的风险。企业应该要求外包商详细说明其实施计划，并在某种程度上就实施过程中的风险做出限制。

2.2.10.2 开发外包风险管理

在信息安全外包过程中必须采取有效措施，实行风险管理控制。

1. 选择信息安全管理的标准

信息安全管理体系标准 BS7799 与信息安全管理标准 ISO13335 是目前通用的信息安全管理的标准，里面均有对外包安全管理的要求。

BS7799 标准是由英国标准协会指定的信息安全管理标准，是国际上具有代表性的信息安全管理体系标准，标准包括两部分，即 BS7799-1：1999《信息安全管理实施细则》；BS7799-2：1999《信息安全管理体系规范》。

ISO13335《IT 安全管理方针》主要是给出如何有效地实施 IT 安全管理的建议和指南。该标准目前分为五个部分，分别是信息技术安全的概念和模型部分，信息技术安全的管理和计划部分，信息技术安全的技术管理部分，防护和选择部分，以及外部连接的防护部分。

可选择其中一个或者两个全选，作为开发外包风险管理的标准。

2. 确定开发外包的安全管控流程

业主要根据自身的商业特性、地理位置、资产和技术来对开发外包的安全管控范围进行界定，确定需要保护的信息系统、资产、技术以及实物场所（地理位置、部门等）。

业主需要协同外包商选择一个适合其安全要求的风险评估和风险管理方案，然后进行合乎规范的评估，识别目前面临的风险。业主可以定期选择对服务外包商的站点和服务进行独立评估，或者在年度检查中进行评估。

选择和使用独立评估的方案要双方接受。在达成书面一致后，外包商授予企业独立评估方评估权限，及时告知外包商关于检查范围的进一步消息和细节，以减少任何对可用性、服务程度、客户满意度等的影响。业主在评估执行后的一段特殊时间内，与外包商共享结果，互相讨论并决定是否需要解决方案或开发计划程序以应对评估显示的任何变化。评估所需要的相关材料和文档在控制过程中都应该予以建立和保存，业主将这些文档作为评估的重要工具对外包商的服务绩效进行考核。评估结束后，对事件解决方案和优先级的检查都将记录在相应的文件中，以便今后双方在服务和信息安全管理上进行改进。

3. 管理与外包商的关系

管理好与外包商之间的关系，意味着业主应致力于和外包商建立长期合作关系,这将有助于外包商更多地了解企业文化,从而提供更好的服务。在管理与外包商关系的过程中,企业应该在注重监督与控制的同时,还注重对外包商的激励和协作,以建立良好的可持续发展的关系作为关系管理的基础。保持外包商行为规范的基本方法就是监督和控制。监督是用来观察外包商是否在做他应该做的事情,如果通过监督发现外包商正在偏离预定的行为目标,此时就需要控制,控制就是使外包商返回到正确的轨道上。在有了控制规则来规范外包商服务绩效之后,还要保持外包商和企业客户经常的沟通,以便能够及时发现问题,进行标准化的控制活动。

2.2.11 开发安全培训

安全意识永远是安全管理工作的基石,安全技能永远是安全管理工作效率的保障,安全培训工作的重要性不言而喻。通过安全培训,企业能够建立一支具备相当的安全知识,满足安全管理需要,能够对信息系统安全进行检测的团队。

软件安全开发流程需要进行安全培训,同时还要利用安全开发知识库进行安全知识的传递。当然,安全知识库并不能完全取代安全培训,在资源允许的情况下进行安全培训仍然是很有必要的。

2.2.11.1 培训目的

培训目的具体包括:

1)提高程序开发人员的安全意识,让其认识到软件安全对信息安全的重要性,增强其对信息安全的责任感。

2)让程序开发人员在开发过程中注意安全编码,显著减少或消除在部署之前的漏洞。

3)教会程序开发人员在开发阶段考虑安全问题,实施各种安全控制措施,从而达到早防御,节省成本的效果。

4)使程序开发人员能够识别各开发平台上较常见的安全漏洞及其根源,以及风险消除技术和手段。

5)让程序开发人员掌握在程序编写中要注意的安全细节,并学会使用安全最佳实践来预防常见的安全漏洞。

2.2.11.2 培训内容

在软件开发安全整个过程中都要对开发人员进行安全培训。

1)对环境、网络、代码、文档等方面的管理培训:主要培养员工维护开发环境、网络和代码的安全意识,了解开发规范的安全要求。

2）对配置管理的培训：使员工熟悉项目的配置管理工具、版本管理方法、变更管理方法等，对负责备份的人员进行备份方法、灾难恢复方法的培训，保证项目的正常进行。

3）对安全编程的培训：包括系统设计中的安全要素和可能出现的安全漏洞、编程中的常见安全问题、良好的编程习惯、进程的安全性、文件的安全性、动态链接库的安全性、指针的安全性、Socket和网络通信的安全性、避免缓冲区溢出、验证所有的输入、避免随意的输出信息、界面安全性、调用函数库的安全性。

4）对安全性测试的培训：包括在单元测试中测试代码的安全性、系统安全性测试的内容和方法、网络程序的安全性测试内容和方法、容错性和可靠性测试方法。

5）对知识产权意识的培训：培养员工使用第三方资源的知识产权意识，避免在设计和开发中出现法律纠纷。

2.3 开发安全的价值

应用系统的安全性保证是通过信息系统全生命周期的管理共同实现的，以往只在测试、运维阶段关注安全的方式，往往治标不治本。新的安全需求要求安全工作从事后处置走向事前预防，这意味着安全管理必须从应用系统的运维阶段大幅前移，覆盖包括准备、需求分析、设计、编码、测试、部署、运维的全生命周期。安全工作介入得越早，系统潜伏的安全隐患就会越少，而对漏洞修复的成本也会越低。

开发全生命周期的安全管理，在软件开发流程的每个阶段都添加了一系列关注安全性的活动和交付结果。这些活动和交付结果包括：在系统设计过程中开发威胁模型、在实施过程中使用静态分析代码扫描工具以及在集中进行的"安全推动"过程中进行代码审核和安全测试等工作，全面提升系统的安全性。

在互联网金融时代，企业需要快速响应千变万化的业务需求，开发节奏越来越快，导入敏捷开发等模式来保障系统的安全性并不容易。企业应该开展开发安全体系建设，协调信息系统全生命周期各个环节的安全管理，形成完整的、前后一体的开发安全管理体系，提高开发过程的安全管理水平。

2.4 基于软件工程的开发安全体系

在软件开发过程中，作为开发人员需要考虑软件的几大特性，比如功能性、易用性、可靠性、安全性、高效性、可维护性、可移植性等，其中安全性的重要性显而易见。但实际开发过程中，开发人员往往过分关注功能性的实现和性能的提升，而软件安全性就往往被忽略了。

同时，考虑安全性并不容易，因为软件的开发设计最终是一种折中平衡考虑的结果。软件开发设计有多方面的要求，这些要求往往并不相容，例如操作方便快捷的安全要求和其他的安全要求就有一定的潜在冲突，满足一个需求往往会对其他需求产生不利影响，进行折中平衡是无奈选择。对于一组给定的功能需求和安全需求，是不可能存在一个唯一正确的设计的。

不仅没有唯一正确的设计，而且能够合理满足功能需求与安全需求的设计也不多，并不能轻易达到，因此要充分利用专家经验，比如设计模式、安全开发经验等。软件的安全性不是仅仅靠开发人员考虑就可以考虑周全的，软件系统也不会因为实现了几种安全机制便可保障安全，必须有全面的、合理的设计并得以实现，才能保证具备完善的安全机制，且安全机制能正常发挥作用。

由此，凝结有关安全的描述、安全架构、安全实现方式等安全经验的安全研究就应运而生。

2.4.1 安全描述语言

实现安全的准确描述，是开展开发安全相关工作的基础，选择一种合适的方式表达安全需求、安全模型有助于安全工作的开展。

2.4.1.1 从建模语言扩展角度

UML 是当前软件开发中最常用的建模语言，软件开发人员对其相当熟悉，因此对其扩展就成为一种比较好的选择。

UML 的扩展机制有构造型（stereotype）、标记值（tagged value）和约束（constraint）。当 UML 本身提供的元素满足不了特定领域的安全需要时，就可以应用扩展机制实现自定义元素，从而实现特定领域建模。UMLSec、SecureUML、UMLpac 等都属于此种类型，但它们的侧重点有所不同。UMLSec 扩展的核心思想是为 UML 模型定义构造型，与模型元素进行关联时，构造型为这些模型元素增加安全相关信息；SecureUML 则是将访问控制描述集成到系统模型中；UMLpac 使用构造型 security package 在系统设计图中表达安全特性，隔离基本的安全信息和具体的安全实现。此外，还有专门针对用例图进行的扩展，比如 Misusecase、Abusecase 以及 securityuse 等，用来在获取需求时即展开对安全问题的考虑。

2.4.1.2 从形式化语言角度

ASML（Abstract State Machine Language）是一种扩展自有限自动机的软件规格描述语言，它可以用来描述具有多个步骤的攻击过程，之后这些攻击可以自动转换成 SNORT 规则（SNORT 是一套开放源代码的网络入侵预防软件与网络入侵检测软件，被认为是全世界最广泛使用的入侵预防与检测软件）从而进行自动化处理；ASMLSec 是一种扩展自 ASML 的用来描述攻击场景的语言，ASMLSec 使用了状态（state）、事件（event）和转换（transition）来表示攻击，使用它描述的攻击场景可以通过一个专门的编译器自动转换成 ASML 描述。

STATL 也是基于有限自动机扩展的可执行的攻击描述语言，它使用两种基本结构来描述攻击：一是状态（state），二是转换（transition）。每个转换的发生必须有相应的事件进行诱发。

2.4.2 软件安全分析与安全设计

主要包括 AOSD（aspect oriented software development）技术和安全模式（security pattern）两个方面。

2.4.2.1 面向切面设计与编程

面向切面的软件开发技术（包括 AOM、AOD、AOP）是一种软件开发技术，可以将非系统业务逻辑功能的一些附属功能或支持属性抽象成新的模块，支持多个系统功能模块（在该领域中称为关注点）分开设计和描述，并最终自动编织成一个完整的工作系统。该技术认为有些功能模块是贯穿交织于其他功能模块的，有必要将其抽象为关注点（concern），对这些关注点进行识别、描述和设计并最终自动组合成一个完整的系统。

安全性在很多情况下就是这样的一种属性，因此很多安全功能就被作为横切关注点（cross-cutting concern）来进行分析、描述和设计。面向切面的软件设计技术提供一种建模和编写安全功能到设计图的方式。通过扩展进行安全方面的建模（AOSM），形成如下进行软件安全设计的步骤：

1）用 UML 文档化安全需求。
2）使用 AOSM 进行安全解决方案建模。
3）定义 UML 模型交叉的结合点。
4）进行设计的交叉，形成完整的系统设计。

对于同一风险，可能有多种解决方案，因此 AOSM 提供一种方式来将多种解决方案以切面（aspect）的方式整合进系统设计中。此外，为支持解决方案的复用，应该考虑将这些切面组织成库，以供安全知识的传承和积累复用。

2.4.2.2 安全模式

安全模式起源于设计模式，后来作为一个独立的分支持续稳健地发展了起来。安全模式用于描述实际中特定安全场景下重复发生的问题，提供一个经实践验证的良好的通用解决方案。安全模式以一种特定的文档结构封装了安全专家的经验和安全知识，可以给非安全专家的设计人员提供有力的参考。安全模式可以被反复采用，在具体设计开发过程中，可能需要依据具体的应用环境进行改造或裁减。

自从 Yoder 和 Barcalow 在 1997 年首次发布一系列安全模式之后，很多涉及软件安全性的模式被发表出来，在 1996—2006 年期间，就有两百多种安全模式被提出来。

安全模式的两种应用方向：

- 对安全模式描述文档的方式进行研究，通过使用符号性的本体描述语言 F-Logic，构建一个安全本体的知识库，并建立起风险和安全模式的对应，以及模式之间的关系，从而可以供人们方便地进行风险处理和模式检索。
- 构建了一种基于可扩展的 BNF 语法来描述系统的安全需求，并且提出了一个原型工具，通过提供安全属性和安全模式的列表来支持开发者选择安全需求，并在开发者提供必要信息的情况下将安全模式实例化。

当安全模式越来越多时，检索就变得困难起来，有必要对模式进行合理分类，建立分类标准，促进模式的应用。通常，按照安全模式的抽象层次和用途进行分类，将安全模式分为架构模式和设计模式，并将安全需求与安全模式进行关联。目前主要的分类标准有：基于 CIA（confidentiality，integrity，availability）模型，基于模式的应用上下文，基于微软的威胁分类 STRIDE 等。

2.4.3 设计模式介绍

设计模式起源于建筑行业，奥地利建筑大师克里斯托夫·亚历山大（Christopher Alexander）提出在建筑学领域中如何建立和评价优秀的设计。"设计的质量是可以客观评价的，在特定的建筑结构中，优秀的或富有美感的东西都有一些共同之处。"我们通过观察解决相似问题的不同结构，从而发现优秀的设计之间的相似之处，并将这种相似之处命名为模式。

模式便成为"在某一背景下某个问题的一种解决方案""每个模式都描述了一个在我们的环境中会不断重复出现的问题，并进而叙述了这个问题解决方案的要素，通过这种方式，解决方案能够百万次地反复应用，但是具体方式又不完全相同"。

20世纪90年代初，随着软件开发的规模越来越大，越来越复杂，软件开发的问题也越来越多，将建筑学领域成功应用的设计模式理论引入软件设计领域，引起软件设计的大变革，极大地推动了软件设计领域的进步。使用设计模式的好处有很多，但是最被广泛接受的好处有如下两个：

（1）可以复用解决方案。通过复用已经公认的设计，可以避免走一些弯路，并且节约软件架构的时间，还可以取得非常可靠优质的架构。

（2）可以确立通用术语。在软件开发过程中，使用通用术语来相互交流和协作，易于对一些问题达成共识。

此外，应用设计模式可以使软件更加轻松地应对需求的变化，并且使软件的修改和维护更加简单。而且设计模式中往往蕴含着很多优秀的设计原则，通过使用设计模式，可以尽快掌握设计的精髓。

当前进行软件设计时，还要结合面向对象的理念。常用的方法是先确定类，再明确类之间如何协作完成一项功能，然后将某些类组合起来，再确定这个局部是否符合整体需求。这是一种自底向上的设计方法。

自底向上的设计方法不容易整体协调，又有自顶向下的设计方法。首先，对整体的概念进行理解，明确将要实行的目标。其次，确定在整体中可以应用的模式。最后，应用那些为其他模式创造背景的模式，从背景走向设计细节，从而最终构建起整体架构。

实际软件设计中，往往自底向上和自顶向下结合、反复使用，务必使设计更加优化。

软件设计人员在模式化设计中，总结经验，提出诸如POAD（pattern-oriented analysis and design）方法，应用于软件设计实践。

2.4.4　POAD方法介绍

当代软件的复杂度越来越高，但开发的成本却要求越来越低，开发的时间要求越来越短，从零起步的软件开发方式完全不能满足现在的软件开发要求，复用成型的、可靠的解决方案的开发方式成为必然选择。设计模式就是封装经典成熟解决方案的一种很好的方式，成为当今软件开发的主流方式。

然而，当大量的研究和实践都被投入到发现新的设计模式时，怎样系统地使用设计模式，保证设计模式合理、高效地应用于软件开发却很少被关注。POAD方法采用组合设计模式进行软件设计，其思路是：在某些设计层次上，知道一些模式在其中被应用就足够，没必要让设计人员了解设计模式实现的具体细节，从而提升设计模式的应用效率。在超越类图的层次上设计，利用这个层次上的元素产生结构良好的、可读性强的架构图，这样的设计方式更为可取。

POAD 方法的目的是：促进基于模式的软件开发，创建一套系统地组合模式进行软件设计的方法、开发设计框架，提升设计质量。

POAD 方法的输入是一个用于构建系统的设计模式库，其输出是面向模式的设计或框架。POAD 方法的使用有三个阶段：分析阶段、设计阶段和设计精化阶段。

分析阶段用来分析软件系统需求，之后决定并选取可以在该系统中应用的设计模式。

设计阶段的主要工作是组合在分析阶段选择的模式，该阶段将产生各个层次的设计模型，这些模型应该在高层抽象级别和低层抽象级别间保持良好的可追踪性。

设计精化阶段将创建深入细致的系统设计类图，之后留给实现阶段的开发人员进行编码实现。

POAD 方法的主要特点有设计模式驱动、需要模式库作为前提，设计复用支持、层次化开发以及迭代开发。

2.4.5 安全模式及其应用研究

2.4.5.1 安全模式

在 2.4.2.2 节中，已经提到安全模式用于描述实际中特定安全场景下重复发生的问题，提供一个经实践验证良好的通用解决方案。安全模式是 POAD 方法在安全设计领域中的良好运用。应用安全模式解决安全问题所花费的成本和时间都比传统方式大幅减少，安全模式的应用成为一种自然而然的趋势。

安全模式的文档结构脱胎于传统的设计模式，其最基本的元素有四个，分别是：

1) 表述性的名称域。
2) 安全问题描述域。
3) 安全解决方案结构域。
4) 安全解决方案描述域。

具体描述中可如 POSA（面向模式的软件架构）那样将其细化为 14 个属性：Name、Also Known As、Example、Context、Problem、Solution、Structure、Dynamics、Implementation、Example Resolved、Variants、Known Uses、Consequence、See Also。

安全模式之间存在三种典型的关系，分别是精化关系、使用关系和互斥关系。具体将在下一节中解释。

安全模式的结构本身揭示了模式的使用方式。软件开发人员获得这个模式后，对比系统中的功能和场景，如果系统处于该模式起作用的上下文环境中，则继续判断该威胁是否有必要采取这种安全解决方案，如果有必要，便可以应用这个解决方案。如果有些场景的解决方案有关联的安全模式，则必须用同样的方式确认关联模式，以寻求问题的彻底解决。模式的作用就仿佛一位安全专家亲自加以指导，有助于安全问题的快速圆满解决。

安全模式的丰富程度、安全模式库的完备程度决定其可以解决安全问题的数量。在模式库构建初期，模式数量较少，不足以应对所有的威胁，可以借助安全专家的个人能力和经验，解决未解决的威胁。在这个过程中，整理解决方案，如果新的解决方案合理通用，则可以考虑将其抽象成安全模式以扩充模式库。

即便是一个不完备的安全模式库，依然很有价值，因为它界定了一部分安全问题，同时又提供了扩充的途径和交流的平台。

2.4.5.2　安全模式在软件开发过程中的应用

从安全模式生命周期的角度，安全模式主要包括提取、应用、废弃三个环节。

提取过程包括如下活动：

1）从安全知识或实际的软件设计实践中发掘常见风险与解决方案。

2）将风险与其解决方案的映射以特定的模式文档格式记录下来。

3）复习回顾并反复修改该模式。

4）通过公开发布模式（比如书、安全模式社区、安全模式库等）来借助公众的力量加以提炼和打磨。

应用过程也分为几个活动：

1）识别软件开发过程的应用环境和问题情况。

2）从公共或私有模式库中选择能解决识别出的风险的模式。

3）将选定的模式应用到目标问题中。

4）评估应用之后相关背景知识的结果。

废弃过程一般在攻击等方式发生变化，针对现有问题已经有更良好的模式时，废弃旧模式。

安全模式的应用被称为安全模式驱动的建模和分析方法，下面以使用UML进行分析和设计为例，介绍应用安全模式进行系统安全性建模和分析的过程：

1）使用安全模式构建系统基础架构，并精炼该高层结构和行为模型。

2）执行一致性检测，从 UML 图产生一个 Promela 模型。

3）使用可视化工具来展示模型的输出，在验证过程中一旦出错，即对模型进行修正。

4）通过实例化安全模式的约束域来描述系统属性。确定系统的待检测部分，对其他部分进行必要的抽象。

5）使用模型检测工具检测属性是否已满足，一旦错误出现，即使用可视化工具以 UML 图的形式显示对应策略，之后修正系统模型。

更高层次地应用安全模式可以使用集成安全开发框架，安全开发框架通常由两部分组成：

1）软件安全开发的实践：这些实践活动来自当前安全开发生命周期的方法研究以及开发实践。

2）由四个阶段构成的安全模式的利用过程：安全模式识别阶段、安全模式选择精炼阶段、安全功能集成阶段，以及抽取安全模式和反馈安全模式阶段。

这两部分之间相互关联，将安全模式的使用与安全实践活动进行集成，将安全模式更加有效地应用到软件安全开发中。两部分的结合可以简化软件安全开发流程，减少开发风险，方便安全经验不多的开发人员采用。

2.4.6 安全模式库构建

随着越来越多的安全设计模式被发掘出来，传统的安全模式组织形式，比如模式目录、模式文档或者书籍等具有局限性，软件开发人员使用起来不方便。为更好地组织安全设计模式，支持安全模式的动态增长和更新演化，利于安全模式交流和共享，安全模式库的出现不可避免。安全模式库的构建的主要内容如下。

1. 模式的描述方式

目前主要有三类描述手段：一是自然语言描述，二是形式化描述，三是基于 XML 的描述。第一种描述方式的典型代表就是 GoF 的描述，其采用自然语言结合 UML 图示的方式将每一个模式抽象出四个基本要素，分别是设计模式名称、问题、解决方案和效果，并细化为十四个属性元素。该描述方法的优势是直接面向软件开发人员，易于理解和交流，对设计模式的结构表述透彻明了，因此一般设计模式都倾向于采用此类方法描述。第二种描述方式经常采用各种形式化描述语言，如 LePUS（language for patterns uniform specification）、Disco（distributed co-operation）和 BPSL（balanced pattern specification language）等来描述设计模式。该类描述方法的优点是面向计算机，软件开发平台可以精确地理解和处理模式，描述严格，能够描述模式内部各部分间丰富的语义联系。第三种描述方式借助 XML 在描述结构化数据方法的优势并结合设计模式自身的结构特征，该方法的优点是既利于人的沟通和理解，同时又便于计算机进行处理，但描述不如形式化描述方式严格。

2. 模式的关系研究

安全模式的三种典型关系有精化关系（refine relationship）、使用关系（use relationship）和互斥关系（conflict relationship）。精化关系即是指该模式所处理的问题比另一模式更加细化和特殊化；使用关系指的是为应对安全需求，可能一个模式并不足以彻底消除威胁，需要另外的模式提供必要的协助；互斥关系指的是面临同一种威胁，两个模式提供了不同的解决方案。

3. 模式的分类

目前存在多种模式分类标准，依据不同的分类标准，同样一个设计模式可以划归到多个不同的分类当中。分类标准的确立，有助于开发人员在选择待应用的模式时，缩小检索范围，快速定位所需模式。比较知名的设计模式分类标准有 POSA 分类和 GoF 分类。POSA 的分类标准是根据模式的抽象层次以及解决问题的粒度大小来划分，具体划分为：体系结构模式、设计模式以及惯用法模式；而 GoF 的分类标准则仅针对设计模式而言，按照目标准则（即设计模式用来做什么），将设计模式划分为三大类：创建型模式、结构型模式和行为型模式；按照范围准则（即设计模式是依赖对象的组装还是继承）将模式划分为两类：类模式和对象模式。此外，按应用领域的相关背景知识准则划分设计模式也是比较常见的分类准则。

4. 模式的检索应用

鉴于越来越多的安全模式被发掘和提炼出来，如何从庞大的模式资源库中快速搜集到所需模式就显得格外重要。模式的检索应用依赖于模式的描述方式，采用的描述方式不同，检索手段也就不一样。如果使用自然语言描述，则很多工作需要以人工选择的方式来完成；如果采用形式化或半形式化的方式来描述，则可以提供一些自动化的支持手段，但核心选择的过程依然需要人的参与。

5. 模式的实例化即自动代码生成

目前，模式的实例化基本上还是依靠软件开发人员对模式的理解以及对软件需求的把握，自动化方面的支持相对较少，但依然有部分开发工具提供经典设计模式的自动代码生成，比如 UMLStudio、TogetherJ、ModelMaker 等，这些工具需要开发人员手动选择所需的模式，然后进行少许配置即可产生相应部分实例化代码。

2.5 基于成功实践的开发安全体系

在软件开发过程中，基于开发安全生命周期的研究逐渐成熟，微软等企业在开发安全管理实践中，总结自己的开发安全体系，并进行推广。

2.5.1 微软 SDL

安全开发生命周期（SDL）是侧重于软件开发的安全保证过程。在微软，自 2004 年起，SDL 作为全公司的计划和强制政策，在将安全和个人隐私保护植入软件和企业文化方面发挥了重要作用。通过将整体和实践方法相结合，SDL 致力于减少软件中漏洞的数量，降低其严重性。SDL 在开发过程的所有阶段均引入了安全和个人隐私保护。

将安全开发概念整合到现有开发过程时，如果方式不当，可能会造成不利的局面且成本高昂。成功还是失败，通常取决于组织规模、资源（时间、人力和预算）以及高层支持等因素。理解良好安全开发实践的要素，根据开发团队的成熟度水平确定实施优先级，可以控制这些无形因素的影响。微软创建了 SDL 优化模型，以帮助解决这些问题。

SDL 优化模型围绕五个功能领域构建，这些领域大致与软件开发生命周期的各个阶段相对应：

- 培训、政策和组织功能。
- 要求和设计。
- 实施。
- 验证。
- 发布和响应。

此外，针对这些领域中的实践和功能，SDL 优化模型还定义了四个成熟度水平：基本、标准化、高级和动态。

SDL 优化模型从基本成熟度水平（几乎或完全没有任何过程、培训和工具）开始，发展到动态水平（特点是整个组织完全遵循 SDL），完全遵循 SDL，包括高效的过程、训练有素的人员、专用工具，以及组织内部和外部各方的强烈责任感。

这里重点讨论达到"高级"成熟度水平所需的任务和过程。也就是说，只要组织在前述五个功能领域都具备实力，就完全可以进行 Microsoft SDL 实践。

与其他软件成熟度模型相比，Microsoft SDL 优化模型严格侧重于开发过程改进。它提供可操作的说明性指南，说明如何从较低水平的过程成熟度发展为较高水平，而不采用其他优化模型的"列表加列表"方法。

2.5.1.1　SDL 适用性

对于将实施 Microsoft SDL 控制的项目类型，为组织设定明确的预期值是非常重要的。通过实践经验可知，具备以下一个或多个特征的应用程序应实施 SDL 控制：

- 在业务或企业环境中部署。
- 处理个人可识别信息（PII）或其他敏感信息。
- 定期通过互联网或其他网络进行通信。

计算技术无处不在，威胁环境不断变化，因此，更方便的方式可能是确定不需要实施安全控制（如 SDL 安全控制）的应用程序开发项目。

2.5.1.2　安全人员的角色、职责和资格

SDL 包括安全和个人隐私保护两类重要角色，详细说明角色的工作内容。这些角色均是 SDL 过程所要求的。安全和个人隐私保护角色承担的是咨询性工作，协助确定软件开发项目中存在的安全和个人隐私保护问题，并将问题加以分类和确定缓解方案。这两类角色包括以下具体角色或岗位：

- 评析者/顾问角色。这些角色的任务是对项目安全和隐私进行监督，有权接受或拒绝项目团队的安全和隐私计划。
- 安全顾问/隐私顾问。这些角色由项目团队外部的主题专家（SME）担任。该角色可以由组织中专门进行此类评析的独立集中小组中的合格成员担任，也可以由组织外部的专家担任。为此，任务选择的人员必须担任两个子角色：

- 审计官。此角色必须监控软件开发过程的每个阶段，并证明每个安全要求的成功实现。审计官必须能够自主证明过程是否符合安全和个人隐私保护要求方面的要求，而不受项目团队的干扰。
- 专家。此角色为顾问角色选择的人员，必须在安全方面拥有可靠的相关专业知识。
- 顾问角色组合。如果可以确认某人具有合适的技能和经验，则安全顾问的角色可以与隐私顾问的角色合二为一。
- 团队负责人。团队负责人角色应由项目团队的主题专家担任。这些角色负责协商、接受和跟踪最低的安全和隐私要求，并在软件开发项目过程中与顾问和决策者保持通畅的沟通渠道。
- 安全负责人/隐私负责人。此角色（一人或多人）不仅负责为确保软件发布而解决所有安全问题，而且负责协调和跟踪项目的安全问题。此角色还负责向安全顾问和项目团队的其他相关方（例如开发和测试负责人）报告情况。
- 角色组合。与安全和个人隐私保护顾问角色一样，如果可以确认某人具有合适的技能和经验，则可以由一人承担负责人的职责。

2.5.1.3 简化的 SDL 安全活动

简而言之，Microsoft SDL 是一组必需的安全活动，这些活动的执行顺序与其显示顺序相同，按传统软件开发生命周期（SDLC）的阶段分组。讨论的许多活动在独立实施时，都具有某种程度的安全优势。不过，微软的实践经验表明，将安全活动作为软件开发过程的一部分来执行，其安全效益大于零散的或临时实施的活动。

为了实现所需的安全和个人隐私保护目标，项目团队或安全顾问可以自行决定添加可选的安全活动。因本书篇幅所限，因此不再详细讨论每项安全活动。

需要注意的一个基本概念是，组织应注重每个阶段产生的输出的质量和完整性。以 SDL 优化模型的高级和动态水平运营的组织应具备一定程度的安全过程复杂性。尽管如此，但这并不影响威胁模型的产生方式，例如，通过与开发团队进行白板会议产生威胁模型，在 Microsoft Word 文档中以叙述形式描述威胁模型，或者使用专用工具（如 SDL 威胁建模工具）生成威胁模型。投资于高效的工具和自动化的确会使 SDL 过程受益，但其实际价值在于可以获得全面而准确的结果。

为便于评析，图 2-2 是演示 SDL 过程的详细关系图。该图以直观的方式说明一个假设项目中使用的安全活动（从培训员工到应用程序发布）。该示例包括必选和可选任务。

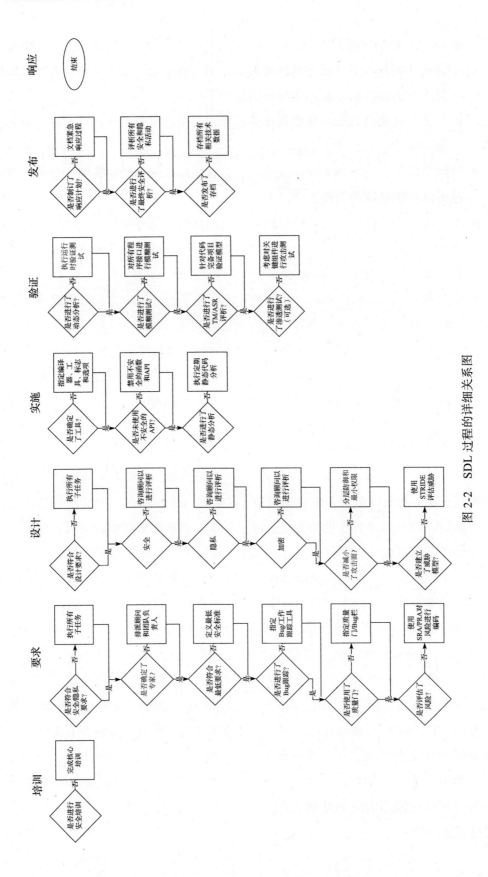

图 2-2 SDL 过程的详细关系图

2.5.1.4　必需的安全活动

如果确定对某个软件开发项目实施 SDL 控制（请参见 SDL 适用性一节），则开发团队必须成功完成 16 项必需的安全活动，才符合 Microsoft SDL 过程的要求。这些必需活动已由安全和个人隐私保护顾问确认有效，并且会作为严格的年度评估过程的一部分，不断进行有效性评析。如前所述，开发团队应保持灵活性，以便根据需要指定其他安全活动，但是"必须完成"实践列表应始终包括本文所述的 16 项活动。

SDL 实施前要求：安全培训

【SDL 实践 1：培训要求】

软件开发团队的所有成员都必须接受适当的培训，了解安全基础知识以及安全和个人隐私保护方面的最新趋势。直接参与软件程序开发的技术角色人员（开发人员、测试人员和程序经理）每年必须参加至少一门特有的安全培训课程。

基本软件安全培训应涵盖的基础概念具体如下。

1）安全设计，包括以下主题：

- 减小攻击面。
- 深度防御。
- 最小权限原则。
- 安全默认设置。

2）威胁建模，包括以下主题：

- 威胁建模概述。
- 威胁模型的设计意义。
- 基于威胁模型的编码约束。

3）安全编码，包括以下主题：

- 缓冲区溢出（对于使用 C 和 C++ 的应用程序）。
- 整数算法错误（对于使用 C 和 C++ 的应用程序）。
- 跨站脚本（对于托管代码和 Web 应用程序）。
- SQL 注入（对于托管代码和 Web 应用程序）。

4）弱加密安全测试，包括以下主题：

- 安全测试与功能测试之间的区别。
- 风险评估。

- 安全测试方法。

5）隐私，包括以下主题：

- 隐私敏感数据的类型。
- 隐私设计最佳实践。
- 风险评估。
- 隐私开发最佳实践。
- 隐私测试最佳实践。

之前的培训为技术人员提供了足够的基础知识。在时间和资源允许的情况下，技术人员可能需要进行高级概念方面的培训。示例包括但不限于以下方面：

- 高级安全设计和体系结构。
- 可信用户界面设计。
- 安全漏洞细节。
- 实施自定义威胁缓解。

第一阶段：要求

【SDL 实践 2：安全要求】

"预先"考虑安全和个人隐私保护是开发安全系统过程的基础环节。为软件项目定义信任度要求的最佳时间是在初始计划阶段。尽早定义要求有助于开发团队确定关键里程碑和交付成果，并使集成安全和个人隐私保护的过程尽量不影响到计划和安排。对安全和个人隐私保护要求的分析在项目初期执行，所做工作涉及为在计划运行环境中运行的应用程序确定最低安全要求，并确立和部署安全漏洞／工作项跟踪系统。

【SDL 实践 3：质量门/Bug 栏】

质量门和 Bug 栏用于确立安全和个人隐私保护质量的最低可接受级别。在项目开始时定义这些标准可加强对安全问题相关风险的理解，并有助于团队在开发过程中发现和修复安全 Bug。项目团队必须协商确定每个开发阶段的质量门（例如，必须在签入代码之前会审并修复所有编译器警告），随后将质量门交由安全顾问审批。安全顾问可以根据需要添加特定于项目的说明以及更加严格的安全要求。另外，项目团队需阐明其对商定安全门的遵从性，以便完成最终安全评析（FSR）。

Bug 栏是应用于整个软件开发项目的质量门，它用于定义安全漏洞的严重性阈值。例如，应用程序在发布时不得包含具有"关键"或"重要"评级的已知漏洞。

Bug 栏一经设定，便绝不能放松。动态 Bug 栏是一种不断变化的目标，可能不便于开发组织的理解。

【SDL 实践 4：安全和个人隐私保护风险评估】

安全风险评估（SRA）和隐私风险评估（PRA）是必需的过程，用于确定软件中需要深入评析的功能环节。这些评估必须包括以下信息：

1）（安全）项目的哪些部分在发布前需要威胁模型？
2）（安全）项目的哪些部分在发布前需要进行安全设计评析？
3）（安全）项目的哪些部分（如果有）需要由不属于项目团队且双方认可的小组进行渗透测试？
4）（安全）是否存在安全顾问认为有必要增加的测试或分析要求以缓解安全风险？
5）（安全）模糊测试要求的具体范围是什么？
6）（隐私）隐私影响评级如何？应基于以下准则回答此问题：

- P1 高隐私风险。功能、产品或服务将存储或传输 PII，更改设置或文件类型关联，或是安装软件。
- P2 中等隐私风险。功能、产品或服务中影响隐私的唯一行为是用户启动的一次性匿名数据传输（例如，软件在用户单击链接后转到外部网站）。
- P3 低隐私风险。功能、产品或服务中不存在影响隐私的行为。不传输匿名或个人数据，不在计算机上存储 PII，不代表用户更改设置，并且不安装软件。

第二阶段：设计

【SDL 实践 5：设计要求】

影响项目设计信任度的最佳时间是在项目生命周期的早期。在设计阶段应仔细考虑安全和个人隐私保护问题，这一点至关重要。如果在项目生命周期的开始阶段执行缓解措施，则缓解安全和个人隐私保护问题的成本会低得多。项目团队应避免到项目开发将近结束时再"插入"安全和个人隐私保护功能及缓解措施。

此外，项目团队还必须理解"安全的功能"与"安全功能"之间的区别。已实现的安全功能实际上很可能是不安全的。"安全的功能"定义为在安全方面进行了完善设计的功能，比如在处理之前对所有数据进行严格验证或是通过加密方式可靠地实现加密服务库。"安全功能"描述具有安全影响的程序功能，如 Kerberos 身份验证或防火墙。

设计要求活动包含一些必需行动。示例包括创建安全和个人隐私保护设计规范、规范评析以及最低加密设计要求规范。设计规范应描述用户会直接接触的安全或隐私功能，如需要用户身份验证才能访问特定数据，或在使用高隐私风险功能前需要用户同意的那些功能。此外，所有设计规范都应描述如何安全地实现给定特性或功能所提供的全部功能。针对应用程序的功能规范验证设计规范是个好做法。功能规范应：

- 准确完整地描述特性或功能的预期用途。
- 描述如何以安全的方式部署特性或功能。

【SDL 实践 6：减小攻击面】

减小攻击面与威胁建模紧密相关，不过它解决安全问题的角度稍有不同。减小攻击面通过减少攻击者利用潜在弱点或漏洞的机会来降低风险，包括关闭或限制对系统服务的访问、应用最小权限原则以及尽可能地进行分层防御。

【SDL 实践 7：威胁建模】

威胁建模用于存在重大安全风险的环境之中。这一实践使开发团队可以在其计划的运行环境的背景下，以结构化方式考虑、记录并讨论设计的安全影响。通过威胁建模，还可以考虑组件或应用程序级别的安全问题。威胁建模是一项团队活动（涉及项目经理、开发人员和测试人员），并且是软件开发设计阶段中执行的主要安全分析任务。

第三阶段：实施

【SDL 实践 8：使用批准的工具】

所有开发团队都应定义并发布获准工具及其关联安全检查的列表，如编译器/链接器选项和警告。此列表应由项目团队的安全顾问进行批准。一般而言，开发团队应尽量使用最新版本的获准工具，以利用新的安全分析功能和保护措施。

【SDL 实践 9：弃用不安全的函数】

许多常用函数和 API 在当前威胁环境下并不安全。项目团队应分析将与软件开发项目结合使用的所有函数和 API，并禁用确定为不安全的函数和 API。确定禁用列表之后，项目团队应使用头文件（如 banned.h 和 strsafe.h）、较新的编译器或代码扫描工具来检查代码（在适当情况下还包括旧代码）中是否存在禁用函数，并使用更安全的备选函数来替代这些禁用函数。

【SDL 实践 10：静态分析】

项目团队应对源代码执行静态分析。源代码静态分析为安全代码评析提供了伸缩性，可以帮助确保对安全代码策略的遵守。通常源代码静态分析本身不足以替代人工代码评析。安全团队和安全顾问应了解静态分析工具的优点和缺点，并准备好根据需要为静态分析工具辅以其他工具或人工评析。

第四阶段：验证

【SDL 实践 11：动态程序分析】

为确保程序功能按照设计方式工作，有必要对软件程序进行运行时验证。此验证任务应指定一些工具，用以监控应用程序行为是否存在内存损坏、用户权限问题以及其他重要的安全问题。SDL 过程使用运行时工具（如 AppVerifier）和其他方法（如模糊测试）来实现所需级别的安全测试覆盖率。

【SDL 实践 12：模糊测试】

模糊测试是一种专门形式的动态分析，它通过故意向应用程序中引入不良格式或随机数据来诱发程序故障。模糊测试策略的制定以应用程序的预期用途以及应用程序的功能和设计规范为基础，安全顾问可能要求进行额外的模糊测试或扩大模糊测试的范围并延长持续时间。

【SDL 实践 13：威胁模型和攻击面评析】

应用程序经常会严重偏离在软件开发项目要求和设计阶段所制定的功能和设计规范。因此，在给定应用程序完成编码后重新评析其威胁模型和攻击面度量是非常重要的。此评析可确保考虑到对系统设计或实现方面所做的全部更改，并确保因这些更改而形成的所有新攻击平台得以平息和缓解。

第五阶段：发布

【SDL 实践 14：事件响应计划】

受 SDL 要求约束的每个软件发布都必须包含事件响应计划。即使在发布时不包含任何已知漏洞的程序日后也可能面临新出现的威胁。事件响应计划应包括：

- 单独指定的可持续工程（SE）团队；或者，如果团队太小以至于无法拥有 SE 资源，则应制订紧急响应计划，在该计划中确定相应的工程、市场营销、通信和管理人员充当发生安全紧急事件时的首要联系点。
- 与决策机构的电话联系（7 天 ×24 小时随时可用）。
- 针对从组织内部继承代码的安全维护计划。
- 针对获得许可的第三方代码的安全维护计划，包括文件名、版本、源代码、第三方联系信息以及要更改的合同许可（如果适用）。

【SDL 实践 15：最终安全评析】

最终安全评析（FSR）是在发布之前仔细检查对软件应用程序执行的所有安全

活动。FSR 由安全顾问在普通开发人员以及安全和个人隐私保护团队负责人的协助下执行。FSR 不是"渗透和修补"活动，也不是用于执行以前忽略或忘记的安全活动的时机。FSR 通常要根据以前确定的质量门或 Bug 栏检查威胁模型、异常请求、工具输出和性能。FSR 将得出以下三种不同结果：

- 通过 FSR。在 FSR 过程中确定的所有安全和个人隐私保护问题都已得到修复或缓解。
- 通过 FSR 但有异常。在 FSR 过程中确定的所有安全和个人隐私保护问题都已得到修复或缓解，并且 / 或者所有异常都已得到圆满解决。无法解决的问题（例如，由以往的"设计水平"问题所导致的漏洞）将被记录下来，并在下次发布时加以更正。
- 需上报问题的 FSR。如果团队未满足所有 SDL 要求，并且安全顾问和产品团队无法达成可接受的折中协议，则安全顾问不能批准项目，项目不能发布。团队必须在发布之前解决所有可以解决的 SDL 要求的问题，或是上报给高级管理层进行抉择。

【SDL 实践 16：发布 / 存档】

是发布软件的生产版本（RTM）还是 Web 版本（RTW）取决于 SDL 过程完成时的条件。指派负责发布事宜的安全顾问必须证明（使用 FSR 和其他数据）项目团队已满足安全要求。同样，对于至少有一个组件具有 P1 隐私影响评级的所有产品，项目的隐私顾问必须先证明项目团队满足隐私要求，然后才能交付软件。

此外，必须对所有相关信息和数据进行存档，以便可以对软件进行发布后维护。这些信息和数据包括所有规范、源代码、二进制文件、专用符号、威胁模型、文档、紧急响应计划、任何第三方软件的许可证和服务条款，以及执行发布后维护任务所需的任何其他数据。

2.5.1.5 可选的安全活动

可选的安全活动通常在软件应用程序可能用于重要环境或方案时执行。这些活动通常由安全顾问在附加商定要求部分集中指定，以确保对某些软件组件进行更高级别的安全分析。本节中的实践可作为可选安全任务的示例，但不应将其视为详尽列表。

1. 人工代码评析

人工代码评析是 SDL 中的可选任务，通常由应用程序安全团队中具备高技能的人员或由安全顾问执行。尽管分析工具可以进行很多查找和标记漏洞的工作，但这些工具并不完美。因此，人工代码评析通常侧重于应用程序的"关键"组件。这种评析最常用在处理或存储敏感信息（如个人可识别信息）的组件中。另外，此活动也用于检查其他关键功能，如加密实现。

2. 渗透测试

渗透测试是对软件系统进行的白盒安全分析，由高技能安全专业人员通过模拟黑客操作执行。渗透测试的目的是发现由于编码错误、系统配置错误或其他运行部署弱点导致的潜在漏洞。渗透测试通常与自动及人工代码评析一起执行，以提供比平常更高级别的分析。

3. 相似应用程序的漏洞分析

在互联网上可以找到许多声誉良好的有关软件漏洞的信息来源。在某些情况下，通过对在类似软件应用程序中发现的漏洞进行分析，可以为发现所开发软件中的潜在设计或实现问题收获一些灵感。

2.5.2 OWASP 的安全开发项目

开放式 Web 应用程序安全项目（open web application security Project，OWASP）是一个非营利组织，不附属于任何企业或财团，它提供有关计算机和互联网应用程序的公正、实际、有成本效益的信息，其目的是协助个人、企业和机构来发现和使用可信赖的软件。

OWASP 被视为 Web 应用安全领域的权威参考。一系列美国法律和国际立法、标准、准则、委员会和行业实务守则参考引用了 OWASP 的资料。

OWASP 通过项目形式开展工作，其在开发安全领域的工作主要聚焦于 Web 应用开发，与开发安全直接相关的项目有 S-SDLC、ESAPI、SAMM、CLASP 等。

2.5.2.1 S-SDLC

S-SDLC 是安全软件开发生命周期，是一套完整的、面向 Web 和 App 开发厂商的安全工程方法，用于帮助软件企业降低安全威胁，提升软件安全质量。

S-SDLC 定义了安全软件开发的流程，以及各个阶段需要进行的安全活动，包括活动指南、工具、模板等，主要包括：

- 培训：提供安全培训体系，包含安全意识培训、安全基础知识培训、安全开发生命周期流程培训和安全专业知识培训。

- 需求阶段：如何对软件产品的风险进行评估，建立基本的安全需求。
- 设计阶段：提供安全方案设计及威胁建模。
- 实现阶段：提供主流编程语言的安全编码规范、安全函数库以及代码审计方法。
- 测试阶段：基于威胁建模的测试设计、Fuzzing 测试、渗透测试。
- 发布/维护阶段：建立漏洞管理体系。

【项目目标】

1）制定面向 Web 和 App 开发企业的安全开发流程。制定动态的安全开发流程，对安全活动及活动要求进行分级，不同类型的软件可以根据产品的风险及可用的投入资源来确定开发过程中要执行的安全活动，明确活动的输入、输出、执行者及依赖关系。

2）制定及开发安全基础培训课程。制定安全培训体系，确定不同的角色需要接受的培训内容及培训的周期；开发基础性的培训课程。

3）根据实践经验，输出各个安全活动的方法指导及模板。主要的安全活动有：安全风险评估、设计 Review、威胁建模、基于威胁建模的测试。

4）制定 Web 应用/移动应用安全设计指南。

5）制定安全编码（C/C++、JAVA、PHP、C#）。

6）将 OWASP 现有项目，如开发指南、测试指南融合到软件全开发体系中。

2.5.2.2 ESAPI

ESAPI（OWASP 企业安全应用程序接口）是一个免费、开源的网页应用程序安全控件库，它使程序员能够更容易写出风险更低的程序。ESAPI 库被设计为使程序员能够更容易地在现有的程序中引入安全因素的接口。ESAPI 库也可以成为作为新程序开发的基础。

除了语言方面的差异，所有的 ESAPI 版本都具有如下相同的基本设计结构：

1）都有一整套安全控件接口。例如，这些安全接口中定义了发送给不同安全控件的参数类型。

2）每个安全控件都有一个参考实现。这些实现不是基于特定组织或者特定程序的，例如基于字符串的输入验证。

3）程序开发者可以有选择地实现自己的安全控件接口。可能这些接口类中的应用逻辑是为使用者定制的，例如企业认证。

为使本项目尽可能易于传播并使更多人能够自由自用，本项目的源代码使用了 BSD 许可证。本项目的文档使用了知识共享署名许可证，可以随意使用、修改 ESAPI，甚至将它包含在商业产品中。

2.5.2.3 SAMM

OWASP 的软件保证成熟度模型（SAMM）是一个开放的框架，用以帮助组织制定并实施针对组织所面临的来自软件安全的特定风险的策略。由 SAMM 提供的资源可作用于以下方面：

- 评估一个组织已有的软件安全实践。
- 建立一个迭代的权衡的软件安全保证计划。
- 证明安全保证计划带来的实质性改善。
- 定义并衡量组织中与安全相关的措施。

SAMM 以灵活的方式定义，以使它可被大、中、小型组织使用于任何类型的软件开发中。另外，此模型可适用于全组织范围内，从一个单一的项目，甚至到整个组织，都适用。除了这些特点，SAMM 还建立在以下原则的基础上：

- 一个组织的行为随着时间的推移而缓慢地改变——一个成功的软件安全计划，应当详细说明每一个小的迭代步骤，使其能够提供有形的保证收益，并向项目的长期目标前进。
- 没有单一的方法可作用于所有的组织——一个软件安全框架必须是灵活的，并允许组织根据各自的风险承受能力以及开发和使用软件的方式，去改进自己的选择。
- 与安全措施相关的指导必须是规范的——所有建立和评估保证计划的步骤应是简单的、明确的和可测量的。该模型还为普遍类型的组织提供了路线图模板。

2.5.2.4 CLASP

OWASP 的 CLASP 模型是一个由一系列安全活动驱动的，基于角色组织的安全推进实践的模型。它通过一些正式的安全最佳实践，将安全属性以一种结构化、可重复和可测量的方式整合进软件开发组织的现有或者新启动的软件开发生命周期中。CLASP 是在系统分析各个开发生命周期的基础上，经过多年细致的领域工作而创建的一个综合性的开发模型。应用该模型可以比较好地处理那些可能导致安全服务出现漏洞的软件脆弱性问题。

CLASP 的核心活动有 30 个，可以集成到一个软件开发过程。表 2-1 列出了这些活动的顺序以及标准的角色。

表 2-1　CLASP 的核心活动

活动	权限	参与者
Institute security awareness program	Project Manager	
Monitor security metrics	Project Manager	Integrator
Manage certification process	Project Manager	
Specify operational environment	Requirements Specifier	
Identify global security policy	Requirements Specifier	
Identify user roles and requirements	Requirements Specifier	
Detail misuse cases	Requirements Specifier	
Perform security analysis of requirements	Security Auditor	
Document security design assumptions	Software Architect	
Specify resource-based security properties	Software Architect	
Apply security principles to design	Designer	
Research and assess security solutions	Designer	
Build information labeling scheme	Designer	UI Designer
Design UI for security functionality	UI Designer	Designer
Annotate class designs with security properties	Designer	
Perform security functionality usability testing	UI Designer	
Manage System Security Authorization Agreement	Security Auditor	
Specify database security configuration	Database Designer	
Perform security analysis of system design	Security Auditor	Designer
Integrate security analysis into build process	Integrator	
Implement and elaborate resource policies	Implementer	Designer
Implement interface contracts	Implementer	
Perform software security fault injection testing	Implementer	
Address reported security issues	Implementer	Designer
Perform source-level security review	Security Auditor	Implementer
Identify and implement security tests	Test Analyst	Security Auditor
Verify security attributes of resources	Tester	
Perform code signing	Integrator	
Build operational security guide	Implementer	
Manage security issue disclosure process	Project Manager	Implementer, Designer

其主要特点有：

- 良好的结构组织。它采用"视图活动过程组件"的由上而下的组织形式，定义了一系列需要被整合进开发过程和操作环境的活动。开发组织可以对该模型进行裁剪，以适应待开发产品的实际情况。
- 基于角色的活动组织。它定义了一些对软件产品安全有影响的角色，并为这些角色分配了相应的任务。各个角色对任务的完成和结构的质量负责。包含的角色有：项目经理、需求分析师、软件架构师、设计者、实施人员、集成和编译人员、测试者和测试分析师、安全审计员等。

- 对于每个活动，CLASP 描述了以下内容：
  - 安全活动应该在什么时间、应该如何实施。
  - 如果不进行这项安全活动，将会带来多大的风险。
  - 如果实施这项安全活动，估计需要多少成本。
- 开放性项目。OWSAP 的 CLASP 项目是面向公众开放的，由众多知名企业赞助和参与的开发活动，其官方网站提供了丰富资源以辅助过程实施。

2.5.3 McGraw 的 BSI 模型

McGraw 全名为 Gary McGraw，美国安全软件开发专家，著有《安全软件开发之道》。

BSI 模型即安全接触点方法，McGraw 强调应该使用工程化的方法来实施软件安全，即在整个软件开发生命周期中都要确保将安全作为软件的一个有机组成部分。其特点主要有：

- 重视风险的管理。随着项目的展开，应用全面的风险管理框架（Cigital 公司的 RMF）来不断地确定和追踪风险，并显示它们的状态信息。
- 从攻击者和建造者两方面考虑问题。将软件安全的攻击与防御、利用与设计、破解与建造统一在了一起，提供了从不同角度保障安全的行为方式。
- 安全知识的运用。软件安全领域的专家太少，但企业可以将他们的安全经验和专业技术收集汇总起来，用来对软件开发人员和安全新手进行培训，并通过安全接触点实际运用到项目过程中。

2.5.4 搜狐 SDL

搜狐公司基于本公司的实际情况，构建了一个事件驱动型的 SDL 流程，成为国内最早一批开始开发安全工作的公司之一。

2.5.4.1 搜狐 SDL 流程

搜狐 SDL 流程是一个从安全测试入手，事件驱动型的 SDL 流程，其详细流程如图 2-3 所示。

在需求分析阶段进行的工作如下：

- 识别重要信息（保护对象）。
- 评估风险。

- 制定安全目标。
- 制定最低 Bug 标准。

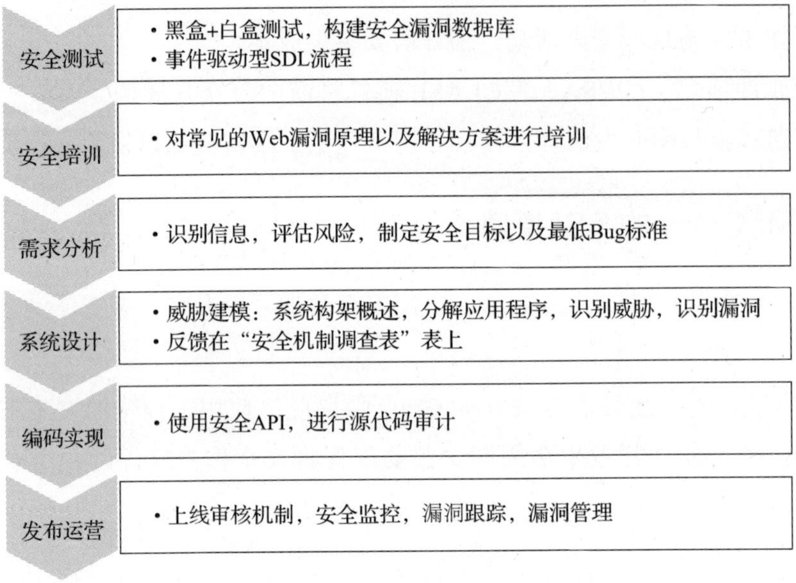

安全测试
· 黑盒+白盒测试，构建安全漏洞数据库
· 事件驱动型SDL流程
安全培训
· 对常见的Web漏洞原理以及解决方案进行培训
需求分析
· 识别信息，评估风险，制定安全目标以及最低Bug标准
系统设计
· 威胁建模：系统构架概述，分解应用程序，识别威胁，识别漏洞
· 反馈在“安全机制调查表”表上
编码实现
· 使用安全API，进行源代码审计
发布运营
· 上线审核机制，安全监控，漏洞跟踪，漏洞管理

图 2-3 搜狐 SDL 流程

经过分析总结重点风险，该项分析工作是迭代进行的，第一批的重点风险是：

- 没有 SQL 注入。
- XSS 存储型跨站。
- 恶意文件上传。
- CSRF（跨站请求伪造）。
- Open Redirect（url 跳转）。

针对第一批重点风险进行有针对性的威胁建模（见图 2-4）和系统设计，具体流程如下：

- 确认安全目标。
- 应用概览。
- 应用分解。
- 确认威胁。
- 确认脆弱性。

1.确认安全目标
2.应用概览
3.应用分解
4.确认威胁
5.确认脆弱性

图 2-4 威胁建模

威胁建模——分解应用程序（见图 2-5）：

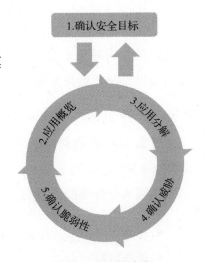

- 以下信息反馈在"安全机制调查表"表上：系统架构概述、功能模块介绍、安全机制介绍等。
- 功能模块解析。

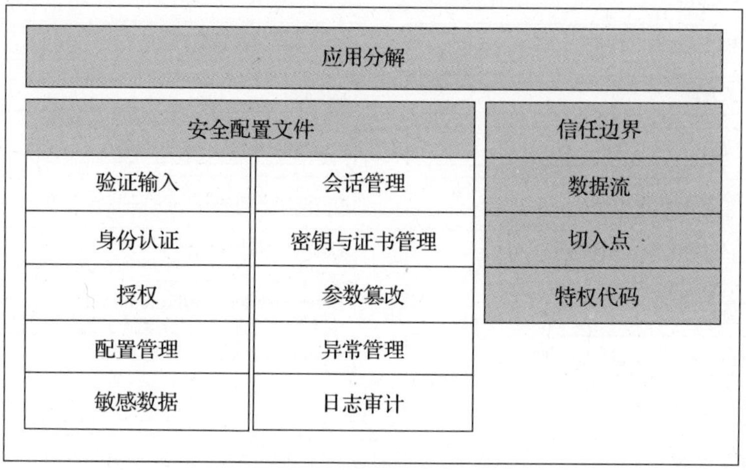

应用分解		
安全配置文件		信任边界
验证输入	会话管理	数据流
身份认证	密钥与证书管理	切入点
授权	参数篡改	特权代码
配置管理	异常管理	
敏感数据	日志审计	

图 2-5 分解应用程序

威胁建模——识别威胁 & 漏洞：

分析安全测试数据结果，识别具体漏洞，具体流程如下：

- 从功能分析数据流。
- 从数据流分析威胁。
- 确认是否有相应的漏洞。

通过威胁建模，全面了解其所面临的风险，就进入编码实现阶段。搜狐在编码过程中，大量借助 OWASP 的 ESAPI（请参看在 2.5.2.2 中的 ESAPI 介绍）。图 2-6 是 ESAPI 与早期的 OWASP Top10 应用漏洞（该漏洞每三年更新一次，本图是 2007 年版本）的对照关系说明。

2.5.4.2 搜狐 Web 应用安全运营体系

搜狐在建立 SDL 流程之后，又采取如下措施来保证 Web 应用安全的运营。

1）建立搜狐 Web 应用安全框架，包括应用架构、开发过程、测试、安全响应四个部分。

- 应用架构：业务分离、身份认证、数据加密、日志记录、数据安全、流量监控等。
- 开发过程：SDL。

- 测试：功能测试、压力测试、黑白盒测试。
- 安全响应：安全接口人、安全响应流程、安全事件跟踪。

OWASP Top10	OWASP的ESAPI
1.跨站脚本攻击（XSS）	验证器，编码器
2.注入式漏洞	编码器
3.恶意文件执行	HttpUtilities类（安全上传）
4.不安全对象直接引用	AccessReferenceMap,AccessController
5.跨站请求伪造（CSRF）	User（CSRF Token）
6.安全配置错误	EnterpriseSecurityException,HTTPUtils
7.失效的身份认证和会话管理	Authenticator,User,HTTPUtils
8.不安全的加密存储	Encryptor
9.不安全会话	HTTPUtilities（安全cookie与通道）
10.失效的访问控制	AccessController

图 2-6　识别威胁 & 漏洞

2）为保证有效响应安全事件，搜狐又建立了一个安全事件响应平台，该平台的主要功能有：

- 按业务线分类，对日常安全事件进行通报并跟踪处理结果。
- 通报最新安全漏洞或对最新攻击方式进行预警通知。

3）搜狐还建立了日常安全扫描体系，主要进行下面三项扫描：

- 日志扫描。
- 网站扫描。
- 服务器扫描。

搜狐公司建立的 Web 应用安全运营体系在实践中收获了良好效果，系统的漏洞数量下降非常明显，系统安全性显著提升。

2.6　基于软件开发成熟度的开发安全体系

能力成熟度模型（capability maturity model integration，CMMI）是一种用于产

品和服务开发与维护的过程改进成熟度模型,已经被广泛应用于产品开发企业的能力成熟度评价和过程改进。在国内,特别是在软件开发行业,该模型的应用也越来越普遍。在很多大型工程项目中,通过能力成熟度评价,获得一定的能力成熟度等级资质,已经成为软件研制单位承担软件开发任务必须具备的资质条件。但是,由于 CMMI 模型中并没有包括安全性能力相关的目标和实践,因此一个研制单位即使通过了高等级的 CMMI 能力成熟度评估,也不一定具有开发安全关键产品的过程能力。而目前在很多领域,比如航空、航天等领域,存在大量的安全关键产品开发任务,如何改进和提高安全关键产品开发企业的安全性过程能力,以及如何选择安全关键产品供应商,是保证产品具有高安全性需要解决的一个非常重要的问题。

"产品开发安全性能力成熟度模型 +SAFE"是由澳大利亚国防部和美国卡内基 – 梅隆大学共同开发的,是对 CMMI 模型的一种扩展,其主要目的是识别安全关键产品供应商的安全性强项和弱项,并且在产品获取过程的早期关注识别出的弱项。该模型特别关注安全性,给出了改进组织开发安全关键产品能力的安全性特定实践,为评价和改进组织提供安全关键产品的能力提供了清晰的、需要特别关注的内容。

2.6.1 安全性能力成熟度模型

"安全性能力成熟度模型 +SAFE"共有两个过程域,一个是属于项目管理类的安全性管理过程域,另一个是属于工程类的安全性工程过程域。其中每个过程域除了具有各自的专用目标(SG)外,还具有与 CMMI 其他过程域类似的共用目标(GG)。该模型的结构如表 2-2 所示。

表 2-2 安全性能力成熟度模型结构

安全性过程域	过程域类型	专用目标	共用目标
安全性管理	项目管理类	SG1 开发安全性计划 SG2 监控安全性事件 SG3 管理安全相关供应商	GG1 实现专用目标 GG2 制度化已管理过程 GG3 制度化已定义过程 GG4 制度化定量管理过程 GG5 制度化优化过程
安全性工程	工程类	SG1 识别危险、安全事件和危险源 SG2 分析危险,评估执行风险 SG3 定义和维护安全性需求 SG4 安全性设计 SG5 支持安全性验收	GG1 实现专用目标 GG2 制度化已管理过程 GG3 制度化已定义过程 GG4 制度化定量管理过程 GG5 制度化优化过程

2.6.2 安全性管理过程域

安全性管理是一个项目管理类过程域。安全性管理的目的是确保对安全性活动进行计划、根据计划对安全性活动的绩效和结果进行监控,并对偏离计划的偏差进行修正。

安全性管理过程域包括如下内容:

1)利用安全性原理、准则和目标为实现安全性需求的安全性活动建立计划。

2)执行计划,监控安全性事件,并根据计划对这些事件进行管理。

3)为获取安全性相关产品和服务,开发并执行与供应商间的协议。

安全性管理过程域关注于项目有效地考虑安全性的需要,以及如何通过管理活动和技术方法来满足安全需求。当项目外部的供应商被用来提供产品、部件和服务时,安全性管理可以确保相关的需求被合并到供应商协议中,并且使这些协议得到履行。

安全性管理是一个持续的过程,它跨越项目的整个生命周期,并且采用如下的管理原理:

1)安全性事项应在项目生命周期的早期得到关注,并在整个生命周期过程中得到追踪。

2)安全性保证要求对产品和过程的独立的可见性。

3)安全性保证必须可以传递到项目外部的团体(包括供应商)。

4)必须采用一种迭代的、持续的和不断演化的过程。

安全性管理过程域共有 3 个专用目标和 5 个共用目标。实现 5 个共用目标的共用实践与 CMMI 其他过程域的共用实践类似,这里不再叙述。实现 3 个专用目标的专用实践如下文所述。

2.6.2.1 开发安全性计划

安全性管理过程域的第一个目标是开发安全性计划。该计划是在整个项目生命周期内管理安全性的基础,是基于安全性需求、安全性准则和安全性管理原理来建立和维护的。实现该目标的专用实践为:

1)确定规定需求、法定需求和标准。

2)建立安全性准则。

3)建立项目的安全性组织结构。

4)建立一个安全性计划。

2.6.2.2 监控安全性事件

实现该目标,能使安全性事件得到监控、报告、分析和解决。实现该目标的专用实践为:监控和解决安全性事件。

2.6.2.3 管理安全相关供应商

该目标要求根据包含安全性需求的正式协议管理、从项目外部供应商获得安全相关产品和服务的获取过程。实现该目标的专用实践为：

1）建立包括安全性需求的供应商协议。

2）履行包括安全性需求的供应商协议。

2.6.3 安全性工程过程域

安全性工程是一个工程类过程域。安全性工程的目的是确保在工程过程的所有阶段，安全性得到了充分的关注。

安全性工程过程域包括如下内容：

1）识别危险、安全事件和危险源，分析识别的结果以评估安全性相关的风险。

2）开发关注安全相关风险的安全性需求。

3）在整个项目生命周期应用安全性原理，确保安全性需求得到满足。

4）开发能够支持安全性验收，并提供确认安全性策略、安全性计划和计划实施所需信息的审核索引。

安全性工程过程域关注安全性需求的技术分析和技术工程，以及技术解决方案开发中安全性工程原理的应用。综合考虑安全性工程和其他工程过程（包括需求开发、技术解决方案、集成和验证等），可以确保需求和技术方案的安全性方面在项目生命周期的适当时间点得到策划和设计，确保安全性方面相对于其他需求或解决方案特性的优先权被明确地描述。安全性工程过程域的专用实践使用如下技术上的安全性原理：

1）安全性最好是利用已应用过并且可信的技术来实现。

2）必须有一个迭代、持续和演化的开发过程。

3）关键功能应该尽可能简单，并且与产品的其他部分隔离。

4）对于最关键的情况，可以采用正式的数学证明方法证明其正确性。

安全性工程过程域共有 5 个专用目标和 5 个共用目标。实现 5 个共用目标的共用实践与 CMMI 其他过程域的共用实践类似，这里不再叙述。实现 5 个专用目标的专用实践如下所述。

2.6.3.1 识别危险、安全事件和危险源

危险识别、危险分析和风险评估是在项目生命周期中多次执行的迭代过程的几个步骤。实现该目标的专用实践为：

1）识别可能的安全事件和危险源。

2）识别可能的危险。

2.6.3.2 分析危险，评估执行风险

该目标要求针对每个危险，分析可能的原因、概率和结果，评估该危险所呈现的严重性。实现该目标的专用实践为：分析危险，评估风险。

2.6.3.3 定义和维护安全性需求

该目标要求开发描述危险、风险和安全性准则的安全性需求，为每个安全性需求确定安全性目标，并在整个项目生命周期中维护这些需求。实现该目标的专用实践为：

1）定义安全性需求。

2）定义为每项安全性需求确定的安全性目标。

3）将安全性需求分配到部件。

2.6.3.4 安全性设计

该目标要求在项目生命周期全过程应用安全性原理，实现安全性需求。实现该目标的专用实践为：

1）应用安全性原理。

2）收集安全性保证证据。

3）进行变更安全性影响分析。

2.6.3.5 支持安全性验收

该目标要求通过独立的安全性评估和独立的安全性活动假设确认，建立和维护危险日志及安全性案例，以支持安全性验收过程。实现该目标的专用实践为：

1）建立危险日志。

2）开发安全性案例论据。

3）确认产品在计划运行任务中的安全性。

4）进行独立的评价。

2.6.4 安全性能力成熟度模型与CMMI和安全性标准间的关系

建立安全性能力成熟度模型的目的是对CMMI进行扩展，以提供一种清晰、明确的开发复杂安全关键产品的功能安全性的框架，它以一种独立使用的方式表示，可由具有CMMI经验的用户使用，而不需要太多来自安全性领域专家的支持。

由于"安全性能力成熟度模型+SAFE"是CMMI的一种扩展，所以它采用了

与 CMMI 相同的假设、模型结构、习惯表示法和术语，并且受到普通的 CMMI 固有的过程域和能力水平相互作用的影响。

"安全性能力成熟度模型 +SAFE"框架并不限定于任何一种特定的安全性标准。定义安全性原理、方法、技术、工作产品和产品评估的任何适用标准，都可以用来实现框架的目标。"安全性能力成熟度模型 +SAFE"的背景及其与 CMMI 部件、安全性标准和评估与评价方法之间的关系如图 2-7 所示。

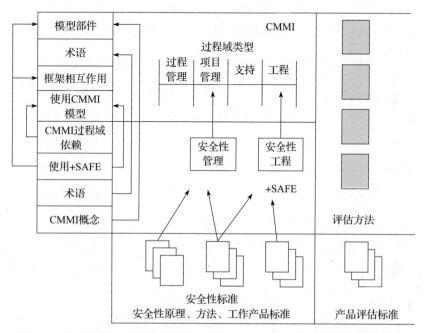

图 2-7 "安全性能力成熟度模型 +SAFE"与 CMMI、安全性标准间的关系

2.6.4.1 "安全性能力成熟度模型 +SAFE"与 CMMI 间的关系

"安全性能力成熟度模型 +SAFE"可以看作 CMMI 的一个附加的过程域集合。如果去掉"+SAFE"的独立使用要求，除了下述三点之外，"+SAFE"的过程域可以无缝集成到 CMMI 的项目管理过程域类和工程过程域类。

1）"+SAFE"过程域的资料性材料要比 CMMI 过程域中典型描述得更多、更详细（例如，实践描述中的例子、典型工作产品、子实践、注释、学科扩充、共用实践详细描述和参考资料等）。这样做的目的是减少对学科专门知识的依赖。

2）"+SAFE"过程域与其他过程域的交叉引用要比 CMMI 过程域中典型描述得多。这是因为有些 CMMI 过程域将安全性描述为产品的非功能属性，因此"+SAFE"过程域与这些过程域中的实践之间就会存在重叠或冗余。

3）CMMI 中通用的习惯表示方法，即"必需的"成分（专用和共用目标）、

"期望的"成分（专用和共用实践）和"资料性的"成分（其他的所有内容）等在"+SAFE"中被进一步加强，以确保资料性的内容不被当作规定性的要求使用。术语"例如""样本""指标可包括"以及对外部标准的参考等，明确地将"资料性的"内容与"必需的"或"期望的"内容区分开来。为了支持"+SAFE"独立使用，"+SAFE"还包含一些与CMMI完全冗余的材料。其中包括为不熟悉CMMI并且要为"+SAFE"应用提供支持的安全性从业人员提供了一些CMMI概念方面的材料，以及一些可能与CMMI冗余的"资料性"的内容（例如典型工作产品、子实践、注释、学科扩充、共用实践详细描述和参考资料等）。

2.6.4.2 "安全性能力成熟度模型+SAFE"与安全性标准间的关系

"安全性能力成熟度模型+SAFE"不要求采用任何特定的安全性标准。作为对CMMI的一种扩展，安全性能力成熟度模型主要是用于定义目标，以及提高绩效能力水平。该扩展的资料性部件只是如何能够实现目标的指示器，这些部件并不是强制的，一个组织可以选择自己希望采用的方法来实现这些目标，其中也包括对特定标准的选择。"安全性能力成熟度模型+SAFE"试图与澳大利亚国防标准"国防系统获取中的安全性工程"保持一致，也试图与当代其他安全性标准（例如，IEC的"机器安全性–安全相关电器、电子与可编程电子控制系统的功能安全性"，美国军用标准"系统安全性项目需求"，英国国防标准"国防系统的安全性管理要求，第1部分第2期和第3期"，以及任何可行的领域特定安全性标准）的原理保持一致。"安全性能力成熟度模型+SAFE"不打算用于评估产品本身的安全性（即，基于这一扩展的评价并不类似于定义于IEC的"机器安全性–安全相关电器、电子与可编程电子控制系统的功能安全性"中的"功能安全性评估"）。

2.6.5 安全性能力成熟度模型使用指南

"安全性能力成熟度模型+SAFE"的用法与CMMI相同。作为一个用于评价安全关键产品供应商或潜在供应商能力的结构框架，该模型可以由经过培训具有资格的CMMI评估师使用，根据SCAMPI（标准的CMMI过程改进评估方法）或其他适当的评价方法来进行安全性能力评价，而不需要特定的安全性专业知识。作为一个用于改进一个组织开发、支持、维护和管理安全关键产品能力的结构框架，该模型可以由具有CMMI和IDEAL（initiating, diagnosing, establishing, acting, learning）专门知识的组织使用来改进其安全性能力。一个安全性能力成熟度评价或改进活动可以与一个CMMI评价或改进活动集成在一起，也可以作为独立的安全性评估或改进活动。当采用连续表示法时，在评价或改进活动中安全性能力成熟度模型的应用方法与 CMMI 的其他过程域完全一样。

2.6.5.1　过程评价需要考虑的事项

任何一种适用于 CMMI 的评价方法都可以应用于安全性能力成熟度模型。该模型是基于以下假设编写的，即评估师已经过正常的 CMMI 培训，并经过附加的"+SAFE"模块培训。"+SAFE"并不假设评估师具有很高水平的安全性知识，但是与任一 CMMI 过程域的评价一样，评价组必须评估其所具有的专门知识水平，如有需要就还要补充主题专门知识。尽管"+SAFE"过程域扩展是采用与 CMMI-DEV 过程模型相分离的方式给出的，但这种方法仅仅是为了鼓励在评价中将关注焦点集中在安全性方面。"+SAFE"过程域可以作为更广泛的 CMMI 评价的一部分来进行评价，也可以与其他 CMMI 过程域一样，独立地进行评价。

如果一个项目达到了安全性工程过程域的 SG2，并且因此确定该项目存在安全性需求，则应对照安全性工程过程域中的"SG3 定义和维护安全性需求"和"SG4 安全性设计"对其进行评价。表 2-3 说明了可以选择的安全性能力成熟度模型过程域和目标。

表 2-3　过程域选择示例

项目	安全性管理			安全性工程				
	SG1	SG2	SG3	SG1	SG2	SG3	SG4	SG5
项目不是安全相关的								
项目可能是安全相关的，但危险识别表明它不是	√	√	√	√				√
项目是安全相关的，但所有危险都可接受	√	√	√	√	√			√
项目是安全相关的，并且某些危险不可接受	√	√	√	√	√	√	√	√

对项目决策正确性的评估，包括对安全关键或非安全关键分类正确性的评估，不是对照安全性能力成熟度模型进行评价的组成部分。

2.6.5.2　过程改进需要考虑的事项

对于一个组织如何获得安全性活动的能力，"安全性能力成熟度模型 +SAFE"提供了指南。与其他 CMMI 过程域一样，指南也包括如下三部分：第一，组织实施其安全性活动必须达到什么目标，即过程域的专用和共用目标，这些目标是"必需的"部分；第二，组织如何能够达到这些目标，即"期望的"和"资料性的"部分，包括专用实践、共用实践详细说明、学科扩充和子实践等部件；第三，使用能力水平表示的过程域结构，即改进优先级和依赖关系的指南。另外，安全性能力成熟度模型还提供了下述使用安全性过程域的专用指南。

1）安全性能力成熟度模型不要求使用特定的安全性标准，如果组织已经选择了特定的标准，或者是合同要求了特定的标准，安全性能力成熟度模型框架就是为适应这些标准的方法和技术开发的，适用时，包括"+SAFE"专用和共用实践的可替代实践。

2）安全性过程高度依赖于支持类过程域，特别是配置管理、过程和产品质量保证，以及决策分析和决定过程域。在较低程度上，安全性过程域还依赖于测量和分析，以及原因分析和决定过程域。这些过程域的有效实施对于安全能力的持续改进是至关重要的。

3）安全性过程特别强调验证和确认资源的独立性，以及向安全性管理人员和参与人员通报的渠道，特别是问题上报渠道的独立性。

安全性能力成熟度模型作为CMMI在安全性方面的扩展，为改进产品开发企业的安全性过程能力，以及评估一个企业的安全性过程能力水平和等级提供了一个模型框架。通过该模型的应用，可以有效提高安全关键产品开发企业的安全性过程能力，并且为选择安全关键产品开发企业提供了手段。因此，在国内安全相关领域应尽早开展安全性能力成熟度模型的应用和推广工作，将安全性能力成熟度模型和产品开发能力成熟度模型结合起来，全面提高和改进安全关键产品开发企业的开发过程能力和安全性过程能力，并将两个模型综合起来作为评价和选择安全关键产品开发企业的基础和标准。

2.7 开发安全综述

开发安全是一个牵涉范围较广的实践科学，在实际工作和学习中，会接触到开发安全的很多说法和提法，有些说法和提法甚至有些冲突，容易导致混淆和困惑，因此全面掌握开发安全相关知识和概念对开发安全工作的学习和理解非常必要。

本章所介绍的三个方向开发安全体系，既有区别，又有大量的交叉内容。基于软件工程理论的开发安全体系和基于软件开发成熟度的开发安全体系理论性强，逻辑比较严密；基于开发安全成功实践的开发安全体系则实践性强，易于实施。

对于银行业从业者来说，必须充分学习开发安全的相关理论，借鉴开发安全成功实践的各种成熟方法，结合本银行的实际工作，实施开发安全的成功性才有保障。本书所推荐的银行业开发全生命周期安全管理体系就属于在综合各开发安全理论的基础上，借鉴多家成功实践，适用于银行业的开发安全体系。

第3章

银行业开发全生命周期安全管理体系

本书所推荐的银行业开发全生命周期安全管理体系是民生银行借鉴现有的开发安全管理理论和成功实践,结合银行业的开发特点和业务系统特点,在本行开发安全管理实践工作中发展起来的开发安全管理体系。该管理体系的最主要特点是贴合中国银行业现有信息科技现状,是符合中国银行业实际情况的开发安全管理体系。

3.1 开发全生命周期安全管理介绍

开发全生命周期安全管理是指在软件的开发过程中,即在准备、需求分析、设计、编码/开发、测试、部署、运维、废弃等环节,实施安全活动,实现软件安全性提升的综合管理措施的总和。

为体现本书宗旨——促进银行业将安全工作前移,本书重点讨论银行业相对薄弱的前6个环节,即开发生命周期的安全管理。

3.2 开发生命周期安全管理的模型

3.2.1 ADCTA 循环模型

安全管理活动本质上是风险管理,由约翰·S.奥克兰多提出的 EPDCA 循环模型就是一个经典的风险管理模型。其中 E(estimate)表示风险评估,P(plan)

表示计划，D（do）表示执行，C（check）表示检查，A（action）表示改进。这个模型就是以风险评估为核心，通过风险评估来发现缺陷和问题，通过 PDCA 过程来解决问题。模型如图 3-1 所示。

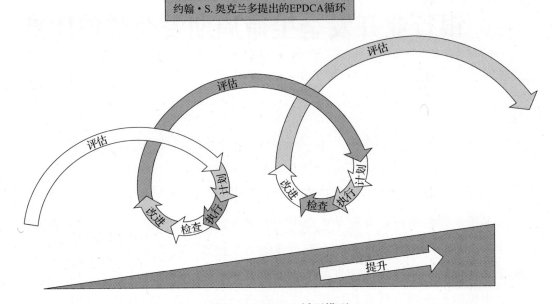

图 3-1　EPDCA 循环模型

此模型在安全开发管理中是无法使用的，安全开发关注的是将要开发完成的系统和软件的安全，因为没有开发完成，无法使用现有的风险评估方法来发现问题和缺陷。安全开发是分析将要开发完成的系统和软件，在设想的环境和功能中所面临的潜在威胁，怎么采取安全措施降低潜在威胁的攻击。而这些安全措施要求就变为开发过程中的安全需求，通过后面的设计、编码/开发、测试等环节来实现。鉴于安全开发是以威胁分析为驱动的，以安全需求的管理为核心的活动，对比 EPDCA 循环模型，建立 ADCTA 循环模型，其中：

第一个 A（threat analysis）表示威胁分析，威胁分析产生安全需求，对应系统生命周期中的需求阶段；

D（design）表示设计，对应系统生命周期中的设计阶段。

C（code）表示编码，对应系统生命周期的开发环节。

T（test）表示测试，对应系统生命周期中的测试环节。

最后一个 A（action）表示改进，针对测试的结果进行改进。

最终模型如图 3-2 所示。

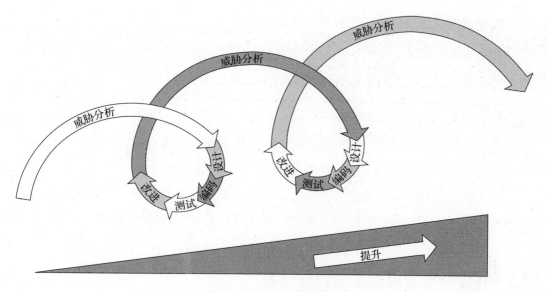

图 3-2　ADCTA 循环模型

3.2.2　ADCTA 循环模型的应用

ADCTA 循环模型在实践中的应用体现在以下部分。

1. 以威胁分析为驱动

在开发安全工作中，安全工作必须提前，不能等到系统完成之后才开始，必须在开发的早期阶段进行威胁分析。

通过需求阶段的分析，明确系统的功能、运行的环境等信息后，可以分析该系统在此环境下实现功能将面临什么样的威胁，例如可能会面临的信息篡改、信息泄露、权限提升等风险。在必要的情况下，还需要将威胁信息细化和具体化，例如信息篡改包含通过 SQL 注入来篡改和通信篡改等多种篡改方式。更加详细的威胁分析有利于分析出有效的防范措施。

威胁分析的结果并不直接体现在开发过程中的文档里，它仅仅是安全需求分析的基础。为防范系统面临的威胁，降低攻击面，必须采取一定的措施，如通信加密、用户验证等，采取各种安全措施的要求，就是安全需求。安全需求文档作为整体需求文档的一部分，成为开发安全下一步工作的前提和基础。

2. 通过安全设计和安全编码来实现

通过安全设计和安全编码来实现安全需求，必须采取必要的设计标准和编码规范来保障安全设计和安全编码的质量。

3. 通过测试来验证编码的有效性并加以改进

安全测试是开发安全工作质量检测的关键环节，通过安全测试，验证安全需求满足的有效性，并对不满足的部分进行改进。

4. 再循环

随着系统在开发和运行过程中的变化，必须重新对其进行威胁分析，以确认是否有残余风险或者新的风险，由此开启又一个 ADCTA 循环。

以上的工作都应该体现在开发全生命周期的安全管理体系中，确保全生命周期实现威胁分析、安全设计、编码、测试、改进等开发安全的循环。

3.3 开发全生命周期安全管理体系

按照开发安全工作的层次和系统生命周期的过程，开发全生命周期安全管理体系建立的开发安全管理架构如图 3-3 所示。

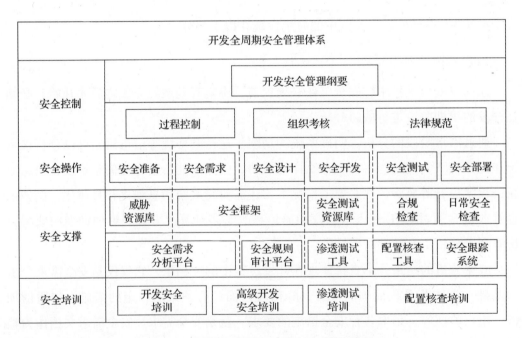

图 3-3 开发全生命周期安全管理体系架构

其内容由安全控制、安全操作、安全支撑、安全培训这四个层次构成。

其中，作为关键制度、规范集合的管理文件体系（以民生银行为例）逻辑框架如图 3-4 所示。

第 3 章 银行业开发全生命周期安全管理体系　73

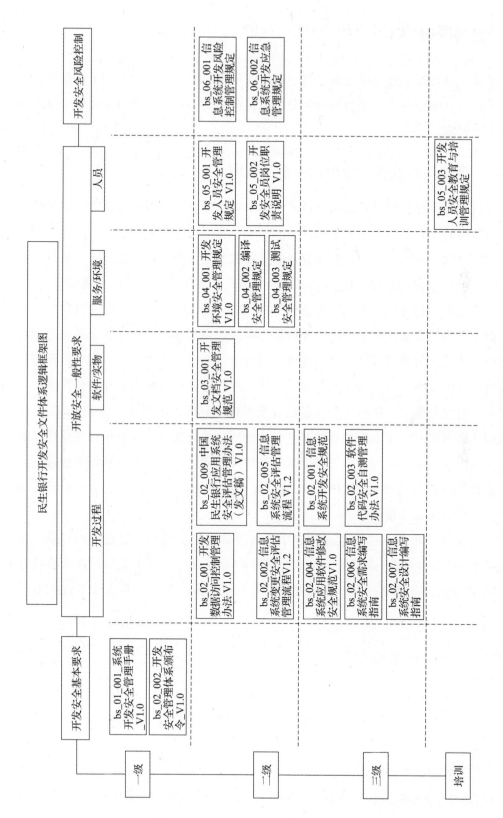

图 3-4　开发安全文件体系逻辑框架图

3.4 准备阶段

准备阶段是指项目立项之前。对于银行业来说，准备阶段的主要工作是项目可行性分析和立项预评审。项目可行性分析应该包含安全分析，项目预评审中也应该包含安全评审。

3.4.1 项目可行性安全分析和安全预评审

项目可行性分析就是从需求、技术、成本等角度分析项目的可行性，安全性是项目可行性的重要组成，不可忽略。

在项目的可行性分析中，安全分析的主要内容是识别项目潜在风险，从开发安全角度，主要是识别信息系统将要面临的主要威胁及其风险性。在识别风险之后，有针对性地采取相应措施来分析残余风险的大小，确认项目安全方面的可行性。

而安全预评审则是评审可行性分析报告中风险识别的完备性、安全措施的有效性、残余风险分析的准确性，并最终确认项目安全性分析的可行性。同时，还应标注项目风险的级别，对成功立项的项目，按风险级别进行有效的开发安全管理。

在可行性分析中，进行一个完备的安全可行性分析并不容易。基于 ADCTA 循环模型，必须先对信息系统的威胁有充分的分析，才能保证安全分析的完备性。通常，立项时间如果比较短，有效安全就更加难以做到。对应的安全预评审也是一样的，安全预评审进行的时间更短，在这么短的时间内，如何识别安全分析是否有效，同样难以保证质量。

为解决这个难题，本体系通过建立适当的威胁分析模型，通过平时积累，建立威胁资源库，对信息系统的常见威胁进行分类分级整理，才能保证安全可行性分析和安全预评审能够开展。下面就详细介绍威胁模型和威胁资源库建设的有关内容。

3.4.2 威胁分析准备工作

3.4.2.1 威胁的概念

威胁，指用武力、权势胁迫；使遭遇危险。语出《史记·刺客列传》："秦地偏天下，威胁韩、魏、赵氏。"

在信息安全中，使用威胁之词主要取"使遭遇危险"之意。

在 GB/T 20984—2007《信息安全技术　信息安全风险评估规范》中，把资产、威胁、脆弱性作为导致信息安全风险的要素，并解释威胁的意思为：

威胁，threat，可能导致对系统或组织危害的不希望事故潜在起因。

这个威胁的定义比较窄，实际生活中，威胁所蕴含的意义更广泛，而不是仅仅指起因。

在开发安全的各种理论中，并没有对于威胁的定义，在信息安全的日常工作中，大家大致把威胁理解为：可能导致对系统或组织危害的各种要素的总称。

3.4.2.2 威胁分析

威胁分析就是威胁的识别过程。

信息安全风险是由于资产的重要性，人为或自然地威胁利用信息系统及其管理体系的脆弱性，导致安全事件一旦发生所造成的影响。威胁分析是指依据有关信息安全技术与管理标准，对信息系统及由其处理、传输和存储的信息的机密性、完整性和可用性等安全威胁进行分析的过程。它要评估资产面临的威胁以及威胁利用脆弱性导致安全事件的可能性，并结合安全事件所涉及的资产价值来判断安全事件一旦发生对组织造成的影响，即信息安全的风险评估。

以上是风险评估中对威胁分析的理解，实际的威胁识别方式在《信息安全技术 信息安全风险评估规范》中描述如下：

威胁可以通过威胁主体、资源、动机、途径等多种属性来描述。造成威胁的因素可分为人为因素和环境因素。根据威胁的动机，人为因素又可分为恶意和非恶意两种。环境因素包括自然界不可抗的因素和其他物理因素。威胁作用形式可以是对信息系统直接或间接的攻击，在保密性、完整性和可用性等方面造成损害；也可能是偶发的或蓄意的事件。

在开发安全中，威胁分析工作与风险评估中的是类似的，但实际上，牵涉的范围会有所变化，对于一些自然灾害等导致的主要通过物理方式防御的威胁会分析得少些，通过网络攻击方式产生的威胁会分析得多些。

3.4.3 威胁模型

威胁模型又称为威胁分类模型，是识别威胁、描述威胁的方式。

3.4.3.1 建立威胁模型的意义

威胁模型的建立将大量开发活动中威胁分析工作系统化、标准化和模型化。通过建立威胁模型，帮助具体业务人员和开发人员在开发过程中更加快速、准确地识别威胁。威胁建模能够帮助开发团队尽早发现安全缺陷，理解安全需求，设计和交付更安全的产品。

1. 早期发现安全缺陷

对比建筑行业，自一个建筑工程开始起，就有很多因素会影响工程的安全，包括工程所使用的材料、周边环境、工艺等。尽早确定这些因素的风险，识别其安全性非常重要。等到工程结束才发现材料使用得不安全，几乎就是不可接受的。

开发过程中也是这样，尽早了解所开发的应用所面临的威胁，知道哪些因素会影响安全，可以帮助开发团队在一行代码都没写的时候就发现安全问题，而这也是发现这类问题的最佳时机。早期发现安全缺陷不仅能提升应用系统安全性，对建设成本的节约也是显而易见的。

2. 理解安全需求

好的威胁模型能帮助开发团队确定真正的安全需求。而每一项安全需求的满足都是有成本的，其成本不仅包括满足需求投入的设计和开发成本，还包括影响业务的成本，如拉低用户的体验。因此，开发团队通常要平衡各个因素，最终确定安全需求。

了解应用所面临的具体威胁和风险，是开发团队平衡各因素，确定安全需求的前提和基础。有了更清晰的安全需求，开发团队才可以更加合理地处理相应的安全特性和性能。

需求、威胁与安全措施之间是相互作用的。在威胁建模时，会发现一些威胁不会影响业务，这样的威胁就可以忽略不处理；也会发现一些安全特性得不到满足，处理过程复杂或者处理代价高的威胁。这时开发团队就要做出权衡，是理解感悟并化解威胁，还是接受无法解决威胁所带来的风险，最终理解和确定安全需求。

3. 设计和交付更安全的产品

在构建产品时尽早考虑安全需求和安全设计能大幅减少重新设计、重构系统，以及经常出现安全漏洞的可能性，这样开发者就可以从容地交付更安全的产品，最终构建更完善、更快速、更经济、更安全的产品，把更多的精力投入用户所需的特色功能开发中。

4. 防止安全问题的遗漏

威胁建模会发现其他方式无法发现的一系列问题，防范遗漏安全问题，如远程连接验证安全性问题就是代码分析工具无法发现的。还有一些问题是具体项目所独有的，开发者在构建新软件时，相应地会引入新的安全威胁。通过抽象的概念模型描述可能出现的安全问题，可以帮助你发现在其他系统里会出现的相同的或相似的问题。举例来说，假如程序员正在开发一个调用数据库的产品，威胁建模就会快速定位 SQL 注入攻击以及可能会被攻击的注入点。如果没有威胁建模，就可能会遗漏一些注入攻击点。可见，威胁建模可以防止遗漏安全问题。

3.4.3.2 如何进行威胁建模

威胁建模工作复杂，需要寻找符合自身团队的威胁建模方法。在建模过程中，需要考虑参与建模的人员和分工，基线问题如下：

- 参与者：牵涉谁？
- 任务：他们做什么？
- 培训：你如何帮助他们完成任务？
- 准备工作：开始之前需要做什么？
- 帮助：困惑的时候怎么办？
- 冲突管理：不同的参与者之间意见分歧无法达成一致的时候谁来拍板？
- 可交付物：人们生产的是什么？
- 里程碑：何时需要交付？
- 互动：如何进行沟通（私下会面、邮件、网上实时聊天、维基百科等）？

在确定好参与人员和分工之后，要告诉威胁建模的参与人员，通过培训后，就可以开始威胁建模了。

1. 先决条件

在思考威胁建模时，明确开始威胁建模活动需要什么。例如，创建诸如数据流图表（DFD）等软件初步模型、将项目利益相关者聚集到一起，这些可能会是先决条件。

2. 可交付物

威胁建模通常不是独立的项目，是整体开发项目中的一个部分，把威胁建模活动理解为一个子项目，有独立的可交付物的子项目，这样管理会更加方便。

威胁建模子项目可交付物可以有多种。最重要的包括基础流程、威胁或风险、安全需求、用于说明的图表等内容。威胁建模的交付物应该和项目中的其他文档同样管理，同样有所有权、版本控制等。这些文档应注重实际的价值，多包含参与威胁建模的安全专家的真正意见。文档应尽量避免大量使用从其他地方复制过来的介绍性文本，比如需求或设计资料等，这些并不能增加太多价值。

威胁建模需要明确可交付物如何命名、它们存储在哪里、有什么控制点（GATES）或质量检测。这些可交付物要交付给项目所有者，并满足项目所有者的质量要求。

对于模型、寻找威胁、解决威胁、验证的四步法，在变更发生时，必须根据反馈进行微调。变更会导致威胁发生变化，针对威胁的变化，需要重新设计减缓方案，针对系统和新的减缓措施，需要再一次寻找威胁，如此形成一个局部的反馈循环，确保及时找到包含最新减缓方案的威胁，并有相应的减缓方案，过程如图3-5所示。

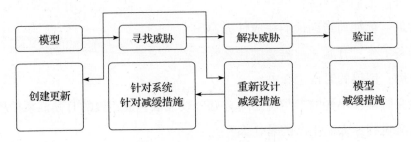

图3-5　带有反馈的四步方法

围绕需求、威胁、减缓互相作用来开发组织结构的能力，真实的威胁可能导致需求不能成立，有效地减缓需求又可能促使需求成立，如图3-6所示。

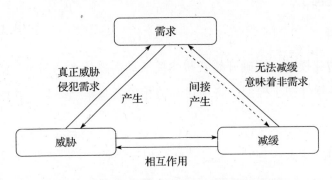

图3-6　威胁、减缓、需求之间的相互作用

威胁与需求及威胁与减缓之间的相互作用更加普遍。威胁与需求之间的互动会引导你尝试同时实施威胁建模过程和需求分析过程。

在威胁建模过程中，必须重视任务的相关角色权限分配，通常权限包含责任/执行（responsible，R）、批准（approve，A）、咨询（consult，C）、知情（inform，I）等。通常的权限分配表如表3-1所示。

表 3-1 威胁建模及相关任务的 RACI 示例

任务	架构师	系统管理员	开发者	测试人员	安全专家
威胁建模	A		I	I	R
安全设计原理	A	I	I		C
安全结构	A	C			R
架构和设计	R				A

还有一种活动的权限分配模型，拥有（own，O）、参与（participate，P）及验证（validate，V），如表 3-2 所示。

表 3-2 活动分配威胁建模

工作段	架构师	程序管理员	软件测试	渗透测试	开发者	安全顾问
需求	O	O	V	P	V	
模型（软件）	P	P	O	V	O	
威胁引出	P	P	V	O	V	
减缓措施	P	P	O	V	O	
验证	O	O	P	P	P	V

3.4.3.3 在开发生命周期中的威胁建模

威胁建模的最好时机是在项目准备阶段，但在整个开发生命周期中，随着开发的展开，更多的细节确定，更多的变数发生，威胁建模也需要随时调整，明智的组织机构努力重复周期循环中的良好部分，并将该过程正规化。

开发过程问题

在开发过程中，使威胁建模与项目开发计划结合，不断平衡威胁建模。

在瀑布式开发过程中，威胁建模将在多个阶段起作用，包括需求分析、设计及测试。在需求分析和设计中，创建软件模型、发现威胁，这些活动会互相影响。在测试中，确保构建的软件与自己想要构建的软件的模型相匹配，并确保恰当处理了漏洞。

在过程中必须包括控制点，比如"直到……才能退出设计阶段"，这些控制点有助于融合威胁建模任务。下面是一些常见控制点：

- 没有完整的威胁识别软件模型（如 DFD）就不能退出设计。
- 只有完成了威胁引出才能开始编码。
- 只有完成威胁引出，测试计划才能标记为完成。
- 当有功能定义覆盖减缓措施时，每个减缓措施才算完成。

在敏捷开发过程中，威胁建模也将是迭代进行的，附属在对应的迭代周期中，包含该迭代周期的安全需求和对应的测试方案。从一个周期来说，活动与瀑布式开发没有本质区别,但在迭代中,很难保证每个周期都能完整地分析,必须将威胁分析与每个迭代周期的测试方案关联起来,才能保证威胁建模的质量。

3.4.4 威胁建模的方法

威胁建模是一种基于安全的分析,有助于人们确定给产品造成最高安全级别的安全风险,以及攻击是如何表现出来的,其目标是确定需要缓解哪些威胁,以及如何来缓解这些威胁。

威胁建模的重点是以一种相对正式的方式来考虑应用程序的安全性,关于威胁有很多信息,但是威胁建模少有涉及,创建威胁建模必须认识到产品的什么地方最为危险,因而会选择合适的技术来缓解威胁,这样就使得系统更加安全。

3.4.4.1 STRIDE 威胁分析模型

STRIDE 威胁分析模型是微软公司推出的,作为一个威胁分析方式而被广发银行应用。STRIDE 威胁分析模型用来评估、计划以及降低应用程序可能面临的风险。威胁建模由三个高级别步骤组成:了解攻击者的想法、描绘安全系统和确定威胁。

STRIDE 威胁分析模型步骤如表 3-3 所示。

表 3-3 STRIDE 威胁分析模型步骤

序号	步骤
1	识别安全目标:明确的目标能够用来评估整个威胁建模工作的周期
2	创建应用程序摘要:详细列出应用程序的重要特征和元素
3	分解应用程序:详细地理解应用程序结构,可以更容易地找到可能的威胁
4	识别威胁:通过步骤 2 和步骤 3 的细节,识别应用程序所处环境下的威胁
5	识别问题:重新查看应用程序的各个层面来识别相关的问题

所谓 STRIDE,为 spoofing(仿冒)、tampering(篡改)、repudiation(否认)、information disclosure(信息泄露)、denial of service(拒绝服务)、elevation of privilege(权限提升)的首字母缩写。STRIDE 是一种划分已知威胁影响的分类方法,其解释如表 3-4 所示。

表 3-4 STRIDE 解释

缩写	中文含义	解释
S	仿冒	允许对手作为另一个用户、组件或在已经建模的其他系统中的身份
T	篡改	是在系统中恶意的数据修改
R	否认	因为系统没有足够的证据,使得对手否认拥有执行恶意行为的能力
I	信息泄露	将保护的数据暴露给无权限访问数据的用户
D	拒绝服务	对手组织合法用户使用系统的正常功能
E	权限提升	使用非法手段来获得比当前验证更高的信任级别

威胁列表对应其消减措施,通常的威胁消减措施如表 3-5 所示。

表 3-5 威胁消减措施

STRIDE	消减措施	方法和技术手段
仿冒	身份验证	用户名/密码、Cookies、数字签名、挑战-应答、IPSec、SSH 密钥
篡改	完整性	访问控制、数字签名、哈希算法、Windows 强制完整性控制、SSL/TTLS
否认	防抵赖	日志审计、数字签名、可信赖的第三方
信息泄露	保密性	加密、访问控制
拒绝服务	可用性	提高系统性能,加强可用性控制
权限提升	授权	访问控制、基于角色的访问控制、输入验证

以直销银行开户流程为例:

1)画业务流图(见图 3-7),确认信任边界。

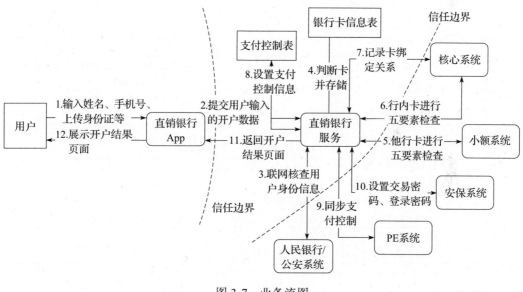

图 3-7 业务流图

2)针对各个信任边界的业务流和数据流,分别从 STRIDE 六个维度分析系统所面临的威胁(见表 3-6)。

表 3-6 分析系统面临的威胁

威胁	服务器端威胁描述	客户端威胁描述
S 仿冒	S1 冒充其他用户开户	
	S2 冒充核心系统	
	S3 冒充小额系统	
	S4 冒充安保系统	
	S5 冒充 PE 系统	
	S6 冒充人民银行/公安系统	

（续）

威胁	服务器端威胁描述	客户端威胁描述
T 篡改		T1 篡改 App 程序中的代码或数据
T 篡改	T2 篡改 App 端发送到服务端的开户数据	
T 篡改	T3 篡改直销银行发送到核心系统的数据	
T 篡改	T4 篡改直销银行发送到小额系统的数据	
T 篡改	T5 篡改安保系统发送到直销银行的数据	
T 篡改	T6 篡改直销银行发送到 PE 系统的数据	
T 篡改	T7 篡改直销银行发送到人民银行/公安系统的数据	
R 否认	R1 用户否认是其本人在直销银行进行的开户	
R 否认	R2 核心系统否认直销银行与其进行交互	
R 否认	R3 小额系统否认直销银行与其进行交互	
R 否认	R4 安保系统否认直销银行与其进行交互	
R 否认	R5 PE 系统否认直销银行与其进行交互	
R 否认	R6 人民银行/公安系统否认直销银行与其进行交互	
I 信息泄露		I1 反编译 App 程序获得其中的敏感信息
I 信息泄露		I2 恶意程序通过记录键盘操作获得开户时输入的敏感信息
I 信息泄露		I3 恶意程序通过截屏获得开户时输入的敏感信息
I 信息泄露		I4 恶意程序获得 App 程序中的其他敏感信息
I 信息泄露	I5 App 程序传输开户信息到服务端过程中信息泄露	
I 信息泄露	I6 直销银行数据库中的敏感信息泄露	
I 信息泄露	I7 服务器端与核心系统传输的敏感信息泄露	
I 信息泄露	I8 服务器端与小额系统传输的敏感信息泄露	
I 信息泄露	I9 服务器端与安保系统传输的密码信息泄露	
I 信息泄露	I10 服务器端与人民银行/公安系统传输的敏感信息泄露	
I 信息泄露	I11 系统程序异常或错误泄露系统内部信息	
D 拒绝服务	D1 大量的并发请求导致拒绝服务	
D 拒绝服务	D2 提交畸形的数据导致系统拒绝服务	
E 权限提升	E1 绕过登录认证控制直接访问手机银行业务	

3）确认威胁消减措施（见表 3-7）。

表 3-7 威胁消减措施

威胁分类	威胁描述	安全控制措施
S 仿冒	S1 使用其他用户的手机号和密码进行登录	验证用户手机的短信验证码和密码
S 仿冒	S2 暴力猜测其他用户的登录手机号和密码并登录	验证用户手机的短信验证码或者图形验证码
S 仿冒	S3 冒充安保系统	通过密码、令牌或证书等方式认证安保系统

（续）

威胁分类	威胁描述	安全控制措施
T 篡改	T1 篡改 App 程序中登录访问的地址	对 App 程序增加源代码保护措施（如：代码混淆、加密等）
	T2 篡改 App 端发送到服务器端的登录数据	对 App 到服务器端使用加密协议（如：https）传输数据
	T3 篡改安保系统发送到手机银行的数据	对手机银行到安保系统使用加密协议（如：https）传输数据
R 否认	R1 用户否认是其本人登录的手机银行	手机银行记录用户登录过程的日志
	R2 安保系统否认手机银行与其进行交互	手机银行记录与安保系统交互过程的日志
I 信息泄露	I1 反编译 App 程序获得其中的登录相关信息	对 App 程序增加源代码保护措施（如：代码混淆、加密等）
	I2 恶意程序通过记录键盘操作获得登录手机号和密码信息	在输入敏感信息时使用安全的软键盘
	I3 恶意程序通过截屏获得登录手机号和密码信息	对用户输入的密码信息不要明文回显在页面上
	I4 恶意程序获得 App 程序中的其他敏感信息	不要在客户端程序中保存敏感信息，若需要在客户端保存敏感信息，则必须加密保存
	I5 App 程序传输登录信息到服务端过程中信息泄露	对 App 到服务器端使用加密协议（如：https）传输数据
	I6 手机银行数据库中的登录相关信息泄露	数据库敏感信息访问有恰当的权限控制措施
	I7 服务器端与安保系统传输的登录密码等信息泄露	对服务器端到安保系统使用加密协议（如：https）传输数据
	I8 登录失败提示信息泄露具体错误信息	使用模糊化的错误提示信息
	I9 系统程序异常或错误泄露系统内部信息	系统有恰当的错误处理机制，错误发生时只返回通用的错误页面
D 拒绝服务	D1 大量的并发登录请求导致登录拒绝服务	系统有并发会话数控制措施
	D2 多次尝试登录导致账号被锁定	因多次登录失败被锁的账号有自动解锁机制
	D3 畸形的数据查询导致系统拒绝服务	系统有恰当的错误处理机制
E 权限提升	E1 绕过登录认证控制直接访问手机银行业务	系统对所有访问都有恰当的认证控制措施

3.4.4.2 威胁分类 CAPEC

STRIDE 威胁分析的方式能够解决威胁分析比较完整的问题，但不够细化和深入，在实际工作中应用还不足以覆盖实际工作的需要。美国国土安全部制定的常见攻击模式的枚举和分类（CAPEC）方法是更为详细的威胁划分和归类方法。

CAPEC 分类模型囊括了目前市面上所有的威胁种类，把这些具体的威胁种类抽象成一系列的攻击模式，这些攻击模式对针对网络等攻击的共性元素进行了细致的描述。攻击模式明确了攻击者攻击时可能会面临的挑战及他们会采用的解决方法。这些所谓的模式不是建造性场景的产物而是依托于破坏性场景的总结，它们是对真实世界特定利用场景进行深入分析的结果。CAPEC 分类模型中的每个攻击模式都从攻击者的视角对其对应的攻击的设计和执行进行了说明，并给出了如何降低攻击影响的方法和措施。通过对攻击模式的了解和掌握，攻击防护者能够更好地理解和掌握特定攻击的各个因素，更好地防范攻击者的后续攻击。

CAPEC 分类模型（Version 2.8）根据攻击机制将威胁归为 16 个大类，每个类别中又根据对攻击手法的描述的抽象程度分为 3 种模式，分别是元攻击模式（meta attack pattern）、标准攻击模式（standard attack pattern）和精细攻击模式（detailed attack pattern），共计 523 个。元攻击模式是一类攻击手法的概括性描述，通常不包含具体的技术实现细节；标准攻击模式是针对某一具体的攻击方法进行描述，包括了完整的实现流程，它比元攻击模式更具体；精细攻击模式需要满足的特定条件更特殊，比标准攻击模式描述得也将更具体，它的实现往往需要融合多个标准攻击模式的方法和手段。CAPEC 分类模型大致分类情况如表 3-8 所示。

表 3-8　CAPEC 分类模型分类

编号	攻击机制分类	攻击模式	模式类型	包含数目	总数
1	收集信息	挖掘	M	13	91
		拦截	M	10	
		足迹	M	24	
		指纹	M	27	
		社交信息收集攻击	M	11	
		通过社会工程信息获取	M	6	
2	耗尽资源	泛洪攻击	M	8	24
		过度分配	M	12	
		资源泄露	M	1	
		持续的客户端接入	M	2	
		放大	M	1	
3	注入	参数注入	M	10	75
		代码包含	M	7	
		资源注入	M	4	
		代码注入	M	35	
		命令注入	M	19	
4	欺骗性交互	路径遍历	M	7	41
		内容欺骗	M	4	
		身份欺骗	M	16	
		资源定位欺骗	M	6	
		动作欺骗	M	8	
5	修改计时和状态	强制死锁	S	1	10
		利用竞争条件	S	4	
		利用检查时间和使用时间（TOCTOU）竞争条件	S	2	
		跨域搜索计时	D	1	
		操作用户状态	S	2	

（续）

编号	攻击机制分类	攻击模式	模式类型	包含数目	总数
6	功能滥用	API 滥用 / 误用	S	6	24
		尝试所有常用的应用程序切换和选项	S	1	
		高速缓存中毒	S	2	
		功能误用	M	5	
		目录遍历	S	1	
		沟通渠道滥用	M	3	
		支持套接字的浏览器插件导致透明代理滥用	D	1	
		通过 URL 接口传递本地文件名	D	1	
		暴力浏览	S	3	
		WSDL 扫描	D	1	
7	概率技术	暴力破解	M	8	12
		从临时文件中筛选敏感信息	S	1	
		Fuzzing 测试	S	1	
		操作不透明的基于客户端的数据令牌	S	2	
8	认证利用	认证滥用	S	2	16
		认证绕过	S	3	
		会话变量、资源标识和其他可信凭据的利用	S	11	
9	授权利用	跨区域脚本	S	1	50
		可执行文件的访问、修改或执行	S	1	
		Restful 架构的特权提升	D	1	
		操纵可写入配置文件	S	1	
		特权滥用	M	8	
		开发授信的客户端（又名客户端隐形）	M	26	
		劫持特权线程	S	1	
		从特权块捕捉异常抛出 / 信号	D	2	
		劫持执行的特权线程	S	4	
		破坏代码签名设备	S	4	
		用高权限锁定目标程序	S	1	
10	操纵数据结构	缓冲操作	M	21	26
		通过共享数据攻击	S	1	
		整数攻击	S	2	
		指针攻击	S	1	
		访问 / 拦截 / 修改 HTTP cookies	D	1	
11	操作资源	输入数据处理	S	20	88
		资源定位欺骗	M	5	
		基础设施操作	S	3	
		文件操作	M	9	
		变量操作	S	13	
		配置 / 环境伪造	M	6	
		交易数据结构的滥用	M	1	
		审计日志处理	M	4	
		模式中毒	M	2	
		协议操作	M	23	
		访问 / 拦截 / 修改 HTTP cookies	D	1	
		污染资源	M	1	

(续)

编号	攻击机制分类	攻击模式	模式类型	包含数目	总数
12	分析目标	逆向工程	M	13	15
		密码分析	M	2	
13	物理接入	绕过物理安全	M	11	12
		物理盗窃	M	1	
14	恶意代码执行	有针对性的恶意软件	M	2	2
15	改变系统组件	软件完整性攻击	M	4	17
		破解硬件设备或组件	M	2	
		插入到产品中的恶意逻辑	M	10	
		设备或部件的物理破坏	M	1	
16	操纵系统用户	通过社会工程学方法影响目标	M	20	20

注：M 表示元攻击模式，S 表示标准攻击模式，D 表示精细攻击模式。

3.4.4.3 DREAD 风险评价模型

在建模过程的现阶段，已经有了应用到特定应用程序方案的威胁列表。在建模过程的最后阶段，要根据威胁造成的危险对其进行评价，这样企业就能够首先解决危险最大的威胁，然后再解决其他的威胁。实际上，解决所有找出的威胁也许在经济上是不可行的，企业可以进行决策忽略掉一些，因为它们发生的概率很小；即使发生，造成的损失也很小。

一个威胁到底能够造成多大的危害，如何去衡量它？这就要考虑到风险了。我们判断风险高低的过程，就是风险分析的过程。

风险由两个因素组成：发生的概率、潜在的损失。风险的计算公式为：

风险（risk）= 发生的概率（probability）× 潜在的损失（damage potential）

通常使用 DREAD 模型来协助计算风险。DREAD 模型分别从潜在的损失（damage potential）、重现性（reproducibility）、可利用性（exploitability）、受影响的用户（affected users）、可发现性（discoverability）五个维度对威胁的严重性进行评价，每一个维度的威胁严重性都分为高、中、低三个等级。

潜在的损失（damage potential）：如果缺陷被利用，损失有多大？

- 高：攻击者可以获取极其敏感的数据，并损坏或破坏数据。
- 中：攻击者可以获取敏感数据，但破坏性小。
- 低：攻击者只能获取危害小或不具破坏潜力的数据。

重现性（reproducibility）：重复产生攻击的难度有多大？

- 高：每次都再现，而且不需要时间间隔或特定的极端情形。
- 中：有时间间隔，仅在时间间隔内运行。

- 低：很少再现。

可利用性（exploitability）：发起攻击的难度有多大？

- 高：任何人都能利用。
- 中：攻击者必须具备一定的知识和技能。
- 低：攻击者必须具备非常专业的知识和技能。

受影响的用户（affected users）：用粗略的百分数表示，有多少用户受到影响？

- 高：大多数或所有用户。
- 中：一些用户。
- 低：极少用户。

可发现性（discoverability）：缺陷容易发现吗？

- 高：攻击者可以轻易发现漏洞。
- 中：攻击者也许能发现漏洞。
- 低：攻击者必须深挖才能发现漏洞。

评价不需要使用大量的衡量标准，因为这会使相互之间很难在评价威胁方面达成一致意见。可以使用一种简单的方案，例如高、中、低三个等级分别以 3、2、1 的分数代表其权重值，如表 3-9 所示。

表 3-9 DREAD 风险评价模型等级

等级	高（3）	中（2）	低（1）
潜在的损失（damage potential）	获取完全验证权限 执行管理员操作 非法上传文件	泄露敏感信息	泄露其他信息
重现性（reproducibility）	攻击者可以随意再次攻击	攻击者可以重复攻击，但有时间限制	攻击者很难重复攻击过程
可利用性（exploitability）	初学者在短期内能掌握攻击方法	熟练的攻击者才能完成这次攻击	漏洞利用条件非常苛刻
受影响的用户（affected user）	所有用户，默认配置，关键用户	部分用户，非默认配置	极少数用户，匿名用户
可发现性（discoverability）	漏洞显而易见，供给条件很容易获得	在私有区域，部分人能看到，需要深入挖掘漏洞	发现该漏洞极其困难

因此，我们可以通过以上五个维度权重值（1～3）的加权分，具体计算出某一个威胁的风险值，结果范围为 5～15，这样就可以根据加权分对威胁的风险等级进行评定（见表 3-10）。

表 3-10　威胁风险等级评定

序号	加权分	风险等级
1	5～7	低
2	8～11	中
3	12～15	高

例如，考虑如下两种威胁：

- 攻击者通过监视网络获得身份验证凭据。
- 将 SQL 命令注入应用程序。

表 3-11 显示的是两种威胁的 DREAD 评价示例。

表 3-11　DREAD 风险评价表

威胁	D	R	E	A	D	加权分	风险等级
攻击者通过监视网络获得身份验证凭据	3	3	2	2	2	12	高
将 SQL 命令注入应用程序	3	3	3	3	2	14	高

通过以上评估，可以得出 DREAD 评价结果，被评估的两种威胁均属于高风险等级。

3.4.5　银行业威胁分析特色

从银行业来说，针对每一个具体项目，该不该进行威胁分析，应该进行哪种程度的威胁分析有一个发展的过程。

在开发安全的初始阶段，积累不足，只能进行简单的威胁分析。具体的方式是：

1）针对网络安全、加解密、身份认证等重要的领域，分析系统面临的主要威胁。

2）针对银行内过去时间的高爆发漏洞，总结 5～10 个最常见的漏洞，把漏洞相关的问题作为威胁分析的一部分。

3）根据参与者经验，对比类似系统分析面临的主要威胁。

这种威胁分析方式的优点是效率高，需要的投入比较少，落地容易；缺点是威胁分析得比较粗浅，导致最终威胁消除不太彻底，有很大可能遗漏重要威胁，严重依赖参与者经验。

在初始阶段的基础上，提升威胁分析的方式关键在于日常的积累。银行业务系统从宏观来说系统相对稳定，可以对这些系统做好一个威胁分析，把分析结果固化下来；到具体项目中，系统发生升级改造时，参考原有的威胁分析结果，做局部调整即可。这种方式才能保证威胁分析既能保证效率，还能适应银行业务系统快速变化的现状。

具体方法是将银行的信息系统按照服务对象、网络访问方式、功能，将银行内信息系统分为 5～15 类，按照类别分别从网络、主机、应用、业务、审计等方面全面分析其所面临的威胁，建立分类的威胁分析模型。

这种威胁的分析方式在威胁分析的深度和完备性两方面均有较大幅度的提高。虽然投入的成本高一些，但安全性有较大提高，是当前威胁分析的主要方法。

3.5 安全需求

3.5.1 工作内容

在用户需求和软件需求阶段，了解用户对安全性的要求，明确软件需要达到的安全性是非常重要的一点。在设计阶段，根据用户的需求采取符合安全性要求的设计方案，才能保证软件的整体安全性。

3.5.1.1 安全需求的定义

安全需求是指在需求分析的过程中，在功能需求的基础上，分析软件在预设环境和功能下可能面临的威胁，针对这些潜在威胁必须采取的安全措施的要求就是安全需求。

3.5.1.2 安全需求的内容

在分析开发安全需求的过程中，应该集中考虑的问题是确定需要保护什么，是谁的事情，需要保护多久，以及采取什么手段保护。此外，还要关注保护这些重要的数据需要的成本，尤其是对用户使用的影响。

完成这些后，安全工程师仅仅确定大部分重要的安全需求。但是在整个工作中，还有许多类似的需求需要确定。例如，"本系统必须至少要与同类产品具有同样的安全性"。

安全工程师应该确保需求的正确性。例如，"此应用在必要时应使用密码技术"这一要求描述是不准确的，因为它未经问题分析就直接得出一个解决方案。需求文档的目标不仅是为了说明系统必须做什么和不能做什么，而且要说明系统为什么以这种方式工作。在以上例子中，更好的表达方式是，"信用卡号码应受到保护，防止潜在的窃听，因为这些是敏感信息"。而保护信息的方法，可以延期到系统明确之后再进行选择。

安全工程师还应考虑安全需求在不同的情况下具有不同程度的紧迫性和重要性。例如，抗拒绝服务对客户机也许不会成为主要关注点，但一个商用的 Web 服务器遇到拒绝服务攻击可能是灾难性的。

安全需求分析的复杂性，使其很难找到一个简单的标准方法来实施。建立一套标准化的安全性分析指导原则将大幅降低安全需求分析的工作量和有效性。任何一套指导原则最重要的特征是，它们为分析的一致性创造了一个框架，这个框架允许以他们感兴趣的方式对许多系统进行比较和对照。指导原则包括两个方面：一是对如何执行安全分析的解释，二是考虑什么类型的风险。没有任何一项规则是绝对完整的，但使用通用准则有时是很有用的。

一份可靠的安全需求规格说明应该从连贯的视角绘制一个蓝图，说明系统做什么以及为什么这样做。安全需求规格说明应尽量有条理、易于理解，规格说明越清晰、越简单，执行效果就越好。

3.5.2 银行业安全需求特色

3.5.2.1 银行安全需求分析流程

银行业系统建设项目特别多，开发节奏非常快，留给安全需求分析的时间有限，因而必须采取有效措施提高安全需求分析效率，通常采用安全需求分析模板的方式来实现。

银行业是一个重点管制行业，银行业的安全需求除从威胁分析角度出发外，还必须满足监管机构的监管要求，因此其安全需求分析比其他行业的安全需求分析更加严格。应该通过分析、整理监管机构的有关法律、规范、制度等安全要求，再融合到安全需求分析的模板中，保证安全需求分析时不会遗漏。

安全需求分析模板的制订对安全需求分析的效率和效果就非常关键。银行业安全分析的复杂度与威胁分析的颗粒度是对应的，威胁分析细致，安全分析也细致、复杂。

银行安全需求分析的流程如下。

1. 安全需求的来源

银行安全需求来自两部分，一部分是来自应用面临的具体威胁，也就是来自威胁分析；另一部分来自监管要求。

总体可以将安全需求分为以下类别：

（1）通信安全。通信安全的相关内容如图 3-8 所示。

（2）部署运维安全。部署运维安全的关注点如图 3-9 所示。

（3）客户端安全。客户端安全的内容如图 3-10 所示。

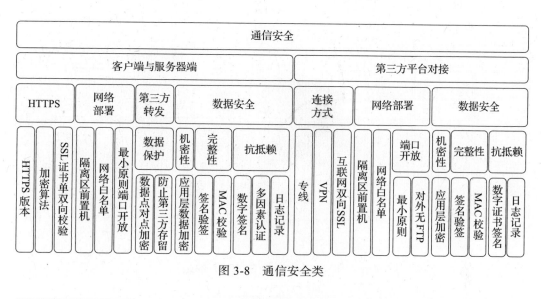

图 3-8 通信安全类

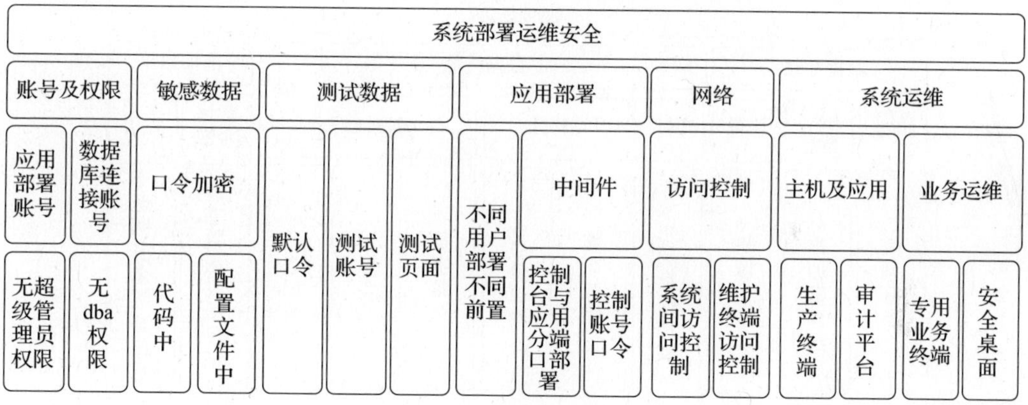

图 3-9 部署运维安全类

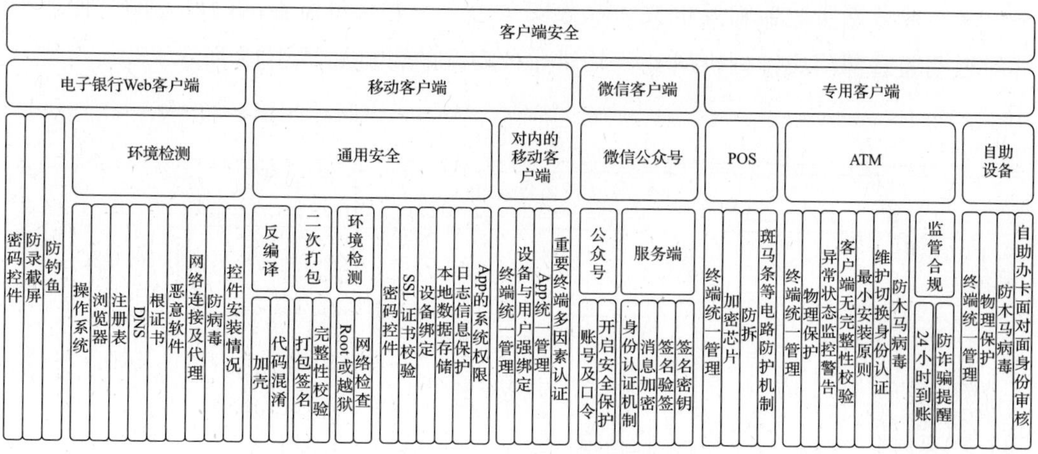

图 3-10 客户端安全类

（4）应用安全。应用安全的相关内容如图 3-11 所示。

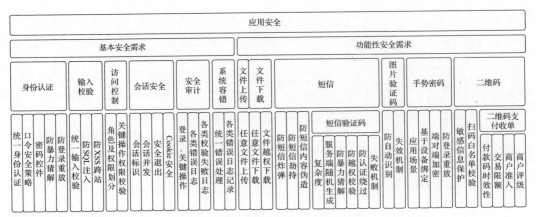

图 3-11 应用安全类

（5）数据安全。数据安全的相关内容如图 3-12 所示。

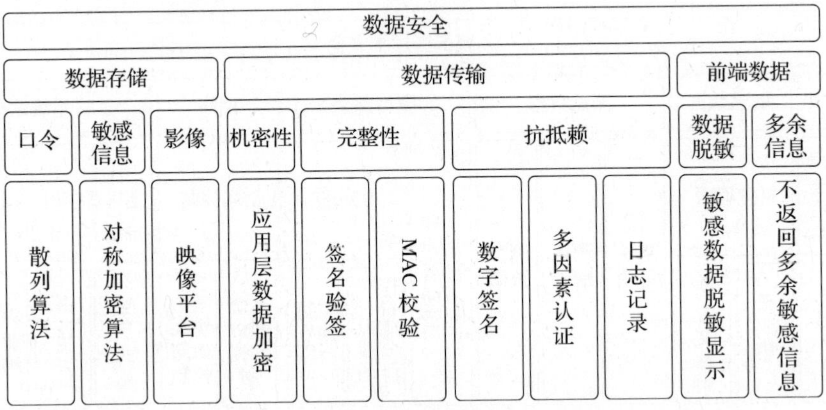

图 3-12 数据安全类

（6）业务安全。监管要求放入业务安全中，主要来自监管部门所发的文件，如针对近期监管部门文件分析研究，其对业务安全的影响如图 3-13 所示。

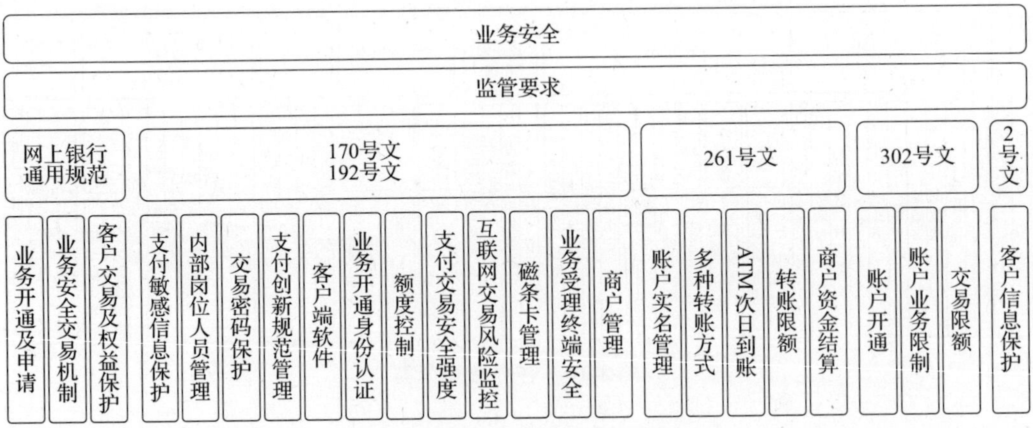

图 3-13 监管文件对业务安全的影响

这些安全需求的分析还需要作用到具体场景上，表 3-12 是银行典型场景的安全需求分析：

表 3-12 银行典型场景的安全需求分析

场景	安全需求
登录	防暴力猜解
	防登录重放
退出	超时退出
	销毁 session[①]
注册	账号枚举
	短信验证码安全
	认证绕过
	任意手机号注册
	任意账号口令重置
忘记密码	账号枚举
	短信验证码安全
	认证绕过
	任意账号口令重置
签约绑定	多因素认证
	认证绕过
	短信验证码安全
	多余信息保护
转账	转账类型选择
	多因素认证
	交易密码防猜解
	认证绕过
	短信安全
	账号水平权限控制
	交易金额校验
	转账限额
	交易确认
	多余信息保护
缴费	缴费单敏感数据脱敏
	付款账号水平权限控制
	额度限制
	订单业务一致性校验
	短信安全
外汇	账号水平权限控制
	汇率防篡改
	交易时间控制
	额度控制

（续）

场景	安全需求
查询	账号水平权限控制
	多余信息保护
理财产品购买	产品属性校验
	收益率防篡改
	限额控制
	短信安全
客户信息修改	关键信息身份认证
	防 XSS 跨站
	防水平越权
	防止任意文件上传
贷款申请	贷款申请防越权
	进度查询防越权
	防任意文件上传
	收款账号校验
	发放贷款金额校验
	短信安全
信用卡申请	防任意文件上传
	信用卡申请防越权
	进度查询防越权
	短信安全
积分兑换	防止越权使用他人积分兑换
	积分余额校验
	消费积分业务一致性校验
	短信安全
订单支付	订单生成商品信息校验
	订单支付唯一性检查
	订单支付信息校验
	第三方订单安全
	支付限额
	短信安全

①表示设置 session 无效。

总体来说，安全需求的分析需要考虑威胁、考虑监管要求，结合场景展开。

2. 形成完整的安全需求库

将上述分析出来的所有安全需求汇总在一起，分类整理，形成完整的安全需求库，作为进一步开展安全需求分析的基础库。

图 3-14 是安全需求库的样例。

其中业务安全需求是前面基础安全需求组合而成的，如图 3-15 所示。

第 3 章 银行业开发全生命周期安全管理体系

表一：公共技术安全需求

安全子类	控制点	安全需求	编号	需求详解	需求级别
加密算法	加密算法	应使用安全的加密算法	RP-001-001	加密算法按照如下顺序进行选择： 1）非对称加密算法：SM2（256位）、RSA（1 024位/2 048位） 2）对称加密算法：SM4（128位）、AES（128位/192位/256位）、3DES（128位/192位） 3）散列算法：SM3、SHA256、重要数据加密处理	
	签名算法	应使用安全的签名算法	RP-001-002	数字签名应使用密钥长度不低于1 024位的RSA算法，密钥长度不低于256位的国密SM2算法或其他同等强度的签名算法	

表二：应用安全需求

安全子类	控制点	安全需求	编号	需求详解	需求级别
框架安全	安全框架	谨慎使用第三方组件和控件	RA-001-001	组件和中间件是导致漏洞的重要原因，必须谨慎使用，下列组件和中间件应特别重视： 1）Struts2：Struts 2 远程代码执行系列漏洞等 2）Weblogic、Websphere、Jboss、Jenkins、OpenNMS：Java反序列化漏洞等 3）FCKeditor、Ckeditor等编辑组件：文件上传漏洞等	
	统一身份认证	客户的身份认证，应通过客户安保平台管理；行内用户的身份认证，应通过统一身份认证平台管理	RA-002-001	行内统一要求：客户的身份认证，应通过客户安保平台管理；行内用户的身份认证，应通过统一身份认证平台管理。	
	身份鉴别信息安全策略	使用安全的密码策略	RA-002-002	对于身份鉴别信息，应用系统至少实施以下机制： 1）口令复杂度要求：大、小写字母、数字、特殊字符等至少应包含两类；密码长度8位以上 2）不能使用和用户名相同的密码 3）首次登录修改密码：系统使用默认口令，必须在首次登录后进行修改	
	身份鉴别信息保护	应采取有效措施保护身份鉴别信息安全	RA-002-003	口令安全保护措施： 1）身份鉴别信息显示：禁止明文显示密码，应使用相同位数的同一特殊字符（例如 * 或 · 代替） 2）身份鉴别信息提交方式：身份鉴别信息只能以 post 请求传输。 用户身份鉴别信息在行外传输应进行端到端加密	

图 3-14　安全需求库样例

表六：业务安全需求

安全子类	控制点	安全需求	需求详解	需求级别
注册	身份鉴别信息保护	应采用有效措施保护身份鉴别信息安全	详见：应用安全需求→身份认证→身份鉴别信息保护	
	身份鉴别信息加密传输	用户身份鉴别信息在行外传输应进行端到端加密	详见：应用安全需求→身份认证→身份鉴别信息加密传输	
	防暴力猜解	注册时，系统提供用户是否已注册的查询接口，应防止暴力猜解已注册用户名（身份证号、手机号、卡号等信息）	详见：应用安全需求→身份认证→防暴力猜解	
	输入校验	所有的用户输入进行检验	详见：应用安全需求→输入校验	
	多余信息保护	对输出参数做严格的限制，保证不是功能必需的参数不在输出的参数中，防止多余信息引起的数据泄露	详见：应用安全需求→数据安全→多余信息保护	
	短信验证码安全	系统在注册时，如果使用到短信验证码，应防止短信验证码多个漏洞和缺陷	详见：应用安全需求→短信→短信验证码	
	防任意账号密码重置	应防止用户通过注册时的设置密码接口，进行任意账号密码重置	详见：应用安全需求→身份认证→防任意账号密码重置	
	密码设置	应对新用户设置密码的接口进行严格控制	应对新用户设置各类密码的接口进行控制，防止老用户通过此接口，无须其他认证，重置各类密码信息，可采取以下任意一种措施： （1）此类接口应检查数据库中用户的密码是否为空，如果不为空，则判断此用户不是新用户，禁止通过此接口重置密码 （2）数据库中增加字段，标识用户是否已经设置过密码，如果已经设置过密码，禁止通过此接口重置密码	
	短信通知	客户注册成功后，应通过预留手机号码进行短信通知	详见：应用安全需求→短信→短信验证码→短信通知	
签约绑定	多因素认证	应采用两种或两种以上组合的鉴别技术实现用户身份鉴别	详见：应用安全需求→身份认证→多因素认证	
	身份鉴别信息保护	应采取有效措施保护身份鉴别信息安全	详见：应用安全需求→身份认证→身份鉴别信息保护	
	身份鉴别信息加密传输	用户身份鉴别信息在行外传输应进行端到端加密	详见：应用安全需求→身份认证→身份鉴别信息加密传输	
	多余信息保护	对输出参数做严格的限制，保证不是功能必需的参数不在输出的参数中，防止多余信息引起的数据泄露	详见：应用安全需求→数据安全→多余信息保护	
	防暴力猜解	应防止暴力猜解用户名、交易密码、查询密码等信息	详见：应用安全需求→身份认证→防暴力猜解	
	输入校验	所有的用户输入进行校验	详见：应用安全需求→输入校验	

图 3-15 业务安全需求样例

3. 分类分析安全需求，形成应用安全需求基线

安全需求总量超过 300 个，虽然分析得细致，也比较完备，但造成了效率不高的问题，有很多无效分析。例如，对于一个 Web 应用系统来说，针对手机客户端的安全需求就完全没有意义，这可能就牵涉数十个安全点是无效的。

这个时候就必须分类分析安全需求，按照服务对象、网络访问方式、功能，将银行内信息系统分为 5～15 类，按照类别分别进行安全需求分析，建立分类的基础安全需求，称为分类的应用安全需求基线。

以微信类的安全需求基线为例，在这个需求基线中，就应该有与微信具体相关的安全需求；而在非微信类别中，类似的需求就可以不出现。详细需求如图 3-16 所示。

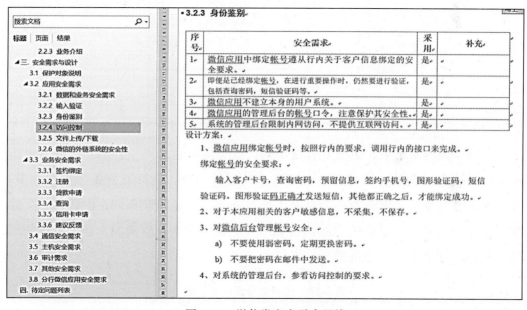

图 3-16　微信类安全需求基线

具体在分类的过程中，还要考虑开发团队的接受度，可以将安全需求的分类与开发本身的分类相结合，这样制订的分类模板的通用性将有大幅提升。

表 3-13 是一个典型的银行系统分类标准。

表 3-13　典型银行系统分类标准

序号	一级分类	二级分类	备注
1	渠道	网点	
2		客服	
3		移动营销	
4		后台运营	
5		移动互联	

（续）

序号	一级分类	二级分类	备注
6	支付	公共支付	
7		支付通道	
8		支付产品	
9	产品	负债产品	
10		资产产品	
11		资金交易	
12	数据层	数据应用	
13		企业管理	
14		营销管理	
15		绩效分析	
16		核算	
17		风险管理	
18	办公管理	办公系统	
19		内部管理	
20	基础平台	安全	
21		公共服务	
22	技术类	运维管控	
23		网络服务	

在同一类的系统中，因重要程度不同，安全需求也是不一样的，有些安全需求是针对重要系统的，因此，有必要将系统进行分级。银行的分级标准非常多，在开发、运营维护、灾备等环节都有，虽然细节不一定完全相同，但任何一个标准都会把最重要的业务系统给标识出来，对于安全需求分析来说，都是可以使用的。表 3-14 就是一个分级的例子。

表 3-14　银行的分级标准示例

级别	标准	参考系统
1 级	关键对外服务业务系统和关键节点系统，如果系统停止服务将影响全行绝大多数业务或对民生银行造成重大影响的系统	BPP、xbank2.0、金卡、黄金 T+D 等
2 级	重要 7 天 ×24 小时对外提供服务的业务系统和重要渠道系统，如果系统停止服务将影响全行某类重要业务或重要渠道无法提供服务	零售贷款、网银互联、新短信平台、第三方存管、手机银行等
3 级	重要 5 天 ×8 小时对外提供服务的业务系统或交易量较小（小于 1 万元）的 7 天 ×24 小时业务系统，或者如果系统停止服务将影响全行某类业务	国际结算、FDM、BPM、新风控系统、微信银行系统、ECIF、零售销售作业系统等
4 级	交易量较小（小于 1 万元）的 5 天 ×8 小时对外提供服务的业务系统，或不会直接引起对外业务中断的数据类业务系统	供应链融资、保理、企业票据管理系统、库房管理系统、征信报送、反洗钱、OA 系统、电子邮件等
5 级	OA 系统或使用频率较低的数据报送系统、重要运维管理系统	非现场稽核、财务报账系统、移动办公等
6 级	开发、运维管理类系统停止服务不会影响业务服务	市场风险、新客户风险报送等

确定分类分级标准之后，就可以针对每个类别，参考级别，制作有针对性的安全需求基线，将分类分级的安全需求基线应用到实际项目开发过程中，有效提升安全需求分析的效率。

3.5.2.2 安全需求分析工具化

随着安全需求分析得越来越细致，安全需求基线本身的复杂度也会越来越高，有条件的银行开发安全需求分析系统来支持这部分工作。通过对应用系统实际场景的问卷式调查，例如网络访问状况、是否有移动客户端等问题，确定其所属分类，从而输出对应的安全需求分析基线。由于该系统是基于应用所处的情景环境所进行的安全需求分析，因此被命名为情景式需求分析系统。

情景式需求分析系统的引入，将极大地促进安全需求分析的标准化、工具化，降低安全需求分析的难度，提升安全需求分析的效率，为威胁分析、安全需求分析、安全设计、安全测试一体化奠定基础。

3.6 安全设计

3.6.1 工作内容

3.6.1.1 安全设计的定义

并不是所有的项目都有开发安全管理，但是所有设计过程中都有安全的考虑，都存在安全设计。

在没有明确安全需求时，安全设计就是指在设计中保证系统持续稳定安全运行的相关设计。

在有明确安全需求时，安全设计就是指在设计中满足安全需求，以及其他保证系统持续稳定安全运行的相关设计。

3.6.1.2 安全设计的内容

在产品设计时，安全工程师必须参与，重点关注安全问题的处理，对设计进行补充以解决任何潜在的问题。安全工程师不应提出新的设计，而应集中关注分析已有设计，找出其中的安全缺陷，给出合理建议。良好的分析能力是优秀设计的重要前提。安全工程师在设计中必须重视以下内容：

模块之间的数据流向；

设计中明确说明或隐藏包含的任何用户、角色和权限；

每个模块之间的信任关系；

针对已知问题的所有潜在的应用解决方案等。

一般软件的设计分为概要设计和详细设计。

（1）概要设计的安全设计。

概要设计中应考虑如下的安全性因素：

1）系统输入的安全性，对错误输入、恶意输入的处理。

2）系统内部数据传输的安全性。

3）系统输出的安全性。

4）系统内各模块的出错处理。

5）运行中可能出现的各种异常情况，是否都有合适、安全的处理方法。

6）软件的防盗版设计。

7）如果是分布式系统，还要考虑网络传输的安全性（是否需要加密、加密的强度等），各分布模块的安全性，抗网络攻击的能力。

（2）详细设计中的安全设计。

详细设计中应考虑如下的安全性因素：

1）接口安全性（入口安全性检验）。

2）算法安全性。

3）程序异常处理等。

3.6.2　银行业安全设计特色

安全设计本质上是对安全需求的响应，有银行业特色的安全需求，自然会产生有银行业特色的安全设计。

所有的安全设计都是建立在银行的安全开发的规范基础上的。此外在具体设计中，还必须知晓银行业往往已经建立了一些安全系统和安全机制，应用系统的安全设计必须与现有安全机制相结合。例如，银行业务系统的客户验证在银行中就非常受重视，有一整套机制来实现客户验证的安全，进行客户验证的安全设计时必须考虑与这个机制的对接。

图3-17是一个典型的银行客户验证的实现机制。在这种机制下，具体的应用系统在进行客户验证时，就不能考虑独立的验证，而是与现有的验证机制融合，验证的安全性考虑重点也放在通信安全上。

同时，银行中重要的信息系统与钱相关，因而安全十分重要，针对这些重要的业务场景，应该事先进行仔细的安全设计，为以后信息系统安全设计建立很好的模板，这也有助于安全设计工作规范化、标准化，提高银行信息系统的整体安全水平。

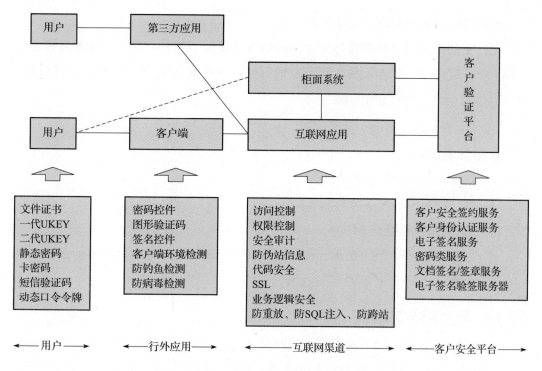

图 3-17 典型银行客户验证的安全实现机制

在一个具体的项目过程中,时间是非常有限的,不可能花太多的时间来进行安全设计,具体程序员对银行的现有安全机制也可能完全不了解,需要建立一整套机制来支持安全设计的真正实现。民生银行是通过建立标准安全解决方案库/安全组件库/安全开发框架等三级支撑体系来支持安全设计的落地的。

安全设计是对安全需求的满足,如果能够预先建立针对所有安全需求的设计方案,那么在实现安全设计时就可以依据现有设计方案对实际情况做一些微小调整,效率和效果就会大幅提高。

民生银行针对常见的安全需求,均建立对应的标准安全解决方案,标准解决方案包括如何使用外部的安全机制、内部标准的安全设计等内容,还包括对应的安全知识、标准的解决方案、参考代码等。该标准解决方案库是安全设计的主要标准和参考,保证安全设计的规范性和效率性。

在标准安全解决方案库的基础上,民生银行将主要的安全需求实现代码分析抽象出来,独立开发成安全组件库,供开发安全实现时使用。这样,对应的安全设计就进一步简化,只需变成安全组件的调用设计。

安全开发框架则是在民生银行现有开发框架的基础上,将主要的安全需求都集成在安全框架中,这样对于在安全开发框架基础上进行开发的软件就更加容易实现其安全需求，对应的安全设计也更加简单。

银行业的安全设计是在整体安全支撑框架的基础上展开，通过标准安全解决方案库 / 安全组件库 / 安全开发框架等方式，使已有的成熟安全设计充分发挥价值，保证后续安全设计的标准化和效率。

3.7 安全编码

3.7.1 工作要求

3.7.1.1 安全编码的定义

安全编码是指在编码过程中使用安全的方式编码，满足编码的安全要求，还包含满足安全需求，实现安全设计的编码。

3.7.1.2 安全编码的内容

经过良好设计的、具有良好编程风格的代码，通常具有较好的安全性。一般来说，良好的编码风格有：使用安全的函数；对输入的参数进行校验；开发完成后，进行完备的单元测试，包括边界测试、语句覆盖测试；开发完成后，确认错误和异常情况被正确地处理；修改代码的同时，确保注释和文档进行了相应的修改；在代码集成和引用方面还应注意不使用没有许可证权限的代码。

1. 使用安全的函数

在调用某些函数时有一些常见问题。尽管某种函数调用可能与安全性无关，但如果使用不当，仍会导致不易发觉的安全隐患。如 CopyMemory、CreateProcess、CreateProcessAsUser、CreateProcessWithLogonW、memcpy、sprintf、swprintf 等函数在安全性方面尤其值得注意。

2. 验证输入

程序设计者在设计程序时必须验证来自所有不可信数据源的输入。适当的输入验证可以清除多数软件存在的漏洞。在设计程序时，必须对多数外部的数据源抱着怀疑的态度，其中包括命令行参数、网络接口、环境变量、用户控制的文件等。

3. 根据安全策略设置软件架构

设计者应创建一个软件架构，并在设计软件的过程中实施和强化安全策略。例如，如果你的系统在不同的时间要求不同的特权，就不妨考虑将系统分解成能够互联通信的不同的子系统，每一个系统都有自己适当的特权。这种"分而治之"的方法可以有效地提高应用程序的安全性。

4．保持程序简单

设计者要尽量使程序短小精悍。复杂的设计会增加实施、配置、使用过程中出现错误的可能性。程序越复杂，就需要越多的复杂的安全控制，企业需要付出的努力也就会越多。

5．控制程序改动的步骤

为最小化信息系统的错误，执行改动时要进行严格控制。应当实行正规的改动控制步骤，确保安全和控制步骤不被损害。负责支持的程序员应只对那些与工作相关的部分系统享有访问权，并且确保改动已获得正式批准和同意。该过程应包括：

- 保留一份已达成协议的授权级别的记录。
- 确保改动由经过授权的用户提出。
- 对控制和步骤的完整性进行复审，确保不会因为改动而受到损害。
- 检查所有需要修改的计算机软件、信息、数据库实体和硬件。
- 在改动前，应获得对详细建议的批准。
- 确保在任何改动实施前，被授权的用户接受这些改动。
- 确保实施改动是为了减少业务中断。
- 确保系统文档组在每一个改动完成后都做了更新，旧文档被存入档案或被处理。
- 为所有软件更新保留一个版本控制。
- 对所有的改动请求保留一份以备审查。
- 确保在正确的时间进行改动，不能扰乱所涉及的业务过程。

6．对操作系统/中间件升级的技术复审

定期的操作系统/中间件升级是有必要的，如为了安装一个新的软件版本或补丁。在改动后，应当对应用系统进行复审和测试，确保改动对操作或安全没有负面影响。这个过程包括：

- 对应用程序控制和步骤完整性的复审，确保它们不因升级而受到损害。
- 确保及时通知对操作系统/中间件升级的改动，使得在改动实施前能够进行适当的复审。
- 确保业务连续性，计划做了恰当的调整。

7. 对软件包改动的限制

在使用中应当尽量不要修改厂商提供的软件包。如果实在要修改，应当考虑以下几方面：

- 软件内置的控制和完整性步骤被破坏的风险。
- 是否应当得到厂商的同意。
- 从厂商那里得到所需改动的程序更新的可能性。
- 保留原来的软件，对该软件的副本进行改动。

8. 隐蔽通道和木马程序

隐蔽通道可以通过一些间接的、隐藏的手段来暴露信息，它可以通过改变一个参数来被激活，而这些参数无论对于安全的还是不安全的计算系统都是可访问的，也可以通过在数据流中嵌入信息来激活隐蔽通道。

木马程序被设计成以一种非法的、不易被注意的、不是程序用户和接收人所必需的形式来侵入系统。

隐蔽通道和木马程序对程序和数据的安全性是巨大的威胁，应考虑从以下方面进行控制：

- 只从声誉好的程序提供者处购买程序。
- 以源代码的形式购买程序，使得程序可以被检验。
- 使用经过安全评估的产品。
- 在操作使用前审查所有源代码。
- 程序安装好后，对它的访问和修改要进行控制。
- 聘用经过安全考核的员工进行关键系统的管理。

9. 外包软件的开发

软件开发的工作由外部的人员或单位承担时，应当从以下几方面进行安全考虑：

- 许可证问题，程序的所有权和知识产权问题。
- 对所进行工作的质量和准确度的保证问题。
- 对软件开发的质量和准确度审查的权利。
- 关于程序质量的合约要求。
- 在安装软件前进行测试，以防止木马程序的植入。

10. 程序中的出错和异常处理

正确输入的数据可能会由于处理错误或故意行为而出错，因此，程序的设计应当采取措施，以将导致完整性损失的风险降至最低。需要考虑的因素包括：

- 程序中用来执行对数据改动的加入与删除函数的使用情况和位置。
- 防止程序在错误的指令下运行。
- 使用正确的程序进行处理失效的恢复，以保证程序正确地处理数据。

11. 代码安全性的维护

如果对代码进行修改，填写修改记录能帮助我们在代码安全性维护上起到很大的作用。入口参数、数据结构、引用代码、代码改动的注释应该是清楚且完备的。

12. 拒绝默认访问

访问决策的制定应当根据许可权限而不是根据其他方面。这意味着在默认情况下，应当拒绝访问，程序的保护机制应当根据"允许谁访问"来确认访问条件。

13. 遵循最小特权原则

程序的每个处理过程在执行时，都应当仅使用为完成其工作而需要的最小特权。任何提升的许可权限都要尽量持续最短的时间。这种方法可以减少攻击者用提升的特权执行任意代码的可能性。

14. "净化"传送给其他系统的数据

所谓"净化"，是指从用户输入的数据中清除恶意数据，如清除用户提交表单时的恶意的或错误的字符。

程序设计者必须对传送到复杂的子系统（如命令外壳、关系型数据库、购买的商业软件组件）中的所有数据进行"净化"。攻击者有可能通过使用 SQL 注入命令或其他注入攻击来调用这些组件中没有被使用的功能。这未必是输入验证问题，因为被调用的复杂的子系统并不理解调用过程中的前后关系。由于调用程序理解前后关系，所以我们要在调用子系统之前对数据进行"净化"。

15. 实施深度防御

程序设计必须能够利用多种防御策略来管理风险。只有这样，才能在一层防御不够用或失效时，另外一层防御能防止将安全设计上的缺陷变成可被利用的漏洞，从而可以限制攻击者利用漏洞的后果。例如，将安全编程技术与安全运行环境结合起来，可以减少在部署阶段残存在代码中的漏洞被攻击者在操作环境中利用的可能性。

3.7.2 银行业安全编码特色

银行业的安全编码基础是安全编码规范。银行业对信息系统安全编码非常重视，一般都有安全编码规范和配套的管理措施来保证编码的安全性。

鉴于银行系统的多样性和复杂性，统一的安全编码规范并不能完全满足安全编码的要求，因此有必要建立分开发团队的安全编码规范。银行业的开发往往是在现有的重要系统上，周期性地进行升级和改造，每一个开发团队面临的都是相对固定的系统。因此，银行可以针对每一个开发团队，或者针对那些重要的系统，单独制定安全编码规范。在整体安全编码规范的基础上，结合具体系统实现安全需求的特殊性和特点，制定有针对性的安全编码要求，这样的要求自然会更加具体、细致、可执行；有的甚至会把参考代码规定好，使安全编码的管理水平更上一层楼。

3.7.3 银行业的安全编码支撑体系

仅有安全设计的要求和安全编码的规范并不能保证开发安全的质量，在安全设计章节，已经提到标准安全解决方案库/安全组件库/安全开发框架等三级支撑体系对安全设计的支撑作用。在编码阶段，该体系同样发挥作用。

标准安全解决方案是安全编码的指导性文档，里面通常有示例代码，能够帮助程序员简单、高效、标准地实现安全编码。

在标准安全解决方案库的基础上，使用安全组件库可以通过调用的形式满足安全需求，使安全编码进一步简化。

安全开发框架的使用能够简单地实现主要的安全需求，安全编码的效率进一步提高，安全效果也更有保障。

3.8 安全测试

3.8.1 工作要求

安全测试是在IT软件产品的生命周期中，特别是产品开发基本完成到发布阶段，对产品进行检验，以验证产品是否符合安全需求定义和产品质量标准的过程。

3.8.1.1 安全测试与普通测试和渗透测试的差别

要透彻地了解安全测试,必须了解安全测试与普通测试和渗透测试的差别。

1. 与普通测试的差别

- 目标不同:普通测试以发现漏洞为目标,安全测试以发现安全隐患为目标。
- 假设条件不同:普通测试假设导致问题的数据是用户不小心造成的,接口一般只考虑用户界面;安全测试假设导致问题的数据是攻击者处心积虑构造的,需要考虑所有可能的攻击途径。
- 思考域不同:普通测试以系统所具有的功能为思考域;安全测试的思考域不但包括系统的功能,还有系统的机制、外部环境、应用以及数据自身安全风险与安全属性等。
- 问题发现模式不同:普通测试以违反功能定义为判断依据;安全测试以违反权限与能力的约束为判断依据。

2. 与渗透测试的差别

- 出发点不同:渗透测试是以成功入侵系统,证明系统存在安全问题为出发点;而安全测试则是以发现系统所有可能的安全隐患为出发点。
- 视角不同:渗透测试是以攻击者的角度来看待和思考问题;安全测试则是站在防护者的角度思考问题,尽量发现所有可能被攻击者利用的安全隐患,并指导其进行修复。
- 覆盖性不同:渗透测试只选取几个点作为测试的目标;而安全测试是在分析系统架构并找出系统所有可能的攻击界面后进行的具有完备性的测试。
- 成本不同:安全测试需要对系统的功能、系统所采用的技术以及系统的架构等进行分析,所以较渗透测试需要投入更多的时间和人力成本。
- 解决方案不同:渗透测试无法提供有针对性的解决方案;而安全测试会站在开发者的角度分析问题的成因,提供更有效的解决方案。

3.8.1.2 安全检测方法

软件的安全检测方法通常包括:静态检测、动态检测、文档检查、接口安全性检测、出错处理检测、异常情况检测、代码覆盖检测和渗透性安全测试。

1. 静态检测方法和工具

静态检测指在程序没有运行的情况下,检查程序的正确性。静态检测工具不需要执行所测试的程序，它扫描所测试程序的上下文，对程序的词法、语法、数据流和控制流进行分析，与特有的软件安全编码知识库、规则库等进行匹配，从中找出代码中潜在的安全缺陷及最佳的修复和防范建议，形成测试报告。静态检测方法包括：

- 代码审计。代码审计的时候要注意检查以下几项：是否检查了入口参数的类型，是否检查了入口参数的值域，是否有无用的代码和变量，分配的空间是否都干净地释放了，释放的指针是否都指向了 NULL，条件循环是否出现了无限循环的情况。
- 使用各种编译工具，检查程序。
- 使用专门的静态检测工具，如检测 C 程序的 lint、splint 等。

2. 动态检测方法和工具

动态测试通过选择适当的测试用例，实际运行所测程序，比较实际运行结果和预期结果以找出错误。动态检测需要在动态检测程序运行的情况下，执行所测试的程序，通过对程序运行时的内存、变量、内部寄存器等中间结果进行记录，来检测程序运行态的正确性，单步跟踪和设置断点是其基本方法。动态检测工具方法包括：

- 基于符号表的 DEBUG 工具，如 gdb。
- 跟踪程序，如 strace/Itrace。

3. 文档检查

文档检查主要包括：

- 规格说明书中是否有安全性的需求定义。
- 概要设计说明书、详细设计说明书、技术白皮书中是否有对安全性的设计和描述。
- 概要设计说明书、详细设计说明书、技术白皮书中对安全性的描述是否和需求一致。
- 用户文档中是否提示了用户安全性相关事项。

4. 接口安全性检测

入口检测主要包括：

- 输入参数的安全性，尤其是 setuid/setgid 程序，一定要检查参数的有效性和合法性。
- 文件描述符的安全性：如文件权限读、写函数的安全性，标准输入、输出、出错的安全性。
- 文件内容的安全性：直接读取的文件，如果不被信任的用户能访问该文件或任何它的根目录，就都是不可信任的。
- 所有的 Web 输入都是不被信任的，都需要进行严格的有效性验证。
- 字符集问题：规定标准字符集，如果需要处理旧字符集，那么要确保非法用户不能修改此字符集；如果是新写的代码，则使用 ISO 10646/Unicode。
- 是否过滤可能被重复解释的 html/url。
- 基于 Web 的应用程序，应该禁止 http 的 "get" 和 "HEAD"，除非能限定它们只用于查询。
- 设置输入数据的超时和加载级别限制，特别是对于网络数据更应如此。

出口检测主要包括：

- 最小化反馈信息，使得黑客不能获得详细信息。
- 反馈不要包含注释信息，特别是产生 html 文件的 Web 程序。
- 是否处理了阻塞或响应缓慢的输出情况。
- 是否控制了输出的数据格式（printf 系列函数问题）。
- 控制输出的字符编码。
- 基于 Web 的应用程序，不要运行用户访问 Include 和配置文件。

5. 出错处理检测

出错处理检测主要包括：

- 各种出错情况都被处理。
- 给用户的出错信息不会泄露程序信息的细节。

6. 异常情况检测

异常情况检测主要包括：

- 软件的各种异常情况都被处理了。
- 软件的异常情况不会导致程序进入不可知的情况。

7. 代码覆盖检测

代码覆盖是评价安全测试优劣的非常好的指标，也可以评价功能测试的有效性。就安全测试而言，代码覆盖起着更为关键的作用。简而言之，如果程序某一区域的代码在测试过程中从未执行（无论是功能性或安全性），这部分代码就应当立即作为安全方面的怀疑对象。一个明显的风险是未执行代码可能包含特洛伊木马（隐藏在合法代码中的恶意代码或程序），借用看似无害的代码实施攻击。不太明显的（但更普遍）的风险是未执行的代码有严重漏洞，可被成功地用来进行网络攻击。

8. 渗透性安全测试

渗透性安全测试是从信息系统的外部或内部进行模拟渗透性攻击测试，主要测试信息系统对内外部所暴露的脆弱性。

第一阶段，如果该测试系统位于外网或内外网（使用内外网隔离装置隔离），就需从互联网远端对被测系统进行渗透性测试；如果该测试系统位于内网，则需从内网远端对测试系统进行渗透测试，这时的测试属于黑盒测试。

第二阶段，登录系统，检测系统的配置以及代码并进行分析，发现其中的脆弱性，这时的测试属于白盒测试。

第三阶段，在被测系统内部，将分析结果和渗透性测试相结合，充分发现系统的脆弱性和后果，这时的测试属于灰盒测试。

图 3-18 是一个以渗透性安全测试为核心的典型信息系统上线前安全测试流程。

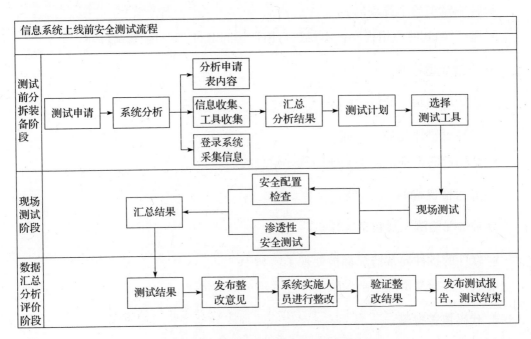

图 3-18 信息系统上线前安全测试流程

3.8.2 银行业安全测试特色

银行业的安全测试远高于其他行业，对上述安全测试的每个环节，都有更高要求。目前，银行安全测试实践表现为：

1）源代码安全审计处于起步阶段。

2）安全评审开展情况呈分化状态。

3.8.2.1 源代码安全审计

当下，银行展开源代码审计工作已经成为普遍对象，许多银行均要求所有上线系统检测源代码。但在具体审计过程中，也出现源代码检测水平较低、检测效率不高等问题。

源代码安全的检测水平决定着编码的安全水平：检测水平高，问题发现得多，开发团队就会更加重视，安全编码的水平就会更高，编码安全性就会更好。我国大多数银行都配备了源代码检测系统，检测源代码的安全。

大多数银行采购了商业化的源代码扫描工具进行源代码安全扫描，基本满足了源代码检测的要求。

使用普通商用源代码扫描产品有一些常见问题。

- 对于同一系统多次扫描，结果无法有效管理和跟踪。
- 由于源代码扫描工具的扫描原理，导致扫描结果的误报率很高，动辄几千个，甚至几万个源代码缺陷，给开发人员和安全人员带来了巨大的复核工作量。
- 仅能发现 SQL 注入、XSS 等传统的源代码缺陷，对于如越权、短信炸弹、分步提交等基于业务逻辑的缺陷无法识别。
- 报告易读性差。

因此，不能简单依靠设备，必须做多方面的努力来提升源代码检测水平。

民生银行在源代码审计方面的改善主要体现在以下五个方面：

1. 提升检测工具的易用性和审计性能

民生银行建立源代码云测系统，大幅改善源代码检测工具的易用性和审计性能，使普通开发人员也可以使用，实现自助式检测。

2. 制定源代码 TOP 缺陷，突出重点，提升源代码审计的效率

根据行内的源代码缺陷检测结果和渗透测试结果，建立源代码的 TOP 缺陷。

选择银行业的常用语言 Java、C/C++、Object-C、Cobol 等，分别制定 TOP 缺陷。通过该 TOP 缺陷的梳理，可以聚焦源代码安全工作内容，将重点的精力投入典型缺陷的解决方案制订和缺陷修复工作中，也规避其他非重要缺陷所带来的大量误报复核的工作。

同时，将此 TOP 缺陷制定为源代码扫描通过标准，开发人员和安全人员均明确地了解源代码扫描修复的范围。

3. 对源代码检测结果进行二次分析，降低误报率，提升整改效率

民生银行对源代码的检测进行长期跟踪分析，建立黑、白、灰名单机制：对于白名单中的缺陷可以不整改，对于黑名单中的缺陷必须整改，对于灰名单中的缺陷则根据缺陷的严重程度决定是否整改，该机制大幅提升了整改效率。

4. 进行审计信息携带

将上一次的代码审计结果携带到下一次的检测结果中，以降低源代码扫描的误报率。

5. 针对基于业务逻辑的缺陷进行单独的检测

使用专门定制源代码工具，实现在业务逻辑上检测的突破，实现对横向越权、短信炸弹等常见业务逻辑漏洞的检测。

源代码审计工具改善之后，还应该配套相应的流程，应该要求开发团队自助式进行源代码检测，而安全管理团队仅在上线前做一次检查，这样才能促进开发团队尽早进行源代码检测，保证源代码检测出来的问题尽早解决。

3.8.2.2 上线安全评审

银行在源代码检测之外，开展上线安全评审工作也很普遍。上线前的安全评审呈分化状态，好的银行进行综合性安全测试，其他银行只开展渗透测试工作，通过渗透测试来代替安全测试。

综合性测试应该包含以下内容：

（1）安全合规检查。依据外部标准、内部策略和集成规范进行安全合规检查。

（2）源代码审计。上节已经描述过，此处不再详述。

（3）主机安全性检测。对主机安全性进行检查，使用漏洞扫描工具和配置基线核查工具进行检查。

（4）系统安全检测。利用渗透测试等手段，对系统安全进行全面性检查。

目前，银行普遍用渗透测试来代替安全测试，但正如上节所介绍的渗透测试和安全测试的区别,毕竟渗透测试是以成功入侵系统、证明系统存在安全问题为出发点;而安全测试则是以发现系统所有可能的安全隐患为出发点。因此,渗透测试会导致测试覆盖面不全,安全缺陷遗漏。

为弥补上述缺陷,部分银行采取如下改善措施:

1)有侧重点地在负责安全测试的团队中进行分工,有的人负责解决覆盖面,有的人负责解决测试深度,保证安全测试的覆盖面和深度有保障。

2)根据行内历史渗透测试结果,建立信息系统的 TOP 缺陷。对于银行业,要特别重视业务逻辑缺陷的收集和整理,如重放攻击缺陷、数据越权缺陷等。有条件的银行,可以根据安全需求分析中的系统分类分级原则,分类制定 TOP 缺陷。通过对 TOP 缺陷的梳理,可以聚焦安全测试工作内容,将重点的精力投入典型缺陷的寻找工作中。该 TOP 缺陷应该与源代码检测中的 TOP 缺陷互相对照,前后呼应。

3)将上述 TOP 缺陷纳入安全测试规范,所有安全测试人员均明确安全测试的最小范围,保证安全测试的基本覆盖面。

4)为 TOP 缺陷制定安全测试用例,这样做能够保证安全测试的质量一致性,测试质量可管理、可提高,同时降低安全测试难度和对人员的要求。

3.8.3 银行业安全测试资源库

比起普通测试,安全测试对技术和人员的要求更高,这些要求也更难满足,建立安全测试资源库,建立测试用例集,有助于降低安全测试的难度和对人员的要求。

安全测试资源库可以基于威胁资源库以及常见安全需求和常见安全漏洞来制定,满足常见的安全测试要求。

银行的安全测试资源库与安全需求、安全设计之间都有对应关系。例如,对于通信加密的安全需求,可通过对应的安全设计 SSL 加密、对称加密等方式来实现,同样有对应的安全测试用例,通过抓包、包分析等方式,以验证有没有实现通信加密,以及通信加密的方式是否安全。

完整的安全测试资源库至少应该覆盖本银行的安全需求库和对应的安全设计库,能够有效验证本银行的安全需求和安全设计是否得到了落实、是否有效。

一条安全测试资源包括测试用例名称、难易程度、用例等级、是否工具化、测试目的、测试条件、执行步骤、预期结果等内容,表 3-15 是一条安全测试的例子。

表 3-15 安全测试样例

编号	SEC_Web_AUTHEN_03
测试用例名称	锁定策略测试
难易程度	易
用例等级	高
是否工具化	人工
测试目的	在缺少锁定策略和验证码设计有问题的情况下,攻击者可以通过枚举的方式来进行暴力猜解。本测试用于发现目标系统是否缺少锁定策略
用例级别	1
测试条件	已知 Web 网站地址 Web 业务运行正常 存在登录页面
执行步骤	1. 打开登录页面 2. 在用户名(或同功能的身份标志)输入框中输入正确的用户名 3. 在口令(或同功能的口令标志)输入框中输入错误的口令 4. 在验证码输入框(如果有的话)中输入正确的验证码 5. 提交表单 6. 重复 1～5 步骤 10 次 7. 判断目标系统返回的信息
预期结果	目标系统提示"账号已锁定"或者"IP已锁定"或者类似"锁定"之类的信息
备注	第 6 步中重复步骤次数视各产品实际情况而定 另外,如果系统存在一些认证接口(带认证参数的 URL,而不是普通的登录页面),那么也需要对认证接口进行失败认证尝试,以测试其锁定策略
测试结果	

3.9 安全部署

3.9.1 工作要求

3.9.1.1 安全部署的定义

安全部署是指为软件搭建一个安全的运行环境,包括安全的网络环境和安全的操作系统、中间件等安全主机,还包括软件的适当配置,保证软件的自身运行安全,以及软件与运行环境的安全配合,实现软件运行的综合安全。

3.9.1.2 安全部署的内容

软件系统的部署关系到整个信息系统的安全运行,应做好充分的部署前准备。投产前的准备工作包括以下几个方面:环境设备的准备、硬件设备的准备、部署程序和数据的准备、相关部署文档和培训的准备等。

环境设备的准备主要包括:系统架构确认、机房机柜机架配备、电源使用配备、网络线路配备、操作系统预安装和配备、主机命名和网络配备、存储环境配备检查、备份环境、环境参数配备、数据库配备、中间件配备、环境冗余切换配备、通信配备、部署操作员配备、环境变量、客户端环境等。

硬件设备的准备主要包括：主机连接方式、主机型号配备、处理器频率和数量、内存配备、硬盘容量、网卡类型和数量、光纤通道卡型号和数量、其他内备的 I/O 卡和其他外设等。

部署程序和数据的准备主要包括：目标程序及相关清单说明、可控版本组织、系统配备参数、数据库初始化数据等。

相关部署文档和培训的准备主要包括：《系统安装部署手册》《系统 IT 参数配臵手册》《数据备份和恢复操作指导》《系统故障与恢复手册》《系统文件目录清单说明》《系统运行日志存放说明》《系统各类密码修改说明》《文件清理计划及操作指导》《管理员、项目经理、厂商负责人通信录》，以及相应的功能使用培训、安装部署培训、日常维护培训等。

系统部署准备工作中有关权限管理、参数配置、数据初始化管理应遵照以下原则：

- 部署系统权限申请设备应形成流程并由业务部门负责人和风险控制部门审核。
- 软件系统部署的参数配备由信息技术部牵头组织信息，各业务部门予以协同支持，最终由风险控制部进行参数定级并进行投产参数审核。
- 对于系统初始化数据，原则上不允许进行数据库文件导入操作，而应通过数据操作语句进行数据初始化，各基础数据应得到业务部门和风险控制部门的签字审核。

在以上部署的基础工作上，安全部署主要聚焦于配置安全。随着信息化建设的不断深入，生产、业务支撑系统的网络结构越来越复杂，由此带来的各种应用和服务器的数量及种类也日益增多，配置工作越来越复杂。一旦发生配置不当，就可能会带来安全隐患，影响系统的可靠运行。

配置安全工作通过针对不同的设备、不同的操作系统、数据库系统、中间件等，建立基础的安全配置要求，实现统一的安全配置标准，保证部署的安全性。

3.9.2　银行业安全部署特色

一般来说，银行业已经建成完整的网络系统，网络系统有规划，有合理的安全域划分。设备，特别是服务器入网的时候，有入网标准，部分银行已经建立起自己的配置安全基线，并严格执行。因此，在安全部署时，银行关于网络安全和主机安全方面的工作有特点，大部分应用系统在部署时，首先是考虑如何满足行方在网络访问限制和主机安全方面的要求，如果应用系统能够满足这些要求，应用系统就已经有了一个基本的安全环境。但还有很多系统出于各种原因不能完全遵守行方的通用要求，在网络访问方面或者主机配置方面会有所例外，安全部署的重点就是在例外的情况下实现安全保障。

3.9.2.1 网络安全

一般银行在部署时，都是利用现有网络中的已有安全措施进行部署。充分利用现有网络的安全域划分，将应用系统部署在合适的区域，保障整体的安全性。

网络安全方面最常见的问题，是系统部署时要求建立的通信通道突破了安全域的限制。这种情况经常发生，但问题的种类是有限的。安全团队应该把银行现有的突破安全域限制的部署方式统计出来，分类制订部署方案、安全方案，这样才能实现在例外情况下方案的合理性和一致性，保证例外情况下的安全可控，尤其防止在多个系统中同时开辟的通道互相影响、突破安全限制的情况发生。

3.9.2.2 设备漏洞扫描

银行在部署应用系统时，都应该对相关的网络、主机等设备进行漏洞扫描。目前，系统漏洞扫描工具已经很成熟，被广泛使用。利用漏洞扫描工具来发现应用系统是否存在安全漏洞，一旦发现漏洞，就立即进行整改。

一旦系统正式上线运行之后再发现漏洞，整改的成本和风险便非常大，经常出现银行发现了在线系统的安全缺陷，但迟迟不敢整改的情况。

因此，在上线之前对基础设备进行扫描是发现问题和改正问题的最好机会，银行业都非常重视部署时的安全漏洞扫描和整改工作。

3.9.2.3 配置安全

银行在部署应用系统时，还应该检查配置的安全性，可以使用安全配置检查工具来协助检查。其重要性与上节提到的设备漏洞检测是一样的。

配置安全方面最常见的问题是，在系统部署的时候按照安全基线配置会影响业务系统的正常使用。这些突破配置一般都集中在操作系统、数据库和中间层面。安全团队也应该有所总结，针对常见的系统、常见配置基线不能满足的项，制订统一的部署方案和安全方案，其价值和意义与上节提到的设备漏洞检测是一样的。

3.10 安全运维

3.10.1 工作要求

从开发安全范围看，安全运维的工作要求主要是变更安全管理和周期性安全检查。

制定完善的变更流程，对变更安全进行充分的管控和实施，保证变更时安全受到控制，是变更安全管理的主要工作。

日常对在线系统进行周期性安全检查，发现风险和脆弱性也是安全运维的主要工作。

一般安全检查是使用漏洞扫描、Web 漏洞扫描等工具，扫描网络、主机、系统，发现存在的安全漏洞，通报有关各方，进行整改。

3.10.2 银行业安全运维特色

银行业对安全运维非常重视，投入很大。而变更管理最能体现运维工作的规范性，银行变更管理要适应不同幅度的变更，往往较为复杂。

图 3-19 是一个变更的安全评审流程。

通过图 3-19 可以看出，银行业在变更安全管理上最主要的举措是区别管理，即对变更进行分级，然后对不同级别的变更采用不同的管控流程，保证变更管控的安全有效。

对于重大变更，银行通常采取严格的安全管控，通常是以与新建系统相同的安全管控方式进行严格的管理。

对于中型变更，银行通常采取简化的安全管控措施，对安全需求和安全设计从简要求，依靠上线前的安全检测来实现安全管控。

对于风险很小的轻微变更，银行一般不再做安全检测，通过日常的安全检测和抽查机制来实现其安全管控。

在以上流程中，还有一个关键环节，就是如何确定变更的风险性。开发团队和安全团队应该综合考虑项目中涉及的系统应用架构、系统使用人员、访问终端类型、发布方式等方面，分析应用系统面临的风险，将系统分为高风险系统、中风险系统和低风险系统三个等级。

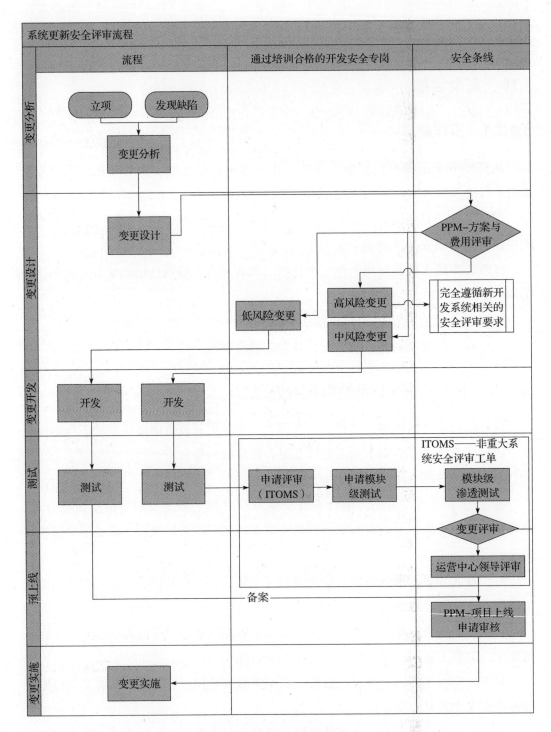

图 3-19　变更的安全评审流程

具体的分析方法可以参考如下风险分析方案。

项目风险等级分析由三步组成:

1. 项目相关应用系统的风险分析

应用系统风险分析需要考虑的因素较多，如表 3-16 所示。

表 3-16 应用系统分析要素权重表

系统风险分析分类	权重	子类	风险定级
应用架构	0.1	B/S 模式	高
		C/S 模式	高
		无线移动应用模式	高
		微信模式	高
系统使用人员	0.1	公共客户	高
		内部用户	低
		第三方人员	中
		第三方系统	低
访问终端类型	0.2	移动客户端	高
		PC 终端	高
		虚拟终端	中
		其他	低
系统发布方式	0.2	互联网	高
		移动应用	高
		公司内网	低
		虚拟应用	低
系统数据类型	0.3	客户关键信息	高
		身份鉴别信息	高
		客户财务信息	高
		客户交易信息	高
		客户基本信息	中
		产品与服务信息	中
		市场公共信息	低
		IT 运营管理信息	中
		其他运营支撑信息	低
		其他	低
系统业务分类	0.1	产品	高
		分行特色	高
		基础平台	中
		技术类	中
		渠道	高
		数据	高
		外围或附属	低
		支付	高
		办公管理	低

对应的计算方法通过三步实现，首先是风险定级：高 =1，中 =0.5，低 =0.1；其次，取各分类风险定级的最高分作为该分类的得分，并通过加权算出系统的最终

得分;最后根据最终得分确定风险等级。0.7~1.0:高风险,0.5~0.7:中风险,0.1~0.5:低风险。

2. 变更内容的风险分析

不同的变更内容有不同的安全风险,可根据变更内容分析风险(见表3-17)。

表 3-17 变更内容风险分析

序号	变更范围类别	变更功能模块类别名称	说明	备注
1	重大变更	重要功能增加或者重大调整	重要功能包括:①直接与身份认证和访问控制相关的功能;②支付或者转账;③购汇与资金结转有关的功能;④对重要客户信息(手机号、各种密码、金额限制、姓名、身份证等)进行修改的功能;⑤注册、签约等功能	
2		架构变更	系统变更比较大,系统的架构有变化,或影响模块数量比较大(受影响模块超过现有模块的30%)	
3	普通功能变更	功能模块重大调整/增加	业务部门由于业务发展或业务处理的需要发起,包含对系统现有模块的功能进行修改、调整和新增模块。该变更只影响局部模块,对系统整体的影响较小。对于重要功能的增加和调整,请参看2。有模块关联一起调整的,也属于重大调整	
4	小范围变更	缺陷修复	对运行过程中发现系统未实现原始意图的缺陷进行修复,修复方案无重大调整。如果有重大调整,例如出参、入参等接口发生变化,按照3"功能模块重大调整/增加"分类处理	
5		界面调整	仅对界面、显示进行调整,数据流无任何变化	
6		配置调整	仅仅是修改系统配置,对权限设置无突破性变化	
7		数据库数据更新	无程序上的变化,只是对数据库中的数据进行调整	

3. 综合确定最后风险

根据变更相关的应用系统风险和变更内容,最终确定风险(见表3-18)。

表 3-18 变更风险综合分析表

变更功能模块类别	系统风险等级	项目风险
重大变更	高、中、低	高风险变更
普通功能变更	高、中	中风险变更
普通功能变更	低	低风险变更
小范围变更	高	中风险变更
小范围变更	中、低	低风险变更

除安全变更以外,银行安全运维在周期性安全检查方面也更加深入。银行周期性检测的频率高,检测的覆盖面大。特别是在发现漏洞之后,不仅简单整改,还会进行漏洞分析和溯源,研究漏洞产生的原因,导致出现漏洞的源代码和编程

团队等。漏洞溯源能够有效发现漏洞产生的机制，有利于从源头上根本性地解决漏洞。

3.11 安全培训

在整个开发的全生命周期，参与人员的安全意识和安全素质是安全工作的根本保障，因此持续的安全培训是非常必要的。

开发安全相关的安全培训内容是广泛的，培训的对象也不仅限于开发人员，对业务人员、项目经理、测试人员都应该进行安全培训。其中，开发人员培训的内容更加丰富，技术难度也更大一些。

下面是对开发人员进行培训的内容，其他人员的培训内容可以酌情减少。

1）安全知识的培训：了解常见的攻击手段和工具。

2）环境、网络、代码、文档等方面的管理培训：主要培养员工维护开发环境、网络、代码的安全意识，了解开发规范的安全要求。

3）对配置管理的培训：使员工熟悉项目的配置管理工具、版本管理方法、变更管理方法等，对负责备份的人员进行备份方法、灾难恢复方法的培训，保证项目的正常进行。

4）对安全编程的培训：包括常见漏洞和解决方案、系统设计中的安全要素和可能出现的安全漏洞、编程中的常见安全问题和解决方案、良好的编程习惯等。

5）对安全性测试的培训：包括在单元测试中测试代码的安全性、系统安全性测试的内容和方法、网络程序的安全性测试内容和方法、容错性和可靠性测试方法。

6）对知识产权意识的培训：培养员工使用第三方资源的知识产权意识，避免在设计和开发中引起法律纠纷。

第 4 章

掌握开发安全实施技巧

上一章详细介绍了开发全生命周期安全管理体系,但该体系比较复杂,在实际实施中牵涉开发团队、业务团队、安全团队等多个团队,成体系地实施开发全生命周期的安全管理,保障信息系统的安全,同时控制成本,在实践中并不容易,业界纷纷结合自身机构具体情况进行探索。本章结合民生银行的实践,尝试从项目实施角度介绍全生命周期安全管理的实施方法。

4.1 开发全生命周期安全管理的内容

开发全生命周期安全管理的内容分为两大类:一类是具体安全工作,如具体的安全需求分析工作、安全设计工作等;另外一类是安全质量的控制工作,如安全需求评审、安全设计评审等。开发全生命周期安全管理实施的关键点是安全质量的控制工作。通常的开发全生命周期安全管理工作内容构成如图 4-1 所示。

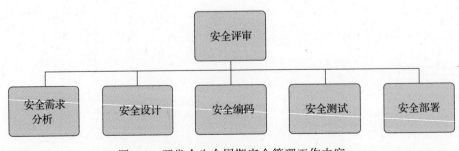

图 4-1 开发全生命周期安全管理工作内容

4.2 准备工作

开发全生命周期安全管理工作涉及软件开发工程的方方面面，影响甚大，为保证开发全生命周期安全管理体系的顺利实施，必须做好充足的准备工作。准备工作包含：信息安全人才储备、开发流程和管理调研、安全现状调研这三项工作。

4.2.1 信息安全人才储备

信息安全人才决定信息安全技术的交替和更迭，而信息安全人才的短缺直接导致企业很难组建自己的安全团队、实施安全策略。之所以在准备工作中重点提到信息安全人才准备工作，是因为信息人才的欠缺是世界性问题，全球最大的安全服务商 Symante 调查显示，到 2019 年，信息安全行业的人才需求将高达 600 万，预计将有 150 万的短缺。中国的信息安全人才培养落后于西方发达国家，信息安全行业人才的缺口比例将更大。而开发安全需要有开发经验的信息安全人才，在当今中国，信息安全人才尚缺口庞大，懂开发的信息安全人才更是难以寻找。必须花费力气事先储备一定的信息安全人才，才能保证开发全生命周期安全管理工作的顺利实施。

开发全生命周期安全管理实施所需的人才种类如下：

1. 信息安全管理体系人才

要求：精通信息安全管理体系，具备信息安全管理体系建设和落地的经验。

用途：参与开发安全管理体系的建设和辅导落地等工作。

2. 开发安全人才

要求：具备丰富的开发经验，最好达到系统架构师水平，具备信息安全方面的全面知识以及丰富的攻防知识和经验。

用途：参与开发安全的评审，把握开发过程中的安全要求，指导安全设计，进行总体安全架构设计等工作。

3. 安全测试人才

要求：具备丰富的安全测试经验。

用途：参与安全测试工作，发现信息系统的安全缺陷。

信息安全人才可以通过招聘、培养、外包等方式综合性解决，对开发团队中的骨干进行重点培养虽然要耗费较长时间，但仍然是非常有效的方法。

4.2.2 开发流程和管理调研

开发安全管理是嵌入开发过程中的，为了保证开发全生命周期安全管理实施，必须全面梳理现有的开发流程和开发管理。

银行通常的开发流程中的关键环节如下：

1. 需求分析

1）系统分析员向业务部门初步了解需求，然后用相关的工具软件列出要开发的系统的大功能模块，每个大功能模块有哪些小功能模块，对于有些需求比较明确相关的界面，在这一步可以初步定义好少量的界面。

2）系统分析员深入了解和分析需求，根据自己的经验和需求用 Word 或相关的工具再做出一份文档系统的功能需求文档。这次的文档会清楚列出系统大致的大功能模块，大功能模块中有哪些小功能模块，并且还列出了相关的界面和界面功能。

3）系统分析员向业务部门确认需求。

2. 设计阶段

设计阶段分为概要设计和详细设计两个环节。

1）概要设计。开发者需要对软件系统进行概要设计，即系统设计。概要设计包括系统的基本处理流程、系统的组织结构、模块划分、功能分配、接口设计、运行设计、数据结构设计和出错处理设计等，为软件的详细设计提供基础。

2）详细设计。在概要设计的基础上，开发者需要进行软件系统的详细设计。在详细设计中，描述实现具体模块所涉及的主要算法、数据结构、类的层次结构及调用关系，需要说明软件系统各个层次中的每一个程序（每个模块或子程序）的设计考虑，以便进行程序编写和测试。应当保证软件的需求完全分配给整个软件。详细设计应当足够详细，能够根据详细设计报告进行程序编写。

3. 编码

在软件程序编写阶段，开发者根据《软件系统详细设计报告》中对数据结构、算法分析和模块实现等方面的设计要求，开始具体的程序编写工作，分别实现各模块的功能，从而实现对目标系统的功能、性能、接口、界面等方面的要求。

4. 测试

测试编写好的程序。程序测试有很多种：按照测试执行方，可以分为内部测试和外部测试；按照测试范围，可以分为模块测试和整体联调；按照测试条件，可以分为正常操作情况测试和异常情况测试；按照测试的输入范围，可以分为全覆盖测试和抽样测试。

5. 部署与验收

通过软件测试证明软件达到要求后，软件开发者将软件部署到使用环境中，实现系统上线运行。必要的时候还需组织系统验收，验证系统是否完全满足当初的需求。

在开发流程和管理调研工作中，必须针对以上环节，梳理在具体开发过程中，是通过哪些管理制度、流程和管理工具来实现的，为将来把安全开发等活动嵌入开发流程中奠定基础。

4.2.3 安全现状调研

开发全生命周期安全管理的目的就是开发出安全的信息系统，降低交付系统的安全缺陷数量，提升系统的安全性。因此，在展开开发全生命周期安全管理体系之前，必须全面调研系统的安全现状。

重点调研在过去三年中，信息系统的安全缺陷的综合分析和统计。从以下的维度进行统计有利于分析开发过程中的问题。

1）安全缺陷分类统计。
2）安全缺陷分系统统计。
3）将系统进行分类后，按分类的系统进行统计。
4）常见的安全缺陷统计。
5）反复出现的安全缺陷统计。
6）整改缓慢的安全缺陷统计。
7）损失较大的安全缺陷统计。

4.3 开发安全管理体系建设

全生命周期开发安全管理制度体系建设就是按照 3.3 节所介绍的框架，建立起相关的管理制度和规范的。

建设过程中必须坚持逐步建设的原则。安全评审是全生命周期开发安全管理体系重要的组成部分，但本书把安全评审的建立放在体系建设之前，是实施过程中的一个关键点。

实施安全评审才能理顺开发过程中的安全目标，厘清各团队在开发安全活动中的分工和职责，而这是开发安全体系建设的前提和基础。因此，必须在安全评审已经建立的基础上，开展开发安全体系建设工作。

上一章的开发安全管理体系中所提到的所有文档，不一定需要重新建设，可以结合各部门现有的管理制度建设，保证开发工作顺利进行。

其中，开发安全管理体系建设与ISO27001等安全管理制度的结合是实施的一个关键点，对于已经实施ISO27001的机构，将开发安全管理体系作为ISO27001管理体系下的一个子域实施也非常可行，对现有管理制度的冲击最小，最能保证开发工作的顺利进行。

总之，首先实施安全评审，在安全评审已经顺利实施的前提下，逐步建立全生命周期开发安全管理制度体系，结合部门现有管理制度，尽量保证开发安全工作顺利进行是开发安全管理体系实施的关键点。

4.4 安全评审流程设计

安全评审工作是开发全生命周期安全工作的质量保障活动，是保证具体安全工作如安全需求分析、安全设计等工作安全质量的关键工作。

目前，业界的安全评审工作主要分为两种：一种是将安全评审工作作为整体开发项目评审中的一个评审内容，由项目评审工作的评审专家同时完成安全评审；另外一种将安全评审工作作为整体开发项目评审的一个评审环节，由专业的安全评审人员来完成安全评审，出具安全评审意见，项目评审工作的评审专家综合安全评审意见以及其他评审意见进行综合评审。

第二种评审方法由于评审环节的独立性和评审人员的专业性，质量更有保障，是安全评审的发展方向。

以下一律按照第二种评审方法进行介绍。实际工作中也可以使用第一种审评方法进行评审，评审内容可以参照所介绍内容和实际情况进行删减。

4.4.1 评审流程

开发全生命周期安全管理中的安全评审是安全工作开展的关键，能够推动开发安全工作的落地，保障开发安全工作的质量。

安全评审主要包含：安全需求评审、安全设计评审、安全测试、上线安全综合评审等内容，典型的安全评审流程如图4-2所示。

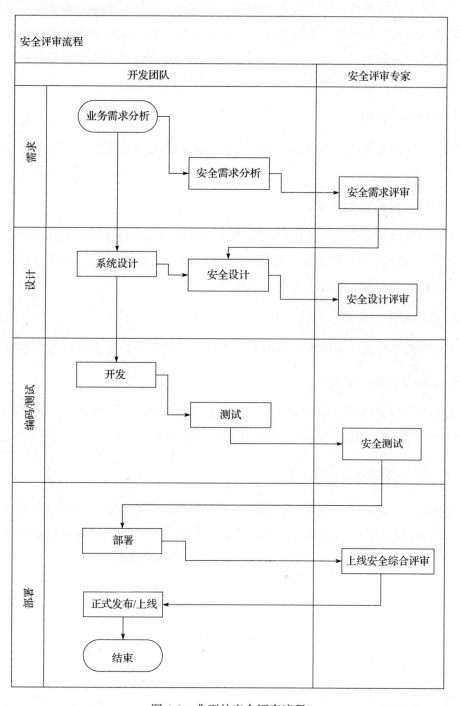

图 4-2 典型的安全评审流程

1. 安全需求评审

安全需求评审是评审在开发团队所进行的安全需求分析工作中安全需求分析的合理性和完备性。

安全需求的完备性是安全需求分析的主要困难，安全需求的完备性并不是指安全需求覆盖所有安全问题，而是指在安全需求分析之前的威胁分析是完备的。在威胁分析完备的基础上，经过综合考虑业务实际情况和业务要求，进行合理取舍，最后形成安全需求。威胁分析的完备性是安全需求分析的基础。

2. 安全设计评审

安全设计评审是评审项目设计和安全设计是否满足安全需求，是否满足安全需求方式的合理性。

3. 编码阶段的安全评审

在编码阶段，一般主要是依靠开发团队对编码的安全自查或者交互检查，一般安全评审专家不介入，但会给予开发团队充分的安全技术支持。所以在评审流程中，并没有专门的编码阶段的安全评审环节。

4. 安全测试

安全测试是验证安全需求是否被充分满足了，测试系统是否存在安全瑕疵。

5. 上线安全综合评审

上线安全综合评审是在系统发布/上线前，对系统的安全性进行全面的测试验证，验证系统的安全性是否满足发布/上线的安全要求。

4.4.2 安全评审的组织架构

为保证安全评审的专业性，必须有专业的评审团队来负责系统开发项目的安全评审。安全评审团队不仅直接参与系统开发项目的评审，还需要研究安全评审的规范、要求、流程，是安全开发工作的主要推动力量（见表4-1）。

表 4-1 安全评审团队工作内容

序号	分组	工作内容
1	评审规范的管理小组	安全评审质量标准的制定和实施，具体负责评审规范的制订、调整、推广等工作
2	评审专家小组	负责具体安全评审工作，可以单人评审，也可以多人形成评审小组联合评审
3	安全开发顾问	负责对开发团队的开发安全管理工作进行技术支持

4.4.3 安全评审的输入输出

1）安全需求评审见表 4-2。

表 4-2 安全需求评审

输入	输出
系统基本信息	安全需求评审意见
业务需求分析文档	
安全需求说明书	

2）安全设计评审见表 4-3。

表 4-3 安全设计评审

输入	输出
安全需求评审环节所有文档	安全设计评审意见
开发设计文档	安全接口／服务说明（可选）
安全设计文档	

3）安全测试见表 4-4。

表 4-4 安全测试

输入	输出
测试环境信息	安全测试报告
安全需求说明书	
安全设计说明书	

4）上线安全综合评审见表 4-5。

表 4-5 上线安全综合评审

输入	输出
部署环境信息	上线安全综合评审报告
安全需求说明书	
安全设计说明书	
安全测试报告	

4.5 人员培训

对开发团队中的所有人员进行合适的培训是保证开发全生命周期安全管理实施的关键因素，开发团队对安全管理工作的了解和支持是实施成功的必要因素，必须重视人员培训，精心开展人员培训工作。

4.5.1 制订培训计划

制订合理的培训计划，包括培训的范围和培训内容；制订切实可行的培训计划，保证培训的顺利完成。

培训范围包括：管理层、项目经理、开发人员、测试人员、开发管理人员以及其他有关人员。

培训内容包括：开发安全管理培训和开发安全技能培训两方面的内容。

4.5.2 开发安全管理培训

开发安全管理培训是培训在开发全生命周期安全管理体系中的管理方面的制度、规范、流程和要求等内容。

首先是了解在安全开发的过程中不同人员的分工和职责，以及对不同角色的安全要求。

其次是开发安全管理的工作流程和评审流程。

最后是开发安全管理工作的质量控制要求和评估方法等内容。

4.5.3 开发安全技能培训

开发安全技能培训是提高培训对象参与开发安全工作所需的知识和技能，确保其具备完成开发安全工作所需要的能力。

4.5.3.1 掌握信息安全和开发安全基础知识

对所有的用户和技术人员提供关于信息安全和开发安全基础知识的培训。必须保证所有的信息安全标准和开发安全基础知识能够被开发人员和技术人员理解并接受。

培训应有侧重，而不是面面俱到。

4.5.3.2 培训和训练开发人员开发安全代码的能力

安全代码是开发安全管理工作的根本所在，必须对开发人员进行培训和训练，确保其掌握必备的开发安全代码的能力。

开发人员要全面掌握安全开发规范的所有要求，并通过练习保证按照规范进行开发的能力和质量。

4.5.3.3 培训开发人员和测试人员基础的安全测试能力

安全测试是一个专业程度非常高的技术活动,让开发人员和测试人员全面掌握是不现实的,但开发人员和测试人员仍需掌握基础的安全测试能力,从而保证在开发和测试过程中能够进行基础的安全测试,保证安全工作的质量。

4.5.3.4 保障信息安全和开发安全的文档完整性

如果缺乏足够的文档,当开发过程中发生问题的时候,就只能凭经验解决,这就有可能会错上加错。同样,文档的不完整、更新不及时也会对系统的维护能力造成致命的影响。

对开发团队所有人员进行培训,了解开发安全工作中都有哪些技术文档以及技术文档的写作和维护要求技巧,有助于保障信息安全和开发安全文档的完整性和质量。

4.5.3.5 基本掌握安全检测方法和安全检测工具的使用

在开发安全培训过程中,需要掌握安全检测方法和安全检测工具,具体工具分类清单如下:

- 源代码分析器。
- 网络漏洞扫描器。
- Web 应用漏洞扫描器。
- 动态分析工具。
- 配置分析工具。

开发安全项目可在培训的同时开展团队实践工作,或者选择部分项目,在团队实际工作过程中穿插项目开发安全培训,加强安全开发团队对安全开发的认识和实践工作,确保能够实现项目目标。

4.6 体系试运行及正式运作

一个管理体系的成功靠的是"三分技术、七分管理、十二分执行",执行也是开发全生命周期安全管理体系的生命线。

为保证运行效果,一个体系的实施都有试运行阶段,通过试运行来验证体系的可行性,发现在体系实际运行中的问题并解决问题、完善体系。开发全生命周期安全管理体系在实施过程中,人才不足始终是一个重要因素,因此,开发全生命周期安全管理体系的试运行还肩负着培养业务骨干的重要任务,其试运行的时间应该长一些，参与试运行的骨干人员应该精心选择，保证培养效果。

试运行的范围选择也应该慎重，早期开发团队对开发安全工作不理解，团队的安全能力有所欠缺，实施的工作量会比较大，应该选择较小范围、安全状况较差的团队和业务部门进行试运行，保证开发安全的效果能充分展示出来。

体系的正式全面展开必须慎重，除试运行平稳运行成功外，还需考虑试运行过程中是否完成了人才储备，在人力资源有保障的基础上，逐步推开，确保体系的运作成功。

4.7 体系运行有效性评估

为保证开发全生命周期安全管理体系的实施成功和持续改进，必须定期对开发全生命周期安全管理体系运行工作进行评估，再根据评估结果进行整改和提高。

4.7.1 体系评估的内容

由于体系是由许多相互关联和相互作用的过程构成的，所以对各个过程的评估是体系评估的基础。在评估管理体系时，应对每一个被评价的过程从以下四个方面进行评估：

1）该过程或者环节是否已被清楚地识别，是否清晰地确定了与其他过程和环节的相互关系。

2）职责是否已被分配，并且清晰地传达了。

3）有关的流程是否得到了实施和保持。

4）在实现所要求的结果方面，过程是否有效。

前两个方面，主要通过各种规章制度的审核以及实际运行中是否有工作的缺失来评估；后两个问题则必须通过对实际执行工作内容和部分系统的最终安全状况等进行审核和综合评价来实现评估。对上述四个问题的综合回答可以确定评估结果。

4.7.2 有效性评估方法

在体系评估过程中，有效性评估是其中的难点。

4.7.2.1 开发全生命周期安全质量有效性评估通用方法

所谓安全质量有效性评估是评审实际运作是否符合体系文件的规定，且情况可以追溯。开发全周期管理体系的安全质量有效性评审应覆盖体系涉及的所有部门，围绕开发的全过程进行。通过对开发相关所有部门的审核，来全面、准确地评价体系的符合性、有效性和适宜性。所谓符合性是指管理体系文件与标准规定符合，以及管理体系现场运作与管理体系文件符合；所谓有效性是指对开发安全管理体系运行的效果应进行评价，系统的安全性是否获得真正的提高，也应该对管理体系文件是否被有效地实施进行审核；所谓适宜性是指对管理体系活动是否适宜达到既定的安全目标进行评价，如果体系实施不能达到既定目标，就要研究其原因并加以改进。在进行评估时，必须严格按照评估的客观性、系统性、独立性、采信、正面证实的原则进行。

4.7.2.2 投入产出分析法

投入产出分析法是把策划、建立、运行及保持开发全生命周期安全管理体系所投入的费用与系统安全的增值产出效益进行对比，评估在运行期内体系的有效性。

投入的计算比较方便，费用主要包括：体系文件编制运行费、专门的人力投入费用、工具采购费用等。

产出效益通常由 3 个方面构成：

1）系统安全质量的提高效益。

2）完成相同安全质量目标所花费成本的下降和所增加的效益。

3）安全素质的提高，安全意识的普及和强化所产生的安全管理增值效益。

上述评估中的定性部分，具体操作可采用专家调查法及模糊评价方法等进行量化处理，得出评价结果。

4.8 实施工作的难点和应对措施

开发全生命周期安全管理体系的实施过程中，并非一帆风顺，尤其是当下银行业的开发团队自身就任务重、时间紧，往往会将开发安全工作当作负担，导致开发安全管理工作不能顺利实施。在体系实施过程中，以下部分是我们在实际工作中接触到的难点。

1. 开发全生命周期安全管理的组织架构和分工

在开发全生命周期安全管理体系中，直接的相关部门和团队有业务部门、开发项目经理、开发团队（有些是外包团队）、测试团队、安全测试团队、开发安全技术支持团队、开发安全评审团队等，在团队中间进行合理分工，各自承担相应责任并不容易，大部分银行都需要相当长的一段时间的磨合才能走向平稳。

长期以来，在安全管理过程中，由于技术人员大部分欠缺信息安全知识，只有信息安全管理人员具备信息安全知识，能够开展信息安全工作，成为信息安全的主要责任者。从根本上来说，实行的是"有多大能力，就有多大责任""责任与能力对等原则"。从管理学角度来说，这种划分方法显然是不合适的。"有多大权力，就有多大责任""责任与权力对等原则"，才是符合管理学要求的。

在信息系统开发过程中，业务部门具有业务决策权力，开发团队能够修改源代码，具备最后的技术决定权力，这两项权力都与信息系统最后的安全息息相关。根据"责任与权力对等原则"，业务部门与开发团队理应承担更大的安全责任，理应为最后的安全负责。

开发全生命周期安全管理体系的实施过程，如果按照"责任与能力对等原则"进行分工，则实施过程更加困难。开发团队会把安全管理工作当作负担，当作额外的工作，对开发安全管理工作的响应，容易消极，特别是对掌握开发安全的知识和技能也有抵触情绪，导致开发全生命周期安全管理体系的实施不能顺畅地进行。

反之，如果按照"责任与权力对等原则"，业务部门和开发团队深刻地认识到开发一个安全的信息系统是他们义不容辞的责任和义务，安全测试团队、开发安全技术支持团队、开发安全评审团队等专业安全团队都是帮助和支持他们完成开发安全的相关工作的，则开发团队和业务团队就具有更大的工作热情，与专业安全团队的配合会更加顺畅，掌握开发安全的知识和技能也更有积极性，开发全生命周期安全管理体系的实施也更加顺畅。

2. 开发安全管理的精细程度与团队安全能力的匹配问题

在开发全生命周期安全管理体系实施过程的初期，经常会出现开发安全管理的精细程度超出团队安全能力的问题，导致团队参与人员工作负担过重、压力过大，对完成安全目标没有信心，整个团队效率低下，严重影响开发全生命周期安全管理体系的实施。

安全管理遵循的是木桶原则。木桶原则是说一个水桶无论有多高，它盛水的高度取决于其中最低的那块木板。信息系统的安全性也取决于信息系统中安全性最弱的那一项。按照这个原则，开发团队就会片面追求安全要求的全面和详细。

但是每一个安全要求的落实都是需要成本、资源、能力的。在项目的早期，整个团队的安全技能较低，完成同样的安全需求对应的成本要高得多，当安全要求过高过细时，必然会导致工作量的巨幅增加，而安全效益的增加却不那么清晰明显。整个团队，特别是承担主要工作的开发团队会受到强烈的负激励，影响其工作心态和工作效果，从而影响开发全生命周期安全管理体系的实施。

因此，开发安全管理的精细程度必须与团队安全能力相匹配，在开发全生命周期安全管理体系实施的早期，安全要求不应过高过细，应该循序渐进，从较低的安全需求做起，让开发团队等其他团队逐步接受开发安全的管理理念和相应技能，在能力提高之后，再提升开发安全管理的精细度，促进开发全生命周期安全管理体系的稳步实施。

3. 安全测试人才难以培养，安全测试展开困难

在 4.6 节安全测试中已经详细介绍了安全测试，以及安全测试、普通测试和渗透测试的差别。在传统的信息安全管理中，都是使用具有相当攻防经验的工程师实施渗透测试来代替安全测试。正如在安全测试与渗透测试的差别中所提到的，由于二者在出发点和视角上存在差异，导致渗透测试较安全测试在覆盖性方面有明显差异，因此渗透测试不能取代安全测试。渗透测试人员的习惯性思维方式与工作方式也不能取代安全测试人员。

用普通测试人员来进行安全测试也有困难，普通测试人员的技能与安全测试的要求差距比较大，短时间内难以把普通测试人员培养为安全测试人员。

要解决安全测试人才的缺口，必须以具备基本安全知识的人员为基础，进行系统的培训，使其全面掌握安全测试的知识，进行安全测试。

4. 通用的安全设计在实际应用系统中的适应性

在开发全生命周期安全管理体系实施过程中，安全技术支持人员尝试针对常见的安全需求，提供通用的安全设计，供开发团队在信息系统安全设计时使用，降低安全设计的工作量，提高安全设计的质量。

实际工作中，因为信息系统设计往往与具体应用场景结合非常紧密，通用安全设计在与实际应用系统结合时，需要进行必要的调整。可是，在刚开始阶段，大部分信息系统设计人员不具备进行调整的能力，导致通用安全设计在实际应用中适应性不足。

因此，在设计通用的安全设计时，可以考虑将信息安全技术和中间件技术结合起来，把部分安全模块从整个应用系统中分离出来成为通用的软件，使两者成为一种松耦合的关系，这样既可以提高安全设计和安全软件的可重用性，又可以降低应用软件安全设计和实现的难度。

第 5 章

巧用开发安全的有关工具

开发安全管理工作的效率离不开工具的使用,开发安全工作涉及的面非常广,使用的工具也非常广泛。

5.1 工具整体分析

在完整的开发全生命周期安全管理中,开发工作量非常大,使用适宜的工具能够有效提高开发安全的工作效率,保证开发安全工作的成功落地。

开发安全工作涉及的工具广泛,有帮助安全需求分析的工具,有代码检测工具,有漏洞检测工具,有安全运维工具,本章将给出概括性介绍。

1)按使用目的分类的开发安全工具如表 5-1 所示。

表 5-1 开发安全工具——按使用目的分类

序号	使用目的	典型产品	备注
1	开发安全工作本身需要的工具	威胁分析工具、安全需求分析工具、安全运维工具、流程管理工具等	
2	开发安全质量控制工具	源代码检测工具、漏洞检测工具等	
3	系统防护类工具	防 DDoS 攻击、防火墙等	
4	应用安全支持工具	密码机、身份认证工具等	

2)按形态分类的开发安全工具如表 5-2 所示。

3)按开发全生命周期分类的开发安全工具如表 5-3 所示。

表 5-2　开发安全工具——按形态分类

序号	工具形态	典型产品	备注
1	产品型	源代码检测工具、漏洞检测工具、威胁分析工具、安全需求分析工具、安全运维工具等	
2	知识库型	威胁资源库、测试资源库	
3	文档型	威胁分析模型等	

表 5-3　开发安全工具——按开发全生命周期分类

序号	生命周期	典型产品	备注
1	准备	威胁分析工具、开发环境保护工具（如防火墙）	
2	需求分析	安全需求分析工具等	
3	设计	安全设计分析工具等	
4	编码	源代码检测工具等	
5	测试	漏洞检测工具、测试资源库等	
6	部署	资产管理工具、基线检测工具等	
7	运维	安全运维工具等	由于部署阶段与运营维护对接内容非常多，运营维护工具也一并介绍

5.2　工具详细介绍

5.2.1　准备

威胁建模工具用于分析并且确定应用程序或系统可能面临的威胁，包括绘制用例图的工具模块，用于创建应用程序或系统的体系结构概图；绘制活动图的工具模块，用于分解应用程序或系统；威胁树创建及威胁评估工具模块，用于评估攻击路径和威胁，确定缓和威胁的方法和技术；安全软件开发文档的生成和发布工具，用于生成和发布设计阶段的文档。

威胁建模工具为分析和设计人员提供了带拖放的图形化建模功能，图 5-1 为威胁建模工具的整体架构示意图，下文是各个工具模块的详细设计。

STRIDE 威胁分析工具

工具名称：STRIDE 威胁分析工具。

工具形态：文档型。

是否开源：否。

工具作用：帮助进行威胁分析。

工具特点：可以降低攻击带来的危险，但是却不能减少或者消除实际的威胁。

不管采取何种安全措施以及采用何种对策，威胁仍旧存在。

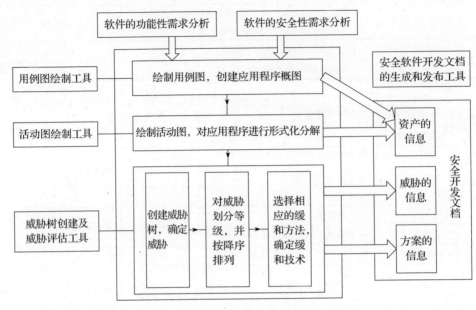

图 5-1　威胁建模工具的整体架构示意图

工具详细介绍：STRIDE 是以下 6 种威胁类型的英文首字母缩写：仿冒（spoofing），非法使用另一个用户的认证信息；篡改（tampering），有恶意地修改数据；否认（repudiation），用户拒绝从事活动，并且没有任何办法可以证明他在拒绝履约；信息泄露（information disclosure），信息被暴露给不允许对它进行访问的人；拒绝服务（denial of service），拒绝对正当用户的服务；权限提升（elevation of privilege），没有特权的用户获得访问特权，从而有足够的能力损坏或摧毁整个系统。为了遵循 STRIDE，可以将信息系统处理、传输、存储信息的过程划分为不同的数据流，分析每个数据流及其关联的资产信息是否容易受到任何 S、T、R、I、D 以及 E 类威胁的攻击；对识别出的威胁进行量化，进一步计算信息系统面临威胁的风险值，以此评估整个信息系统的风险。

5.2.1.1　基于威胁模型的风险评估

基于威胁模型的风险评估是利用 STRIDE 模型对信息系统中的每个数据流进行分析，考虑模型中的每一个威胁是如何影响数据流所涉及的关键资产以及资产之间的关系的，识别并记录这些威胁，并通过威胁发生的可能性及其对资产造成危害的严重程度的量化值，计算信息系统关键资产面临威胁的风险值，进而对系统整体风险进行评估。

如图 5-2 所示，基于威胁建模的信息系统风险评估过程和系统建设过程具有相似的"V 形关系"，可以概括为系统体系结构分析、数据流分析、威胁识别、威胁量化和风险评估 5 个阶段。其中，系统体系结构分析和数据流分析阶段是通过对信息系统的总体架构和业务流程的分析，清晰、准确地划定系统的数据流和安全边界。威胁识别和威胁量化阶段通过对系统数据流构建 STRIDE 模型，识别系统运行的关键环节和资产所面临的威胁，并对威胁进行量化。风险评估阶段是基于前面已建立的模型，分析关键信息资产安全性遭受破坏对系统业务的影响，计算关键信息资产面临威胁的安全风险值并评估信息系统的整体安全风险。

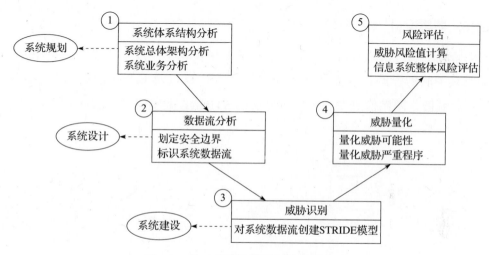

图 5-2　基于威胁建模的风险评估过程

5.2.1.2　系统体系结构分析和数据流分析

在实际的风险评估过程中目标系统的功能一般较为复杂、系统较为庞大，由于篇幅所限，不能对其进行全方位的评估，故选取一个网站信息发布系统实例，探讨基于威胁建模的风险评估方法的应用问题。

系统体系结构分析是评估者对系统总体架构和业务的认识过程，目的是准确认识被评估系统的平台结构、安全边界、业务流程以及相关的内部和外部环境，建立系统平台模型，从而深入理解被评估系统的业务。这是正确进行数据流分析的基础。网站信息发布系统的体系结构如图 5-3 所示。

数据流分析阶段应识别、分析系统的关键信息资产，也就是决定系统安全性的关键数据和服务。关键信息资产是风险评估的核心。数据流关系划分的正确性是确保威胁模型正确性的关键所在。网站信息系统的数据流划分如图 5-3 所示，共包含 3 个数据流：DF1 信息发布与更新、DF2 信息收集与验证、DF3 信息存储与提取。

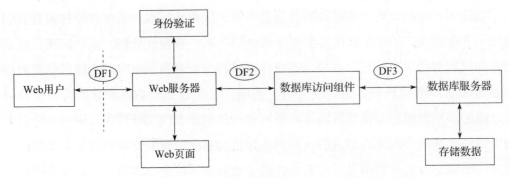

图 5-3　网站信息发布系统体系结构及数据流划分

5.2.1.3　威胁识别

威胁识别是对信息系统划分的各个数据流构建 STRIDE 威胁建模，分析每个数据流及其关联的资产是否容易受到 S、T、R、I、D 以及 E 类威胁的攻击，识别并记录这些威胁。网站信息发布系统数据流的 STRIDE 威胁模型如图 5-4 所示。

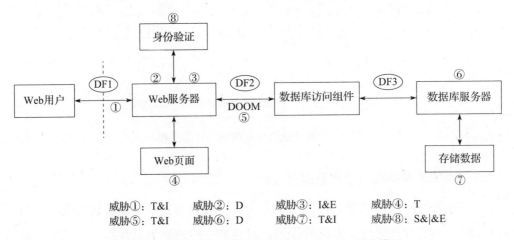

威胁①：T&I　　威胁②：D　　威胁③：I&E　　威胁④：T
威胁⑤：T&I　　威胁⑥：D　　威胁⑦：T&I　　威胁⑧：S&|&E

图 5-4　网站信息发布系统数据流的 STRIDE 威胁模型

1. DF1 信息发布与更新

该数据流可能面临的威胁有威胁①：攻击者有可能在用户向 Web 服务器提交信息或者 Web 服务器应答用户响应请求的过程中查看或者篡改数据（信息泄露/篡改）。

2. DF2 信息收集与验证

该数据流可能面临的威胁有威胁②：攻击者可能发动 DDoS 攻击，致使 Web 服务器无法响应合法用户的请求（拒绝服务）。威胁攻击者可能利用 Web 服务器自身的漏洞或者管理配置错误发起攻击，获取 Web 服务器的管理权限，从而窃取网站信息（信息泄露/权限提升）。威胁攻击者可能通过篡改 Web 页面来丑化 Web 服务器（篡改）。威胁攻击者可能在从 Web 服务器到数据库访问组件或者从数据库访问组件到 Web 服务器途中监听或者篡改数据，从而造成网站信息的泄露或者破坏数据的完整性（信息泄露/篡改）。威胁攻击者可能通过字典攻击或者暴力破解等方式破坏 Web 服务器的身份验证，从而可以冒充合法用户（仿冒/信息泄露/权限提升）。

3. DF3 信息存储与提取

该数据流可能面临的威胁有：威胁攻击者可能会发送大量的 TCP/IP 数据包，使得数据库服务器无法响应合法用户的请求（拒绝服务）；威胁攻击者（内部人员或者取得数据库权限的攻击者）可能直接访问数据库，窃取或者篡改数据库中的数据（信息泄露/篡改）。

5.2.1.4 风险分析

参照 3.4.4.3 节 DREAD 风险评价模型。

在详细了解信息系统业务流程的前提下，利用威胁模型对关键资产面临的威胁进行识别和风险量化。该方法比随意应用安全特性对信息系统面临的威胁进行判定识别的方式更客观、更准确、更有效。

5.2.2 需求

情景式需求分析系统

在安全开发体系中，安全需求分析是一系列安全开发活动的起点，其重要性毋庸置疑。但在实际工作中，安全需求分析的展开比较困难，缘于安全需求分析比较复杂，对人员的安全知识要求比较高，安全需求分析的完备性和效率难以平衡。需求分析工具的使用是解决困难的重要方法。

情景式需求分析系统让普通开发人员通过对场景的描述来实现安全需求分析。系统实现逻辑为通过项目经理和开发人员的场景问答，采集系统基本信息、功能信息、业务信息，利用总结的成熟化威胁资源库，对系统进行安全需求分析，对关键流程进行详细安全分析，进行风险识别与安全控制措施分析，最后为用户生成标准安全需求文档，为开发人员提供安全开发指导。

情景式需求分析系统实现安全需求分析的自动化和智能化，是推动开发安全管理工作自动化、工具化的关键环节。

情景式需求分析系统实现安全需求的自动化管理，并以此为基础，实现安全设计和安全测试的自动化，为开发安全的前后一体化奠定基础。

平台技术架构如图 5-5 所示。

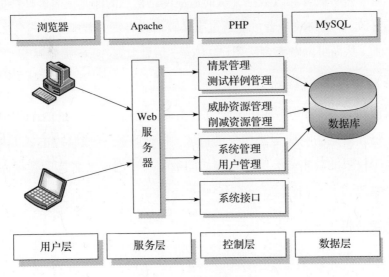

图 5-5　平台技术架构图

整个系统建立在庞大的威胁资源库衍生的安全需求集合的基础上，结合对现有系统的威胁模型的分析，实现情景式安全需求自动分析系统。

平台通过场景采集模块采集系统特征，包括基础信息（系统类型、服务对象、客户端类型、访问渠道）、网络场景（客户端与服务器端、与第三方对接、行内其他系统对接）、功能场景（登录、文件上传下载、短信等）、业务场景（注册、签约、转账等），利用自动化威胁分析规则，识别当前系统所面临的威胁，确定相关的威胁消减措施，输出系统安全需求文档。

1）安全需求包括身份认证、会话安全、访问控制、输入校验、数据安全、安全审计、系统容错、文件上传、文件下载/引用、图片验证码、短信、App 客户端、微信公众平台、通信安全、行内系统对接、行外系统对接、系统部署与运维及其他特殊安全需求。

2）对新技术、新业务进行专项安全需求分析，包括手势密码、二维码支付收单等。

3）对金融行业的典型业务场景进行安全需求分析，包括注册、签约绑定、密码找回、转账、缴费、外汇、查询、产品购买、客户维护信息修改、贷款申请、信用卡申请等。

整体的情景式需求分析平台不仅很好地支持了安全需求分析，还自动实现了针对安全需求的安全设计方案和安全测试方案，从安全需求的确认、实现、验证出发，实现对开发安全工作全周期、全方位的支持。

5.2.3 编码

在编码阶段，工具主要是缺陷发现工具，用来发现代码中的安全缺陷，协助开发人员发现缺陷，并解决缺陷。

5.2.3.1 源代码检测工具工作方式

源代码检测工具有两种工作方式：一种是独立运行，另外一种是嵌入集成开发环境（integrated development environment，IDE）中，与集成开发环境中其他工具协同工作。

两者相比，第一种方式一般功能更丰富，第二种方式使用起来更方便，在开发过程中随时启用，进行源代码检测。

Eclipse 平台是一款典型的 IDE 平台，提供插件接口，可以利用插件来扩展和丰富其功能，图 5-6 所示是 Eclipse 平台的插件结构图。

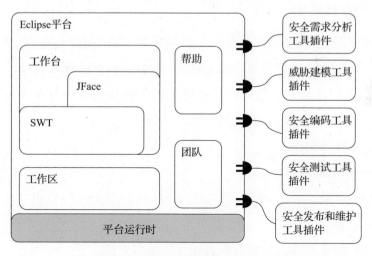

图 5-6　可扩展的安全软件开发环境的 Eclipse 插件结构示意图

本书后文将提到的源代码检测工具 Checkstyle、PMD 等，都支持主流的 Eclipse 等主流 IDE 平台。

5.2.3.2 源代码检测工具

1. C 语言代码扫描工具

Flawfinder 工具

工具名称：Flawfinder。

工具形态：软件。

是否开源：是。

工具作用：发现编码漏洞。

工具特点：是一种 Python 实现的静态代码检查工具，可以根据危险级别来报告代码中的安全性问题，方便立刻发现现有的和潜在性的编码漏洞。

工具详细介绍：Flawfinder 是一个分析 C 程序安全隐患的静态分析工具。和 Pscan 类似，该程序可以发现很多种类型的错误，除了 printf() 和标准的字符串函数，它还可以发现竞争条件和系统调用。Flawfinder 相比 Pscan，它返回的错误信息要丰富很多，并且也更加详细，而这对于程序员来说非常重要。Flawfinder 甚至可以对程序中的弱点进行分类，例如 buffer（弱点、格式弱点）、shell（弱点）等。

Flawfinder 是一个相当出色的 C 程序检查工具，速度快，界面友好，返回信息丰富，安装使用相对简单。该工具是检查不同规模的应用程序的首选，唯一不足的是它只能用于 C 程序的检查。

2. Java 软件代码分析工具

目前市场上的 Java 静态代码分析工具种类繁多且各有千秋，本书介绍了 4 种主流 Java 静态代码分析工具（CheckStyle，FindBugs，PMD，Jtest），并从功能、特性等方面对它们进行分析和比较，希望能够帮助 Java 软件开发人员了解静态代码分析工具，并选择合适的工具应用到软件开发中。

工具一：CheckStyle

工具名称：CheckStyle。

工具形态：软件。

是否开源：是。

工具作用：约束开发人员更好地遵循代码编写规范。

工具特点：支持常见 IDE 的插件，支持用户根据需求自定义代码检查规范。

工具详细介绍：CheckStyle 是 SourceForge 的开源项目，通过检查对代码编码格式、命名约定、Javadoc、类设计等方面进行代码规范和风格的检查，从而有效约束开发人员更好地遵循代码编写规范。

CheckStyle 提供了支持大多数常见 IDE 的插件，文本主要使用 Eclipse 中的 CheckStyle 插件。如图 5-7 所示，CheckStyle 对代码进行编码风格检查，并将检查结果显示在 Problems 视图中。图 5-7 中，代码编辑器中每个放大镜图标表示一个 CheckStyle 找到的代码缺陷。开发人员可通过在 Problems 视图中查看错误或警告详细信息。

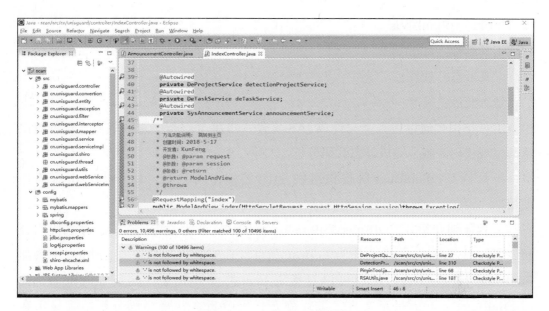

图 5-7 CheckStyle 编码检查

1）使用 CheckStyle 进行编码风格检查。

2）CheckStyle 支持用户根据需求自定义代码检查规范，在图 5-8 中的配置面板中，用户可以在已有检查规范如命名约定、Javadoc 类设计等方面的基础上添加或删除自定义检查规范。

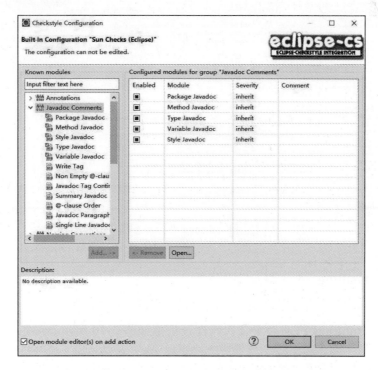

图 5-8 使用 CheckStyle 添加自定义代码检查规范

工具二：FindBugs

工具名称：FindBugs。

工具形态：软件。

是否开源：是。

工具作用：通过检查类文件或 JAR 文件，将字节码与一组缺陷模式进行对比从而发现代码缺陷，完成静态代码分析。

工具特点：FindBugs 既提供可视化 UI 界面，同时也可以作为 Eclipse 插件使用。

工具详细介绍：FindBugs 是由马里兰大学提供的一款开源 Java 静态代码分析工具。这里将 FindBugs 作为 Eclipse 插件。在安装成功后会在 Eclipse 中增加 FindBugs perspective，用户可以对指定 Java 类或 JAR 文件运行 FindBugs，此时 FindBugs 会遍历指定文件，进行静态代码分析，并将代码分析结果显示在 FindBugs perspective 的 bugs explorer 中，如图 5-9 所示。

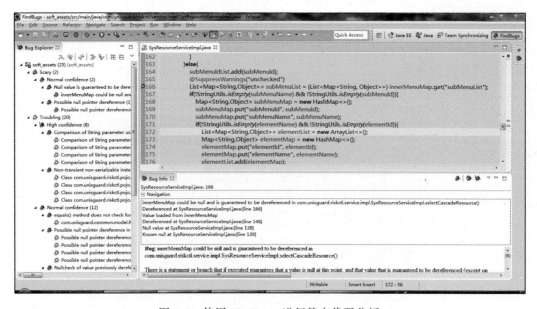

图 5-9　使用 FindBugs 进行静态代码分析

1）使用 FindBugs 进行静态代码分析。

此外，FindBugs 还为用户提供定制 Bug Pattern 的功能。

2）使用 FindBugs 添加自定义代码检查规范如图 5-10 所示。

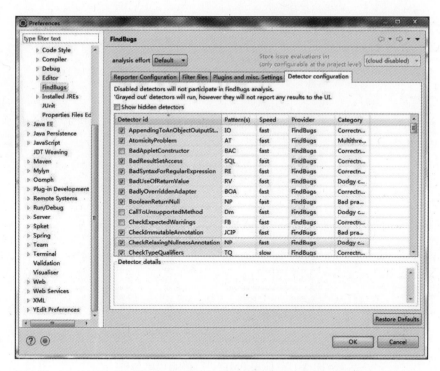

图 5-10 使用 FindBugs 添加自定义代码检查规范

工具三：PMD

工具名称：PMD。

工具形态：软件。

是否开源：是。

工具作用：PMD 通过其内置的编码规则对 Java 代码进行静态检查，主要包括对潜在的 Bug、未使用的代码、重复的代码、循环体创建新对象等问题的检验。

工具特点：PMD 提供了和多种 Java IDE 的集成，例如 Eclipse、IDEA、NetBean 等。

工具详细介绍：PMD 是由 DARPA 在 SourceForge 上发布的开源 Java 代码静态分析工具。PMD 以插件方式与 Eclipse 集成。如图 5-11 所示，在 Violations Overview 视图中，按照代码缺陷严重性集中显示了 PMD 静态代码分析的结果。

PMD 同样也支持开发人员对代码检查规范进行自定义配置。开发人员可以在图 5-12 所示的面板中添加、删除、导入、导出代码检查规范。

工具四：Jtest

工具名称：Jtest。

工具形态：软件。

是否开源：是。

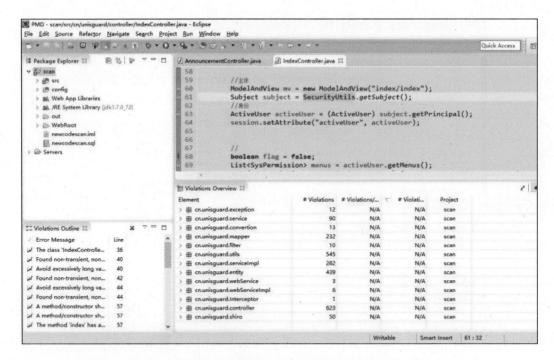

图 5-11　使用 PMD 进行静态代码分析

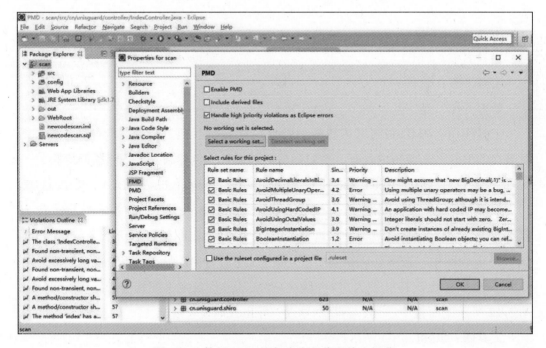

图 5-12　使用 PMD 添加自定义代码检查规范

工具作用：Jtest 的静态代码分析功能能够按照其内置的超过 800 条的 Java 编码规范自动检查并纠正这些隐蔽且难以修复的编码错误。同时，Jtest 还支持用户自定义编码规则，帮助用户预防一些特殊用法的错误。

工具特点：Jtest 提供了基于 Eclipse 的插件安装。Jtest 支持开发人员对 Java 代码进行编码规范检查，并在 Jtask 窗口中集中显示检查结果。

工具详细介绍：Jtest 是 Parasoft 公司推出的一款针对 Java 语言的自动化代码优化和测试工具，它通过自动化实现对 Java 应用程序的单元测试和编码规范校验，从而提高代码的可靠性以及 Java 软件开发团队的开发效率。

1）使用 Jtest 进行静态代码分析，如图 5-13 所示。

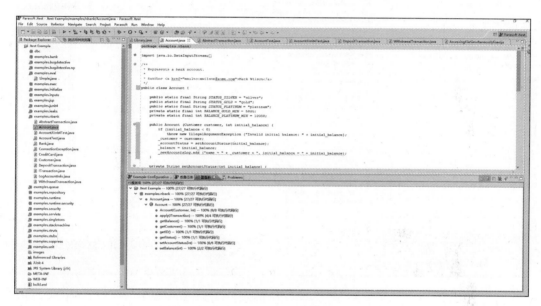

图 5-13　使用 Jtest 进行静态代码分析

此外，Jtest 还提供了对用户定制代码检查配置甚至自定义编码规则的支持，这一功能使得开发人员可以基于不同场景定制所需要的编码规范。

2）使用 Jtest 添加自定义代码检查规范，如图 5-14 所示。

以上 4 种 Java 静态分析工具各方面对比如下。

【应用技术及分析对象】

表 5-4 列出了不同工具的分析对象及应用技术对比。

表 5-4　不同工具的分析对象及应用技术对比

Java 静态分析工具	分析对象	应用技术
CheckStyle	Java 源文件	缺陷模式匹配
FindBugs	字节码	缺陷模式匹配；数据流分析
PMD	Java 源代码	缺陷模式匹配
Jtest	Java 源代码	缺陷模式匹配；数据流分析

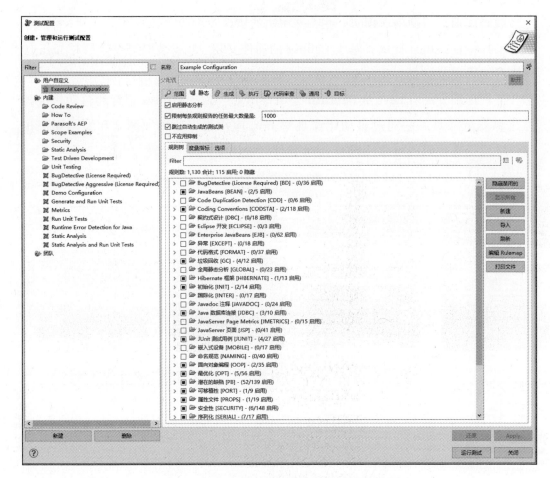

图 5-14 使用 Jtest 添加自定义代码检查规范

【内置编程规范】

CheckStyle：

- Javadoc 注释：检查类及方法的 Javadoc 注释。
- 命名约定：检查命名是否符合命名规范。
- 标题：检查文件是否以某些行开头。
- Import 语句：检查 Import 语句是否符合定义规范。
- 代码块大小：即检查类、方法等代码块的行数。
- 空白：检查空白符，如 Tab、回车符等。
- 修饰符：修饰符号的检查，如修饰符的定义顺序。
- 块：检查是否有空块或无效块。
- 代码问题：检查重复代码、条件判断、魔数等问题。
- 类设计：检查类的定义是否符合规范，如构造函数的定义等问题。

FindBugs：

- Bad practice 坏的实践：常见代码错误，用于静态代码检查时进行缺陷模式匹配。
- Correctness 可能导致错误的代码：如空指针引用等。
- 国际化相关问题：如错误的字符串转换。
- 可能受到的恶意攻击：如访问权限修饰符的定义等。
- 多线程的正确性：如多线程编程时常见的同步，那就是线程调度问题。
- 运行时性能问题：如由变量定义、方法调用导致的代码低效问题。

PMD：

- 可能的 Bug 检查潜在代码错误：如空 try/catch/finally/switch 语句。
- 未使用代码（Dead code）：检查未使用的变量、参数、方法。
- 复杂的表达式：检查不必要的 if 语句，可被 while 替代的 for 循环。
- 重复的代码：检查重复的代码。
- 循环体创建新对象：检查在循环体内实例化新对象。
- 资源关闭：检查 Connect，Result，Statement 等资源使用之后是否被关闭掉。

Jtest：

- 可能的错误：如内存破坏、内存泄露、指针错误、库错误、逻辑错误和算法错误等。
- 未使用代码：检查未使用的变量、参数、方法。
- 初始化错误：内存分配错误、变量初始化错误、变量定义冲突。
- 命名约定：检查命名是否符合命名规范。
- Javadoc 注释：检查类及方法的 Javadoc 注释。
- 线程和同步：检验多线程编程时常见的同步，线程调度问题。
- 国际化问题：不同环境语言与编码的支持问题。
- 垃圾回收：检查变量及 JDBC 资源是否存在内存泄露隐患。

以上 4 种工具中，其中 CheckStyle 更加偏重于代码编写格式检查，而 FindBugs，PMD 和 Jtest 着重于发现代码缺陷。

3. 多语言代码检测工具

工具一：HP Fortify SCA 扫描工具

工具名称：HP Fortify SCA 扫描工具。

工具形态：软件。

是否开源：否。

工具作用：主要是提供源代码级别的安全漏洞扫描，可以输出完整的漏洞报告。

工具特点：支持业界主流的编程语言，支持各种操作系统平台，也能够支持集成在主流的 IDE 中。

工具详细介绍：这是一款全球使用较为广泛的软件源代码安全扫描、分析和软件安全管理软件。

对于 Java 而言，只要有源代码即可完成扫描；对于 C++ 而言，就比较复杂一些，需要编译通过才允许对工程进行扫描（见图 5-15）。

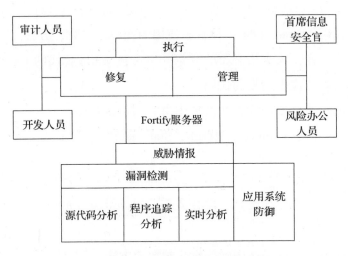

图 5-15　HP Fortify SCA 扫描工具

扫描的原理是先把源码编译为 Fortify 的中间语言代码，然后使用 SCA 分析引擎根据安全规则进行安全分析（见图 5-16）。

Fortify 规则库：https://www.fortify.com/vulncat/zh_CN/vulncat/index.html。

此外有些源代码检测工具会结合代码管理工具，有力支撑代码的安全管理。

工具二：黑鸦扫描工具

工具名称：黑鸦扫描工具。

工具形态：软件。

是否开源：否。

工具作用：是一款对源代码进行扫描、审计和代码管理的软件工具。

工具特点：提供对开源软件和第三方工具的扫描以评估开源风险，对开源软件进行系统的安全漏洞分析（应该是以 NVD 的数据为基础）。

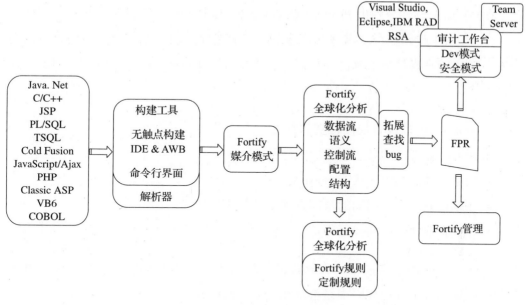

图 5-16　Fortify 扫描原理

工具详细介绍：BlackDuck 工具（见图 5-17）主要具有两方面的能力。

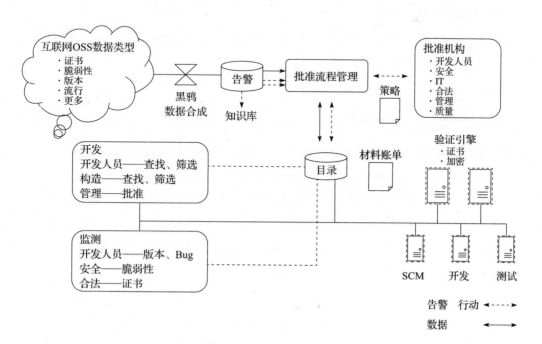

图 5-17　BlackDuck 工具

1）提供对开源软件和第三方工具的扫描以评估开源风险。

2）对开源软件进行系统的安全漏洞分析（应该是以 NVD 的数据为基础）。

BlackDuck 软件分别由 Protex、CodeCenter 和 Export 三个产品组成。

Protex 用于代码扫描、审计和管理，能够清楚地发现源代码中开源代码的使用情况，帮助用户清楚地了解已有代码中存在的风险（确认 License 合规性/知识产权风险）。

- Protex——软件合规性检查和管理。
- 帮助企业管理其日益复杂的软件及 License。
- 验证软件内容，确认 License 合规性。
- 在软件开发生命周期的早期发现软件合规性问题。
- 完成企业并购中的代码审计。

CodeCenter 用于帮助用户在软件开发生命周期中寻找和管理使用有效的开源代码，并能够提示开源代码中是否存在安全漏洞问题。

- CodeCenter——开源软件管理平台。
- 提高软件开发效率。
- 降低软件开发成本。
- 加强对优秀代码的重用能力，包括开源代码、有 License 约束的第三方代码等。
- 提供无缝协作的企业级框架。
- 提示开源软件的安全漏洞问题。
- 对软件代码的跟踪管理。

Export 能够帮助用户发现源代码中是否含有受到出口管制的加密算法。

- Export——加密算法的检查和管理。
- 检查嵌入在复杂软件中的加密算法代码。
- 提升软件产品对出口限制规定以及其他的政府限制规定的满足性。
- 工作流模式的高效处理流。

5.2.4 测试

经过设计阶段的威胁建模和开发阶段的安全编码找出并缓和了一系列威胁之后，需要在测试阶段进行安全测试以确认这些威胁是否得到了有效的缓和。安全测试工具从前面阶段更新的文档中提取相应的威胁信息、攻击路径信息，根据这些信息建立相应的测试场景，生成相应的测试数据。例如，一个缓冲区溢出威胁被缓和后，需要在安全测试中生成多组变异的攻击数据，并使用这些数据来测试软件是否能够有效地防范缓冲区溢出攻击，从而确定威胁是否得到了有效的缓解。使用安全测试工具确定某个威胁得到有效缓和后，在文档中进行相应的更新，记录测试的结果，生成测试阶段的文档。

5.2.4.1 Web 漏洞检测工具

1. 网络漏洞扫描器：Acunetix

Acunetix 是一款自动漏洞扫描器，通过抓取和扫描网站与 Web 应用的 SQL 注入、XSS、XXE、SSRF，主机头攻击以及其他 500 多个 Web 漏洞和更新。

2. 漏洞监测工具：Metasploit

Metasploit 项目是一个渗透测试以及攻击框架。Metasploit 本质上是一个为用户提供已知安全漏洞主要信息的计算机安全项目（框架），并且 Metasploit 帮助指定渗透测试和 IDS 监测计划、战略以及利用计划。

3. 网络漏洞扫描器：OWASPZed

Zed 的代理攻击（ZAP）是现在最流行的 OWASP 项目之一。ZAP 提供自动扫描以及很多允许进行专业发现网络安全漏洞的工具。

4. 手动分析包工具：Wireshark

Wireshark 被成千上万的安全研究者用于排查、分析网络问题和网络入侵。Wireshark 是个抓包工具，或者更确切地说，它是一个有效分析数据包的开源平台。Wireshark 可以在 Windows、Linux 和 OSX 跨平台使用。

5. 网络漏洞扫描器：Burp Suite

Burp Suite 中有两个常用的应用：一个叫"Burp Suite Spider"，它可以通过监测 Cookie、初始化这些 Web 应用的连接列举并绘制出一个网站的各个页面及其参数；另一个叫"Intruder"，它可以自动执行 Web 应用攻击。

6. 密码破解：THC Hydra

THC Hydra 是一个快速稳定的网络登录攻击工具。它使用字典攻击和暴力攻击，尝试大量的密码和登录组合来登录页面。攻击工具支持一系列协议，包括邮件（POP3、IMAP 等）、数据库、LDAP、SMB、VNC 和 SSH。

7. 密码破解：Aircrack-ng

Aircrack-ng 是一个 802.11 WEP 和 WPA-PSK 密钥破解攻击工具，并且可以在捕捉到足够多的数据包时恢复密钥。

5.2.4.2 App 检测工具

App 检测工具是以手机 App 应用安装包为检测对象的工具软件，主要检测安卓系统的 App 应用和苹果系统的 App 应用。

App 检测工具主要检测 App 应用的安全漏洞，包括检测代码是否被合适地保护，代码是否使用不安全的方法函数，代码中是否包括漏洞等内容。

配备 App 检测工具，安全管理人员或者程序员可以在 App 应用发布前，对 App 应用进行安全检测，发现 App 应用的隐患，减少 App 应用上线后的风险。

5.2.5 部署

基于开发全生命周期安全管理与实践，在系统设计部署中将用到下述基线检查和漏洞扫描工具。

5.2.5.1 基线检查工具

1. 远程检查

基线检查通常描述为漏洞扫描技术，主要是用来评估信息系统的安全性能，是信息安全防御中的一项重要技术，其原理是采用不提供授权的情况下模拟攻击的形式对目标可能存在的已知安全漏洞进行逐项检查，目标可以是终端设备、主机、网络设备，甚至数据库等应用系统。系统管理员可以根据扫描结果提供安全性分析报告，为提高信息安全整体水平产生重要依据，如图 5-18 所示。

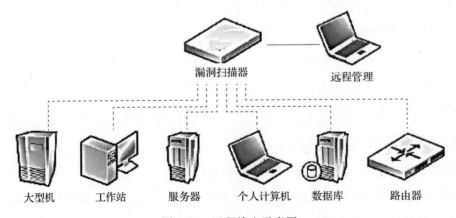

图 5-18 远程检查示意图

在远程评估技术方面，可采用远程安全评估系统，采用漏洞识别技术，主动对网络中的资产进行漏洞检测和分析。

2. 本地检查

本地检查是基于目标系统的管理员权限，通过 Telnet/SSH/SNMP、远程命令获取等方式获取目标系统有关安全配置和状态信息；然后根据这些信息在检查工具本地与预先制定好的检查要求进行比较，分析符合的情况；最后根据分析情况汇总出合规性检查结果（见图 5-19）。

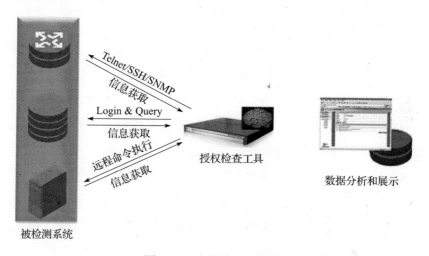

图 5-19 本地检查示意图

配置核查是本地检查较常见的一项内容。配置检查工具主要是针对 Windows、Linux、Solaris 等操作系统，以及华为、Cisco、Juniper 等路由器和 Oracle 数据库进行安全检查。检查项主要包括账号、口令、授权、日志、IP 协议等相关的安全特性。

5.2.5.2 漏洞扫描工具

1. 功能

1）定期的网络安全自我检测、评估。

2）安装新软件、启动新服务后的检查。由于漏洞和安全隐患的形式多种多样，安装新软件和启动新服务有可能使原来隐藏的漏洞暴露出来，因此进行这些操作之后应该重新扫描系统，才能使安全得到保障。

3）网络建设和网络改造前后的安全规划评估和成效检验。网络建设者必须建立整体安全规划，以统领全局、高屋建瓴。在可以容忍的风险级别和可以接受的成本之间取得恰当的平衡，在多种多样的安全产品和技术之间做出取舍。配备网络漏洞扫描/网络评估系统可以让用户很方便地进行安全规划评估和成效检验。

4）网络承担重要任务前的安全性测试。网络承担重要任务前应该多采取主动防止出现事故的安全措施，从技术上和管理上加强对网络安全和信息安全的重视，形成立体防护，由被动修补变成主动防范，最终把出现事故的概率降到最低。配备网络漏洞扫描/网络评估系统可以让用户很方便地进行安全性测试。

5）网络安全事故后的分析调查。网络安全事故后可以通过网络漏洞扫描/网络评估系统分析确定网络被攻击的漏洞所在，帮助弥补漏洞，尽可能多地提供资料以方便调查攻击的来源。

6）重大网络安全事件前的准备。重大网络安全事件前，网络漏洞扫描/网络评估系统能够帮助用户及时找出网络中存在的隐患和漏洞，帮助用户及时弥补漏洞。

7）公安、保密部门组织的安全性检查。互联网的安全主要分为网络运行安全和信息安全两部分。网络运行的安全主要包括以 ChinaNet、ChinaGBN、CNCnet 等十大计算机信息系统的运行安全和其他专网的运行安全；信息安全包括接入互联网的计算机、服务器、工作站等用来进行采集、加工、存储、传输、检索处理的人机系统的安全。网络漏洞扫描/网络评估系统能够积极地配合公安、保密部门的安全性检查。

2. 分类

依据扫描执行方式不同，漏洞扫描产品主要分为两类。

1）针对 Web 应用的扫描器。

此部分在测试环节已经介绍过，在此不再赘述。

2）针对主机、网络设备的扫描工具。

3. 技术

1）主机扫描：确定在目标网络上的主机是否在线。

2）端口扫描：发现远程主机开放的端口以及服务。

3）OS 识别技术：根据信息和协议栈判别操作系统。

4）漏洞检测数据采集技术：按照网络、系统、数据库进行扫描。

5）智能端口识别、多重服务检测、安全优化扫描、系统渗透扫描。

6）多种数据库自动化检查技术，数据库实例发现技术。

7）多种 DBMS 的密码生成技术：提供口令爆破库，实现快速的弱口令检测。

4. 工具介绍

漏洞扫描的工具很多，比较类似，有很多商用化工具，这里介绍开源漏洞扫描工具 Nmap。

端口扫描器：Nmap

工具名称：Nmap。

工具形态：软件。

是否开源：开源。

Nmap 是"Network Mapper"的缩写，被用于发现网络和安全审计。据统计，全世界成千上万的系统管理员使用 Nmap 发现网络、检查开放端口、管理服务升级计划，以及监视主机或服务的正常运行时间。

Nmap 基本功能有三个：一是探测一组主机是否在线；二是扫描主机端口，嗅探所提供的网络服务，发现服务的应用名称和版本，服务的类型，什么版本的包过滤防火墙正在被目标使用等；三是可以推断主机所用的操作系统。

Nmap 可用于扫描仅有两个节点的 LAN，直至 500 个节点以上的网络。Nmap 还允许用户定制扫描技巧。通常，一个简单的使用 ICMP 协议的 ping 操作可以满足一般需求；也可以深入探测 UDP 或者 TCP 端口，直至主机所使用的操作系统；还可以将所有探测结果记录到各种格式的日志中，供进一步分析操作。

5.2.6 运维

5.2.6.1 安全运营维护管理平台

安全运营维护管理平台特指以资产为核心，以安全事件管理为关键流程，采用安全域划分的思想，建立一套实时的资产风险模型，协助管理员进行事件及风险分析、预警管理、应急响应的集中安全管理系统。安全运维管理平台可以规范信息安全管理，提高信息安全管理水平，是集"监、管、控"功能于一体的系统。

安全运维管理平台的主要功能有以下几个。

1. 安全事件采集

系统能够采集全网中各类网络设备、安全设备、主机、数据库、应用系统等的日志、报警和事件，并对这些信息进行范式化、过滤、归并，形成统一的事件格式，包括统一事件严重等级、统一事件类型和名称等，使得管理员能够在系统的管理控制台上方便地浏览所有安全事件，并确保信息的一致性。

除了采集各类安全事件，系统还能够采集形如 NetFlow 的流量日志。

2. 网络运行监控

系统能够对全网的各类网络设备、安全设备、主机、数据库、应用系统等实施细粒度的运行监控，及时发现网络中的可用性故障，并进行故障定位和告警响应，确保重要业务信息系统的可用性和业务连续性。

系统能够形象地展示出用户的网络拓扑，并动态展示拓扑节点的运行状态，还能够根据用户管理的组织和部门结构在地图上展示出设备或者设备组的地理位置。

3. 脆弱性管理

系统支持将各类第三方漏洞扫描、应用扫描和人工评估的漏洞信息整合到一起，形成基于资产和业务的漏洞信息库，并计算资产和业务的脆弱性。系统能够对新发现的漏洞信息进行预警通告。

4. 安全预警与风险管理

系统可以遵循 GB/T 20984—2007《信息安全技术 信息安全风险评估规范》的推荐要求对用户业务信息系统进行风险评估与分析，结合资产及业务的价值、脆弱性和威胁信息，计算资产或业务的风险等级，并进行预警和展示。系统还能对重要的威胁事件、漏洞信息进行预警和展示。

5. 响应管理

系统具备完善的响应管理功能，能够根据用户设定的各种触发条件，通过多种方式（如邮件、短信、声音、SNMP Trap 等）通知用户，并触发可以自定义的响应处理流程，直至跟踪到问题处理完毕，从而实现安全事件的闭环管理。

6. 知识管理

系统具有国内最完善的安全管理知识库系统，内容涵盖安全事件库、安全策略库、安全公告库、预警信息库、漏洞库、关联规则库、处理预案库、工作流程库、案例库、报表库等，并提供定期或者不定期的知识库升级服务。

7. 信息展示

系统为客户提供了多样化的信息展示方式，包括整合网络的可视化视图、具体应用服务的运行细粒度视图、基于规则的安全事件交叉视图、基于资产及安全域的风险视图等。

8. 报表报告

系统具备实时和调度报表功能，能够根据各种统计条件实时动态地产生丰富的统计报表，也可以根据客户自定义的调度计划定期自动生成报表报告。系统支持客户自定义报表功能，能够生成各类客户化的报表报告。

5.2.6.2 常用工具

基于开发全生命周期安全管理与实践，在系统运维中将用到下述基线检测方法和工具。

1. Web 应用防火墙

Web 应用防火墙（Web application firewall，WAF）是通过执行一系列针对 HTTP/HTTPS 的安全策略来专门为 Web 应用提供保护的一款产品。

WAF 的主要功能是漏洞攻击防护，拦截常见的 Web 漏洞攻击，例如 SQL 注入、XSS 跨站、获取敏感信息、利用开源组件漏洞的攻击等常见的攻击行为。

防火墙借由检测所有的封包并找出不符合规则的内容，可以防范电脑蠕虫或是木马程序的快速蔓延。不过就实现而言，这个方法繁杂（软件有成千上万种），所以大部分的防火墙都不会考虑以这种方法设计。

2. 数据库防火墙

数据库防火墙是一款基于数据库协议分析与控制技术的数据库安全防护系统，基于主动防御机制，实现数据库的访问行为控制、危险操作阻断、可疑行为审计。

数据库防火墙通过 SQL 协议分析，根据预定义的禁止和许可策略，让合法的 SQL 操作通过，阻断非法违规操作，形成数据库的外围防御圈，实现 SQL 危险操作的主动预防、实时审计。

数据库防火墙面对来自外部的入侵行为，提供 SQL 注入禁止和数据库虚拟补丁包功能。

3. 入侵检测系统（IDS）

入侵检测（intrusion detection），顾名思义就是对入侵行为的发觉。它通过对计算机网络或计算机系统中的若干关键点收集信息并对其进行分析，从中发现网络或系统中是否有违反安全策略的行为和被攻击的迹象。

入侵检测（intrusion detection）是对入侵行为的检测。它通过收集和分析网络行为、安全日志、审计数据、其他网络上可以获得的信息以及计算机系统中若干关键点的信息，检查网络或系统中是否存在违反安全策略的行为和被攻击的迹象。入侵检测作为一种积极主动的安全防护技术，提供了对内部攻击、外部攻击和误操作的实时保护，在网络系统受到危害之前拦截和响应入侵，因此被认为是防火墙之后的第二道安全闸门，在不影响网络性能的情况下能对网络进行监测。入侵检测通过执行以下任务来实现：监视、分析用户及系统活动；系统构造和弱点的审计；识别反映已知进攻的活动模式并向相关人士报警；异常行为模式的统计分析；评估重要系统和数据文件的完整性；操作系统的审计跟踪管理，并识别用户违反安全策略的行为。

入侵检测是防火墙的合理补充，帮助系统对付网络攻击，扩展了系统管理员的安全管理能力（包括安全审计、监视、进攻识别和响应），提高了信息安全基础结构的完整性。

一个成功的入侵检测系统不但可使系统管理员时刻了解网络系统（包括程序、文件和硬件设备等）的任何变更，还能给网络安全策略的制定提供指南。更为重要的一点是，它应该管理、配置简单，从而使非专业人员非常容易地获得网络安全。而且，入侵检测的规模还应根据网络威胁、系统构造和安全需求的改变而改变。入侵检测系统在发现入侵后，会及时做出响应，包括切断网络连接、记录事件和报警等。

入侵检测系统所采用的技术可分为特征检测与异常检测两种。

（1）特征检测。特征检测（signature-based detection）又称为 Misuse detection，这一检测假设入侵者活动可以用一种模式来表示，系统的目标是检测主体活动是否符合这些模式。它可以将已有的入侵方法检查出来，但对新的入侵方法无能为力。其难点在于如何设计模式既能够表达"入侵"现象，又不会将正常的活动包含进来。

（2）异常检测。异常检测（anomaly detection）的假设是入侵者活动异常于正常主体的活动。根据这一理念建立主体正常活动的"活动简档"，将当前主体的活动状况与"活动简档"相比较，当违反其统计规律时，认为该活动可能是"入侵"行为。异常检测的难点在于如何建立"活动简档"以及如何设计统计算法，从而不把正常的操作作为"入侵"或忽略真正的"入侵"行为。

4. 入侵防御系统（IPS）

入侵防御系统属于网络交换机的一个子项目，是具有过滤攻击功能的特种交换机，一般布于防火墙和外来网络的设备之间，依靠对数据包的检测进行防御（检查入网的数据包，确定数据包的真正用途，然后决定是否允许其进入内网）。

5. 拒绝服务攻击防御系统

拒绝服务攻击即攻击者想办法让目标机器停止提供服务，是黑客常用的攻击手段之一。其实对网络带宽进行的消耗性攻击只是拒绝服务攻击的一小部分，只要能够对目标造成麻烦，使某些服务被暂停甚至主机死机，就都属于拒绝服务攻击。拒绝服务攻击问题也一直得不到合理的解决，究其原因，是因为网络协议本身的安全缺陷，从而使拒绝服务攻击也成为攻击者的终极手法。攻击者进行拒绝服务攻击，实际上让服务器实现两种效果：一是迫使服务器的缓冲区满，不接收新的请求；二是使用 IP 欺骗，迫使服务器把非法用户的连接复位，影响合法用户的连接。

典型的分布式拒绝服务攻击网络结构如图 5-20 所示。

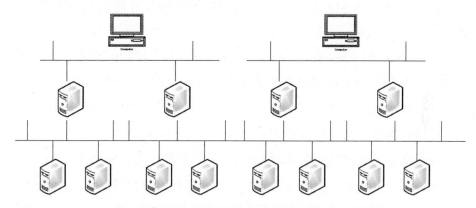

图 5-20　典型的分布式拒绝服务攻击网络结构示意图

（1）分布式拒绝服务攻击的主要方式。

1）SYN Flood。SYN Flood 是当前最流行的 DoS（拒绝服务攻击）与 DDoS（distributed denial of service，分布式拒绝服务攻击）的方式之一，这是一种利用 TCP 协议缺陷，发送大量伪造的 TCP 连接请求，使被攻击方资源耗尽（CPU 满负荷或内存不足）的攻击方式。

SYN Flood 攻击的过程在 TCP 协议中被称为三次握手（three-way handshake），而 SYN Flood 拒绝服务攻击就是通过三次握手而实现的。

2）IP 欺骗性攻击。这种攻击利用 RST 位来实现。假设有一个合法用户（61.61.61.61）已经同服务器建立了正常的连接，攻击者构造攻击的 TCP 数据，伪装自己的 IP 为 61.61.61.61，并向服务器发送一个带有 RST 位的 TCP 数据段。服务器接收到这样的数据后，认为从 61.61.61.61 发送的连接有错误，就会清空缓冲区中建立好的连接。这时，如果合法用户 61.61.61.61 再发送合法数据，服务器就已经没有这样的连接了，该用户就必须重新开始建立连接。攻击时，攻击者会伪造大量的 IP 地址，向目标发送 RST 数据，使服务器不对合法用户服务，从而实现了对受害服务器的拒绝服务攻击。

3）UDP 洪水攻击。攻击者利用简单的 TCP/IP 服务，如 Chargen 和 Echo 来传送毫无用处的占满带宽的数据。通过伪造与某一主机的 Chargen 服务之间的一次的 UDP 连接，回复地址指向开着 Echo 服务的一台主机，这样就生成在两台主机之间存在很多的无用数据流，这些无用数据流就会导致带宽的服务攻击。

4）Ping 洪流攻击。由于在早期，路由器对包的最大尺寸有限制，许多操作系统对 TCP/IP 栈的实现在 ICMP 包上都是规定 64 KB，并且在对包的标题头进行读取之后，要根据该标题头里包含的信息来为有效载荷生成缓冲区。当产生畸形的，声称自己的尺寸超过 ICMP 上限的包，也就是加载的尺寸超过 64 KB 的上限时，就会出现内存分配错误，导致 TCP/IP 堆栈崩溃，致使接收方死机。

5）Teardrop 攻击。Teardrop（泪滴）攻击是利用在 TCP/IP 堆栈中实现信任 IP 碎片中的包的标题头所包含的信息来实现自己的攻击。IP 分段含有指明该分段所包含的是原包的哪一段的信息，某些 TCP/IP（包括 service pack 4 以前的 NT）在收到含有重叠偏移的伪造分段时将崩溃。

6）Land 攻击。Land 攻击的原理是：用一个特别打造的 SYN 包，它的源地址和目标地址都被设置成某一个服务器地址。此举将导致接收服务器向它自己的地址发送 SYN-ACK 消息，结果这个地址又发回 ACK 消息并创建一个空连接。被攻击的服务器每接收一个这样的连接都将保留，直到超时。不同的系统对 Land 攻击的反应不同，如许多 Unix 实现将崩溃，NT 变得极其缓慢（大约持续 5 分钟）。

7）Smurf 攻击。一个简单的 Smurf 攻击原理就是：通过使用将回复地址设置成受害网络的广播地址的 ICMP 应答请求（ping）数据包来淹没受害主机的方式进行，最终导致该网络的所有主机都对此 ICMP 应答请求做出答复，导致网络阻塞。它比 ping of death 洪水的流量高出 1 个或 2 个数量级。更加复杂的 Smurf 将源地址改为第三方的受害者，最终导致第三方崩溃。

8）Fraggle 攻击。Fraggle 攻击的原理：Fraggle 攻击实际上就是对 Smurf 攻击做了简单的修改，使用的是 UDP 应答消息，而非 ICMP。

（2）拒绝服务攻击的属性分类。

J. Mirkovic 和 P. Reiher [Mirkovic04] 提出了拒绝服务攻击的属性分类法，即将攻击属性分为攻击静态属性、攻击动态属性和攻击交互属性三类，根据 DoS 攻击的这些属性的不同，就可以对攻击进行详细的分类。凡是在攻击开始前就已经确定，在一次连续的攻击中通常不会再发生改变的属性，称为攻击静态属性。攻击静态属性是由攻击者和攻击本身所确定的，是攻击基本的属性。那些在攻击过程中可以进行动态改变的属性，如攻击的目标选取、时间选择、使用源地址的方式，称为攻击动态属性。而那些不仅与攻击者相关，还与具体受害者的配置、检测与服务能力有关系的属性，称为攻击交互属性。这里仅详细介绍前两类。

1）攻击静态属性。攻击静态属性主要包括攻击控制方式、攻击通信方式、攻击原理、攻击协议层和攻击协议等。

① 攻击控制方式。攻击控制方式直接关系到攻击源的隐蔽程度。根据攻击者控制攻击机的方式可以分为三个等级：直接控制方式（direct）、间接控制方式（indirect）和自动控制方式（auto）。

最早的拒绝服务攻击通常是手工直接进行的，即对目标的确定、攻击的发起和中止都是由用户直接在攻击主机上进行手工操作的。这种攻击追踪起来相对容易，如果能对攻击包进行准确的追踪，通常就能找到攻击者所在的位置。由于直接控制方式存在的缺点和攻击者想要控制大量攻击机发起更大规模攻击的需求，攻击者开始构建多层结构的攻击网络。多层结构的攻击网络给针对这种攻击的追踪带来很大困难，受害者在追踪到攻击机之后，还需要从攻击机出发继续追踪控制器。如果攻击者到最后一层控制器之间存在多重跳板时，则还需要进行多次追踪才能最终找到攻击者。这种追踪不仅需要人工进行操作，耗费时间长，而且对技术也有很高的要求。这种攻击控制方式是目前最常用的一种攻击控制方式。自动控制方式，是在释放的蠕虫或攻击程序中预先设定了攻击模式，使其在特定时刻对指定目标发起攻击。这种方式的攻击往往难以对攻击者进行追踪，但是这种控制方式的攻击对技术要求也很高。Mydoom 蠕虫对 SCO 网站和 Microsoft 网站的攻击就属于第三种类型 [TA04-028A]。

② 攻击通信方式。在间接控制的攻击中，控制者和攻击机之间可以使用多种通信方式，它们之间使用的通信方式也是影响追踪难度的重要因素之一。攻击通信方式可以分为三种方式，分别是双向通信方式（bi）、单向通信方式（mono）和间接通信方式（indirection）。

双向通信方式是指根据攻击端接收到的控制数据包中包含了控制者的真实 IP 地址，例如当控制器使用 TCP 与攻击机连接时，该通信方式就是双向通信。这种通信方式，可以很容易地从攻击机查找到其上一级的控制器。

单向通信方式指的是攻击者向攻击机发送指令时的数据包并不包含发送者的真实地址信息，例如用伪造 IP 地址的 UDP 包向攻击机发送指令。这一类的攻击很难从攻击机查找到控制器，只有通过包标记等 IP 追踪手段，才有可能查找到给攻击机发送指令的机器的真实地址。但是，这种通信方式在控制上存在若干局限性，例如控制者难以得到攻击机的信息反馈和状态。

间接通信方式是一种通过第三者进行交换的双向通信方式。这种通信方式具有隐蔽性强、难以追踪、难以监控和过滤等特点，对攻击机的审计和追踪往往只能追溯到某个被用于通信中介的公用服务器上就难以再继续进行了。这种通信方式已发现的主要是通过 IRC（internet relay chat）进行通信 [Jose Nazario]，从 2000 年 8 月出现的名为 Trinity 的 DDoS 攻击工具开始，已经有多种 DDoS 攻击工具及蠕虫采纳了这种通信方式。在基于 IRC 的傀儡网络中，若干攻击者连接到互联网上的某个 IRC 服务器上，并通过服务器的聊天程序向傀儡主机发送指令。

③攻击原理。DoS 攻击原理主要分为两种，分别是语义攻击（semantic）和暴力攻击（brute）。

语义攻击指的是利用目标系统实现时的缺陷和漏洞，对目标主机进行的拒绝服务攻击，这种攻击往往不需要攻击者具有很高的攻击带宽，有时只需要发送 1 个数据包就可以达到攻击目的，对这种攻击的防范只需要修补系统中存在的缺陷即可。暴力攻击指的是不需要目标系统存在漏洞或缺陷，而是仅仅靠发送超过目标系统服务能力的服务请求数量来达到攻击的目的，也就是通常所说的风暴攻击。所以，防御这类攻击必须借助受害者上游路由器等的帮助，对攻击数据进行过滤或分流。某些攻击方式，兼具语义和暴力两种攻击的特征，比如 SYN 风暴攻击，虽然利用了 TCP 协议本身的缺陷，但仍然需要攻击者发送大量的攻击请求。用户要防御这种攻击，不仅需要对系统本身进行增强，而且也需要加强资源的服务能力。还有一些攻击方式，是利用系统设计缺陷，产生比攻击者带宽更高的通信数据来进行暴力攻击的，如 DNS 请求攻击和 Smurf 攻击。这些攻击方式在对协议和系统进行改进后可以消除或减轻危害，所以可把它们归于语义攻击的范畴里。

④攻击协议层。攻击所在的 TCP/IP 协议层可以分为 4 类：数据链路层、IP 层、传输层和应用层。

数据链路层的拒绝服务攻击 [Convery][Fischbach01][Fischbach02] 受协议本身限制，只能发生在局域网内部，这种类型的攻击比较少见。针对 IP 层的攻击主要是针对目标系统处理 IP 包时所出现的漏洞进行的，如 IP 碎片攻击 [Anderson01]。针对传输层的攻击在实际中出现较多，SYN 风暴、ACK 风暴等都是这类攻击。面向应用层的攻击也较多，剧毒包攻击中很多利用应用程序漏洞的（例如缓冲区溢出的攻击）都属于此类型。

⑤攻击协议。攻击所涉及的最高层的具体协议，如 SMTP、ICMP、UDP、HTTP 等。攻击所涉及的协议层越高，受害者对攻击包进行分析所需消耗的计算资源就越大。

2）攻击动态属性。攻击动态属性主要包括攻击源地址类型、攻击包数据生成模式和攻击目标类型。

①攻击源地址类型。攻击者在攻击包中使用的源地址类型可以分为三种：真实地址（true）、伪造合法地址（forge legal）和伪造非法地址（forge illegal）。

攻击时攻击者既可以使用合法的 IP 地址，也可以使用伪造的 IP 地址。伪造的 IP 地址可以使攻击者更容易逃避追踪，同时增大受害者对攻击包进行鉴别、过滤的难度，但某些类型的攻击必须使用真实的 IP 地址，例如连接耗尽攻击。使用真实 IP 地址的攻击方式由于易被追踪和防御等，近些年来使用比例逐渐下降。使用伪造 IP 地址的攻击又分为两种情况：一种是使用网络中已存在的 IP 地址，这种伪造方式也是反射攻击所必需的源地址类型；另外一种是使用网络中尚未分配或者是保留的 IP 地址（例如 192.168.0.0/16、172.16.0.0/12 等内部网络保留地址 [RFC1918]）。

②攻击包数据生成模式。攻击包中包含的数据信息模式主要有 5 种：不需要生成数据（none）、统一生成模式（unique）、随机生成模式（random）、字典模式（dictionary）和生成函数模式（function）。

在攻击者实施风暴式拒绝服务攻击时，攻击者需要发送大量的数据包到目标主机，这些数据包所包含的数据信息载荷可以有多种生成模式，不同的生成模式对受害者在攻击包的检测和过滤能力方面有很大的影响。某些攻击包不需要包含载荷或者只需包含适当的固定的载荷，例如 SYN 风暴攻击和 ACK 风暴攻击，这两种攻击发送的数据包中的载荷都是空的，所以这种攻击是无法通过载荷进行分析的。但是对于另外一些类型的攻击包，就需要携带相应的载荷。

攻击包载荷的生成方式可以分为 4 种：第 1 种是发送带有相同载荷的包，这样的包由于带有明显的特征，很容易被检测出来。第 2 种是发送带有随机生成的载荷的包，这种随机生成的载荷虽然难以用模式识别的方式来检测，但是随机生成的载荷在某些应用中可能生成大量没有实际意义的包，这些没有意义的包也很容易被过滤掉，然而攻击者仍然可以精心设计载荷的随机生成方式，使得受害者只有解析到应用层协议才能识别出攻击数据包，从而增加过滤的困难。第 3 种方式是攻击者从若干有意义载荷的集合中按照某种规则每次取出一个填充到攻击包中，这种方式当集合的规模较小时，也比较容易被检测出来。第 4 种方式是按照某种规则每次生成不同的载荷，这种方式依生成函数的不同，其检测的难度也是不同的。

③攻击目标类型。攻击目标类型可以分为以下 6 类：应用程序（application）、系统（system）、网络关键资源（critical）、网络（network）、网络基础设施（infrastructure）和互联网（internet）。

针对特定应用程序的攻击是较为常见的攻击方式，其中以剧毒包攻击居多，它包括针对特定程序的，利用应用程序漏洞进行的拒绝服务攻击，以及针对一类应用的，使用连接耗尽方式进行的拒绝服务攻击。针对系统的攻击也很常见，像 SYN 风暴、UDP 风暴 [CA-1996-01]，以及可以导致系统崩溃、重启的剧毒包攻击，都可以导致整个系统难以提供服务。针对网络关键资源的攻击包括对特定 DNS、路由器的攻击。而面向网络的攻击指的是将整个局域网的所有主机作为目标进行的攻击。针对网络基础设施的攻击需要攻击者拥有相当的资源和技术，攻击目标是根域名服务器、主干网核心路由器、大型证书服务器等网络基础设施，这种攻击发生的次数虽然不多，但一旦攻击成功，造成的损失是难以估量的。针对互联网的攻击是指通过蠕虫、病毒发起的，在整个互联网上蔓延并导致大量主机、网络拒绝服务的攻击，这种攻击造成的损失尤为严重。

第 6 章

开发安全的发展趋势

近年来,银行业开发发生了很多深刻的变化,一些技术的引入和开发方式的变化改变着开发的形态。敏捷开发出现很多年,但银行业还是在手机银行时代,在 App 开发过程中才真正全面采用敏捷开发这种形式。云计算、DevOps、威胁情报等新技术进入银行业也是最近几年的事,但对银行业开发的影响也很深远,开发安全与开发的深度结合性意味着,开发安全也需要随之调整。

6.1　面向敏捷开发的开发安全管理

6.1.1　敏捷开发介绍

6.1.1.1　敏捷开发概述

敏捷开发是一种以人为核心进行迭代、循序渐进的开发方法。在敏捷开发中,软件项目的构建被切分成多个子项目,各个子项目的成果都经过测试,具备集成和可运行的特征。换言之,就是把一个大项目分为多个相互联系,但也可独立运行的小项目,并分别完成。在此过程中,软件一直处于可使用状态。

6.1.1.2　敏捷开发的路线

敏捷开发的工作方式并不是一成不变的,不同公司和团队可能有不同的工作方式。下面介绍的是一种比较完整的敏捷开发形式(见图 6-1)。

1. 测试驱动开发

它是敏捷开发中最重要的部分。实现任何一个功能都是从测试开始,首先对业务需求进行分析,分解为一个一个的 Story,记录在 Story Card 上。然后两个团队成员同时坐在电脑前面,一个人依照 Story,从业务需求的角度来编写测试代码,另一个人则是观察员角色,观察同伴的工作并且进行思考,如果有不同的意见就会提出来进行讨论,直到达成共识,这样写出来的测试代码就真实反映了业务功能需求。接着由另一个人控制键盘,编写该测试代码的实现代码。如果没有测试代码,就不能编写功能的实现代码。先写测试代码,能够让开发人员明确目标,就可通过测试。

图 6-1　敏捷开发的路线图

2. 持续集成

在以往的软件开发过程中,集成是一件很痛苦的事情,通常很长时间才会做一次集成。这种工作方式会引发很多问题,等到 build 未通过或者单元测试失败时,发现问题并修改就会困难很多。敏捷开发中提倡持续集成,一天之内集成十几次甚至几十次,如此频繁地集成能尽量减少冲突,更重要的益处在于集成频繁,每一次集成的改变也很少,即使集成失败也容易定位错误。一次集成要做的事情并不少,至少包括获得所有源代码、编译源代码、运行所有测试,还包括单元测试、功能测试等;确认编译和测试是否通过,最后发送报告。当然也会做一些其他的任务,比如说代码分析、测试覆盖率分析等。

3. 重构

有很多的书都介绍重构,最著名的是 Martin 的《重构》、Joshua 的《从重构到模式》等。重构是在不改变系统外部行为的前提下,对内部结构进行整理优化,使得代码尽量简单、优美、可扩展。在以往的开发中,通常是在有需求过来而现在的系统架构不容易实现时,对原有系统进行重构;或者在开发过程中有剩余时间了,对现在的代码进行重构整理。但是在敏捷开发中,重构贯穿整个开发流程,每一次开发者检查代码之前,都要对所写代码进行重构,让代码达到干净可工作的程度。值得注意的是,在重构时,与集成一样,每一次改变都要尽可能小,用单元测试来保证重构是否引起冲突。同时还要注意,不只是对实现代码进行重构,如果测试代码中有重复，也要对它进行重构。

4. 结对编程

在敏捷开发中，尽量做到任何事情都是结对的，包括分析、写测试、写实现代码或者重构。结对似乎意味着成本的实际增加，但通过实际工作经验，结对之后成本是降低的，因为在开发过程中，相当一部分的成本都是处理各种显性和隐性的错误，结对通常能大幅减少错误，实现错误的早发现、早处理，成本反而是降低的。两个人在一起探讨不仅不容易走偏，而且很容易产生思想的火花。在有的软件公司，甚至开发以外的事情都结对来做，比如结对学习、结对翻译、结对做 PPT 等，结对工作也许是提升工作效率的有效方法。

5. 站立会议

每天早上，敏捷开发项目组的所有成员都会站立进行一次会议。之所以站立进行，就是为了控制会议时间，防止时间过长，一般来说是 15～20 分钟。会议的内容并不是需求分析、任务分配等，而是每个人都回答三个问题：你昨天做了什么？你今天要做什么？你遇到了哪些困难？站立会议让团队进行交流，彼此相互熟悉工作内容，如同伴遇到过类似的问题，大家就会互相帮助、分享经验，这是站立会议的重要价值之一。

6. 小版本发布

敏捷开发之所以会流行，就是因为它是为了防止出现以往开发经常出现的一种现象：拿到需求以后就闭门造车，直到最后才将产品交付给客户，客户往往不是很满意。敏捷开发是尽量多地进行产品发布，一般以周、月为单位。这样，客户每隔一段时间就会拿到发布的产品进行试用，开发团队便可以从客户那儿得到更多的反馈来改进产品。正因为发布频繁，所以每一个版本新增的功能简单，不需要复杂的设计，这样文档和设计就在很大程度上简化了。又因为设计简单，没有复杂的架构，所以客户有新的需求或者需求有所变动，也能很快地适应。

7. 较少的文档

敏捷开发对文档的态度是更加务实的。总结以前的文档观念，大家总是认为文档很重要，可由于系统更新的速度比较快，文档的更新成为重要的问题，因为一旦更新过快，只作为文档的成本就成倍地上升，而你制作的文档的价值却由于期限减短而大幅降低，性价比下降十分明显。因此，敏捷开发工作者并不认为处处都需要文档，只需要充分、清晰的文档来为将来的修改提供帮助。但敏捷开发工作者也没有忽视文档,没有文档的代码是很难发挥作用的。敏捷开发工作者选择一个中间道路,充分利用现有的工作来完成尽可能多的文档。敏捷开发工作者确实找到了比较好的现成文档,即测试代码。这些测试代码真实地反映了客户的需求以及系统 API 的用法。如果有新人加入团队,最快熟悉项目的方法就是给他看测试代码,比一边看着文档一边进行调试要高效。测试代码因为是开发过程中反复执行的代码,不需要像书面文档或者注释,随着代码变化,需要对相应文档进行更新。一旦忘记了更新文档,就会出现代码和文档不匹配的情况,这让后来者更加迷惑。还有一种重要文档是代码中的注释行,一般把写大量的注释当作编程的良好习惯。但现在敏捷开发工作者认为简单可读的代码才是好的代码,既然简单可读了,别人一看就能够看懂,因此不需要对代码进行过多注释。如果代码不加注释别人可能看不懂,就表示设计还不够简单,需要对它进行重构。

8. 以合作为中心

在敏捷开发中,代码是归团队所有而不是某个模块的代码属于某个人,每个人都有权利获得系统任何一部分的代码然后修改它。如果有人看到某些代码不满意,那他就能够对这部分代码直接重构而不需要征求代码作者的同意,很可能也不知道谁是这部分代码的作者。这样,每个人都能熟悉系统的代码,即使团队的人员有变动,也没有风险。

9. 现场客户

敏捷开发中,客户是与开发团队一起工作的,团队到客户现场进行开发或者邀请客户到团队公司里来开发。如果开发过程中有什么问题或者产品经过一个迭代后,能够以最快的速度得到客户的反馈。

10. 自动化测试

为了减少人力成本或者重复劳动,所有的测试包括单元测试、功能测试或集成测试等都是自动化的,这对 QA 人员提出了更高的要求。他们要熟悉开发语言、自动化测试工具,能够编写自动化测试脚本或者用工具录制。自动化测试并非容易的工作,需要开发团队和测试团队通力协作,更好地实现自动化测试。

11. 可调整计划

敏捷开发中计划是可调整的,并不是像以往的开发过程:需求分析→概要设计→详细设计→开发→测试→交付,每一个阶段都是有计划进行的,一个阶段结束便开始下一个阶段。而敏捷开发中只有一次一次的迭代,小版本的发布,根据客户反馈随时做出相应的调整。

敏捷开发过程与传统的开发过程有很大不同，在敏捷开发过程中，团队是有激情、有活力的，能够适应更大的变化，做出更高质量的软件。

6.1.1.3 敏捷开发的特点

敏捷方法主要有两个特点，这也是其区别于其他方法，尤其是瀑布型方法的最主要特征。

1. 敏捷开发方法是"适应性"（adaptive）而非"预设性"（predictive）

这里说的预设性，可以通过一般性工程项目的做法理解，比如土木工程，在这类工程实践中，有比较稳定的需求，同时建设项目的要求也相对固定，所以此类项目通常非常强调施工前的设计规划。只要图纸设计得合理并考虑充分，施工队伍可以完全遵照图纸顺利建造，并且可以很方便地把图纸划分为许多更小的部分交给不同的施工人员分别完成。

然而，在软件开发的项目中，这些稳定的因素却很难寻求。软件的设计难处在于软件需求的不稳定，从而导致软件开发过程的不可预测。但是传统的控制项目模式都是试图对一个软件开发项目在很长的时间跨度内做出详细的计划，然后依计划进行开发。所以，这类方法在不可预测的环境下，很难适应变化，甚至是拒绝变化。

与之相反的敏捷方法则是欢迎变化，目的就是成为适应变化的过程，甚至能允许以改变自身来适应变化。所以我们称之为适应性方法。

2. 敏捷开发方法是"面向人"（people-oriented）而非"面向过程"（process-oriented）

Matin Flower 认为，"在敏捷开发过程中，人是第一位的，过程是第二位的。所以就个人来说，应该可以从各种不同的过程中找到真正适合自己的过程"。这与软件工程理论提倡的"先过程后人"正好相反。

在传统的软件开发工作中，项目团队分配工作的重点是明确角色的定义，以个人的能力去适应角色，而角色的定义就是为了保证过程的实施，即个人以资源的方式被分配给角色。同时，资源是可以替代的，而角色不可以替代。

然而，传统软件开发的这些方法在敏捷开发方式中被完全颠覆了。敏捷开发试图使软件开发工作能够利用人的特点，充分发挥人的创造能力。

敏捷开发的目的是建立起一个项目团队，全员参与到软件开发中，包括设定软件开发流程的管理人员，只有这样，软件开发流程才有可接受性。同时，敏捷开发要求研发人员独立自主地在技术上进行决策，因为他们是最了解什么技术是需要和不需要的。再者，敏捷开发特别重视项目团队中的信息交流。团队合作、自主决策、充分交流是敏捷开发在团队工作中的重要优势。

6.1.2　敏捷开发对安全管理的挑战

在敏捷开发模式中，建立良好的开发安全管理是一个世界性难题，目前并没有一个成熟的理论。从实践结果来说，敏捷开发的流行、配套的开发安全管理却没有这么普遍，整体开发安全管理水平是下降的。

对开发安全管理的冲击除敏捷开发的工作方式以外，敏捷开发还是以适应更加快速的需求变化为目标的开发模式，而更加快速的需求变化客观上增加了开发安全管理的难度和成本。同样的安全投入，面对更加快速的需求变化，安全水平有所下降也是正常的，表现出来的就是敏捷开发流行后，安全管理水平下降。

敏捷开发模式本身对安全的冲击也很大。正如本书前面所介绍的，大部分开发安全管理都是围绕需求、设计、开发、测试、部署等环节展开的。敏捷开发模式并没有这样的开发环节，必然导致现有的开发安全管理不适应。如果把敏捷开发的每一次迭代都当作一个开发过程来管理，就会导致开发安全成本过高而难以接受，同样使现有的开发安全管理难以适应。

大部分开发安全管理方式，如微软 SDL 均承认，其常规开发安全管理方法并不能适应敏捷开发，需要引入更加复杂的应对机制来适应敏捷开发。

也并非所有敏捷开发模式都增加了开发安全管理难度，其实也有正面影响：

首先，敏捷开发面对新需求适应能力更强。这样，当发现安全问题，需要系统进行调整时，敏捷开发的适应性更强，修改的速度和效果更快。

其次，敏捷开发以测试驱动，持续集成。这样也保证了一旦软件找到一个很好的模式实现某个环节的安全，它就将通过自动化测试和持续集成而高质量地持续，对防止漏洞的重现有很大帮助。

总体来说，敏捷开发对开发安全管理有弊有利，从目前的实践来看，对开发安全管理的挑战大一些，有必要仔细研究在敏捷开发过程中的开发安全管理。

6.1.3　敏捷开发的切入点

从 6.1.1.2 节中提到的敏捷开发路线中包含测试驱动开发、持续集成、重构、结对编程、站立会议、小版本发布、较少的文档、以合作为中心、现场客户、自动化测试、可调整计划,跟开发安全管理相关的也就是测试驱动开发和持续集成,前者主要解决应用安全,后者主要解决配置安全问题。

敏捷开发中的配置安全还是比较好解决的,使用同样的关于配置的安全需求,让敏捷开发团队在实现自动化集成时实现。这种自动化实现,其安全是可管理、可提升的,也不太会随着一次一次的迭代发生重大变化。解决配置安全的切入点,也就是准备好配置安全需求基线,在项目开始的时候提交给开发团队,管理起来成本是可控的。

重点还是应用安全问题,就是在每一次的迭代中,实现安全测试的自动化,保证每一次迭代都充分考虑安全,并充分实施开发安全管理。

在每一次迭代中,敏捷开发的流程如图 6-2 所示。

图 6-2　典型敏捷开发每一次迭代的流程

如果想让开发安全落地,就必须在以上每个环节中均加入安全管理的内容,下面模拟一个加入安全内容的例子。

设想在一次迭代中,已经有了用户故事,在用户故事的基础上加入安全内容,例如,需要满足最小权限,那么就在故事分析环节编写安全验收标准(见图 6-3)。

然后在用户故事的启动阶段,业务人员(BA)、QA 和开发人员(Dev)会一起针对用户故事模板中的安全验收标准进行讨论,确保大家的理解一致(见图 6-4)。

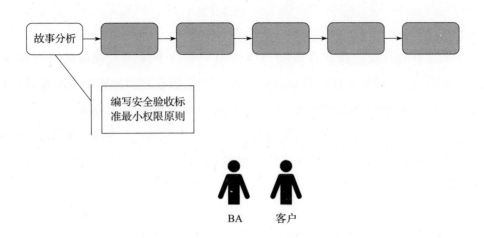

图 6-3　故事分析

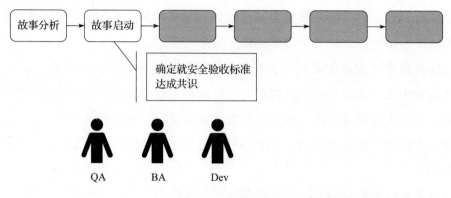

图 6-4　故事启动

到了用户故事的开发阶段,开发人员都会按照验收标准来编写代码和测试,基于已经有了足够的安全验收标准,相应地,开发人员也会编码来实现这些安全条件并且添加相应的自动化测试保障。当然,除了满足安全验收标准之外,团队也应该做一些静态代码的扫描和第三方依赖的扫描,进行双重保障(见图 6-5)。

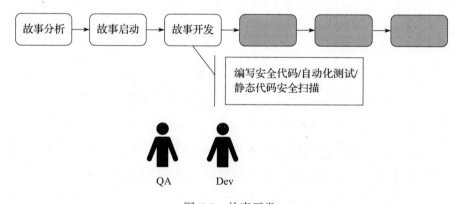

图 6-5　故事开发

用户故事的验收阶段非常重要,因为如果在这个阶段发现缺陷可以快速修复,一般是 QA、开发人员和业务人员一起,逐个验收之前制定的安全验收标准。当然,除了简单地从前端进行验证外,针对安全验收也需要借助一些工具(如 Burp Suite 等抓包工具),绕过前端修改请求,检查后端接口是否也做了相应的防范。如果发现安全问题,就要在这个阶段及时修复并且增加相关的测试保障(见图 6-6)。

到了用户故事的测试阶段,QA 会做跟安全相关的探索性测试。在这个阶段,需要 QA 从一个全新的视角来做测试,之前的模式是从正常用户的角度来测试功能,而针对安全的探索性测试则截然不同,要从攻击者的角度来思考问题,尝试各种看似不可能的手段，寻找安全漏洞。另外，在这个阶段，借助一些自动扫描工具也很重要，可用来检测是否有一些通用的安全问题（见图6-7）。

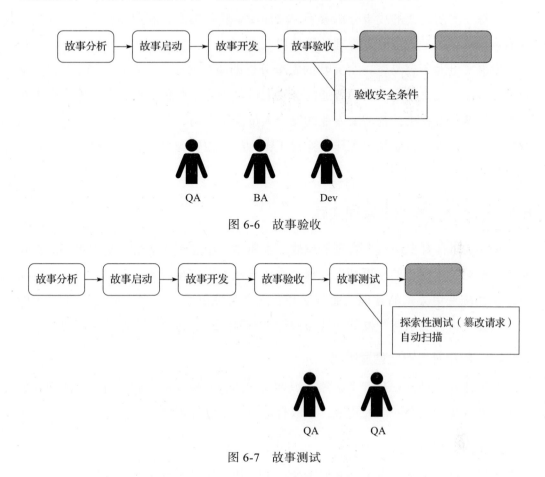

图6-6　故事验收

图6-7　故事测试

安全的演示阶段比较有挑战性，前面提到过，它不像功能需求那么显而易见，因此需要采用全新的方式去展示，可以考虑展示安全缺陷以及缺陷的分布分析（见图6-8）。

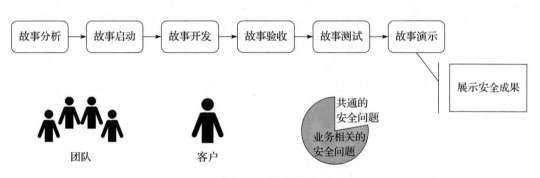

图6-8　故事演示

回顾整个模拟过程，关键是在用户故事的每个阶段都增加了和安全相关的实践，并且让团队所有人员都参与了进去，将安全融入日常的敏捷开发工作中。

从每一次的迭代的故事分析着手，增加安全验收标准，利用敏捷开发对验收标准的响应机制，是安全开发管理的最佳切入点。

但事实上并不容易，一个完整的安全分析即便是对于一个故事（场景）也并不容易，也需要安全专业人员，普通的开发人员难以完全胜任这个角色。这就要求在整个开发迭代过程中，都需要专业的安全人员全程参与，甚至一次就要两个，因为敏捷开发工作模式喜欢结对工作，这对于银行的人力资源是一个巨大挑战，大部分银行是无法满足的。

6.1.4　敏捷开发安全管理实践

银行的敏捷开发对安全管理的挑战，本质是一个怎么用更快、效率更高的方式来支持相对规模更小的变更开发过程。对比普通开发安全管理，可能敏捷开发更加对应于系统变更方式的管理，而普通开发安全管理更适合新建一个大型 IT 系统的安全管理。银行对敏捷开发的支持与银行对频繁的系统变更的支持是相似的。

6.1.4.1　敏捷开发安全管理策略

对敏捷开发进行安全管理必须认识到安全人力资源的不足和敏捷开发所面临的需求频繁变化对安全的巨大挑战，采取合适的安全管理策略。

1. 分级管理原则

分级管理原则就是对敏捷开发中的一个迭代或者一次更新进行分级，对重要的系统且内容风险比较大的一次迭代，划归为高风险迭代，投入更多的资源；而对不那么重要的迭代，投入更少的资源。

2. 安全工具化、集成化原则

安全检查工具虽然建设的成本很高，但应用起来成本就比较低，效率特别高，同样的工具，在敏捷开发这种小步快跑的开发方式下，更有应用前景。

单个工具的效率高还不足够，必须是整体效率也高，因此工具集成化非常重要，将安全检查工具集成在一起，甚至于编译打包工具集成在一起，就可以最大效率地提升安全检测。

3. 场景化安全管理

在敏捷开发的每一次迭代中，开发的内容并不多，往往就是一两个功能模块，支持一两个业务场景。因此,场景化的安全管理能够对敏捷开发进行精准的支撑,保证安全管理的效率。

6.1.4.2 迭代分级原则

敏捷开发的每一次迭代的风险分级与变更的风险分级是相似的,略有区别,本章节内容可以与 3.10.2 节对比学习和理解。

迭代风险等级分析由三步组成,但其中第一步是固定的,可以事先做好,每个具体迭代时,只做第二步和第三步就好。

1. 应用系统的风险分析

风险变更时,应用系统的风险分析是完全一致的。具体内容见 3.10.2 节的表 3-16 应用系统分析要素权重表。

对应的计算方法也完全一致,通过三步实现,首先是风险定级:高 =1,中 =0.5,低 =0.1;然后取各分类风险定级的最高分作为该分类的得分,并经过加权算出系统的最终得分;最后根据最终得分确定风险等级。0.7 ~ 1.0:高风险,0.5 ~ 0.7:中风险,0.1 ~ 0.5:低风险。

2. 迭代内容的风险分析

不同的迭代内容有不同的安全风险,根据迭代内容分析风险(见表 6-1)。

表 6-1 迭代内容风险分析

序号	迭代范围类别	迭代功能模块类别名称	说明	备注
1	重大功能	重要功能增加或者重大调整	重要功能包括:①直接与身份认证和访问控制相关的功能;②支付或者转账;③购汇与资金结转有关的功能;④对重要客户信息(手机号、各种密码、金额限制、姓名、身份证等)进行修改的功能;⑤注册、签约等功能	
2		架构型构建/变更	系统架构建立或者架构发生重大变化,或者影响模块数量比较大(受影响模块超过现有模块的30%)	
3	普通功能	功能模块重大调整/增加	业务部门由于业务发展或业务处理的需要发起,包含对系统现有模块的功能进行修改、调整和新增。该变更只影响局部模块,对系统整体的影响较小。对于重要功能的增加和调整,请参看2。有模块关联一起调整的,也属于重大调整	

（续）

序号	迭代范围类别	迭代功能模块类别名称	说明	备注
4	原有功能的再次小范围迭代	缺陷修复	对运行过程中发现系统未实现原始意图的缺陷进行修复，修复方案无重大调整。如果有重大调整，例如：出参、入参等接口发生变化，按照 3 "功能模块重大调整/增加"分类处理	
5		界面调整	仅对界面、显示进行调整，数据流无任何变化	
6		数据库数据更新	无程序上的变化，只是对数据库中数据进行调整	

以上是敏捷开发建设过程中的迭代内容分析，如果是系统上线后发生变更，则完全等同于变更安全分析。

3. 综合确定最后风险

根据敏捷迭代相关的应用系统风险和内容，最终确定风险（见表 6-2）。

表 6-2 迭代风险综合分析表

迭代功能模块类别	系统风险等级	项目风险
重大功能	高、中、低	高风险迭代
普通功能	高、中	中风险迭代
普通功能	低	低风险迭代
原有功能再次小范围迭代	高	中风险迭代
原有功能再次小范围迭代	中、低	低风险迭代

6.1.4.3 安全工具化、集成化原则

将敏捷开发的安全管理工作进行分类，有些是无法工具化的。比如，分析功能是否满足监管部门的某个业务要求；有些是可以工具化的，比如源代码审计等。

对于不能工具化的部分，可以在早期插入一个独立的迭代来进行，如整体系统的安全迭代，可以实现整体的安全需求分析和实现方式；其余的可以在系统上线前，通过综合的安全评审等工作来完成。

对于可以工具化的部分，则尽量融入每一次迭代中，整体提高效率。

可以在每次迭代中工具化的内容有：源代码审计，场景化的安全需求分析和设计，Web 漏洞扫描，App 检测等。

6.1.4.4 场景化安全管理

场景化安全管理是一种精细化安全管理模式,它不是以一个又一个的应用系统为安全管理对象,而是以应用系统中的一个又一个业务场景为安全管理对象。针对业务场景建立独立的安全需求分析,并进行对应的安全设计、安全实现、安全测试就是场景化安全管理。

在敏捷开发中,大部分的迭代都是新增一到两个功能,对应一到两个业务场景,因此场景化安全管理是实现敏捷开发安全管理的一条可行道路。

实现场景化安全管理,首先是对安全需求分析进行调整。

1. 安全需求分类和分类处理

为满足场景化安全管理的要求,需要对安全需求进行分类,至少分为三类:

首先是基础型安全需求,是保证系统正常运行的整体性、基础型安全要求,比如通信加密、主机安全、配置安全等。

其次是表现为相对独立功能的安全需求,比如登录功能、用户权限校验功能等。

最后是附属在业务功能上的安全需求,比如银行转账的安全需求、购汇的安全需求等。

三类需求并不绝对分开,部分存在交叉,在实践中可酌情处理。

第一类属于基础型安全需求,处理方式与普通开发模式是一样的;后两类属于场景化安全需求,可以实行场景化安全管理;场景化安全管理是建立在基础型安全需求已被满足的前提下。

2. 安全设计的调整

虽然安全需求的表现方式不同,但实质的要求是一样的,所以安全设计是用于满足安全需求的,与安全需求是对应的,因此场景化安全需求对应场景化安全设计,可以进行场景化安全管理。

3. 安全编码无调整

安全编码这一部分并没有变化,无调整。

4. 安全测试的调整

安全测试与安全需求存在对应关系,也应该进行相应调整。

5. 安全部署和运维无调整

安全部署和运维部分并没有变化,无调整。

场景化安全管理通过在场景化安全需求分析时，不进行基础型安全需求分析，聚集于功能性安全分析，通过采用标准的场景化安全分析框架和建立典型场景安全分析库，提升安全需求分析效率，以及对应的安全设计效率和安全测试效率。

6.1.4.5　场景化安全需求分析框架

建立标准的安全需求分析框架能够保证安全需求分析的规范、高效和高覆盖，也有助于提升安全评审效率。

框架要求：普通开发人员经过简单培训就能实施。

因为大部分项目并没有专业安全人员时时参与，要保证这些项目也能进行，就必须保证框架容易使用。

1. 安全要求适度

根据成熟度原则，必须综合考虑团队能力，选择适当颗粒度和覆盖范围，一般首先覆盖top10等较为常见的、重要的漏洞，再逐步深入。

2. 不包含基础型安全需求

因为场景化安全需求分析数量多，而基础型安全需求不需要反复分析，因此不应该放在此框架中。

根据以上原则，制定一个安全需求分析框架如图6-9所示。

根据框架，首先是进行安全敏感度识别，对于高安全敏感度场景需要进行完整安全识别，低安全敏感度故事则可忽略。然后将相关功能分为三类：查询、操作、通知，分别进行安全需求分析。

在安全需求分析完毕后，就可以确认安全验收标准，完成安全需求分析。

根据此安全需求分析框架，可以清楚地看出业务场景的安全风险，进行对应的安全需求设计和安全测试。安全评审时，可用此框架的分析结果和响应策略进行评审，评审效率比较高。

3. 典型场景安全需求分析库及工具化

为提升具体场景的安全需求分析效率，应该对常见的典型场景进行分析，整理成典型场景安全需求分析库。

功能大致相当的场景，因为细节的差别可以展现无数场景，但从安全需求分析来说差异是比较少的，总结典型场景能够涵盖大量的场景的安全需求分析，能够有效提升场景化安全需求分析的效率。

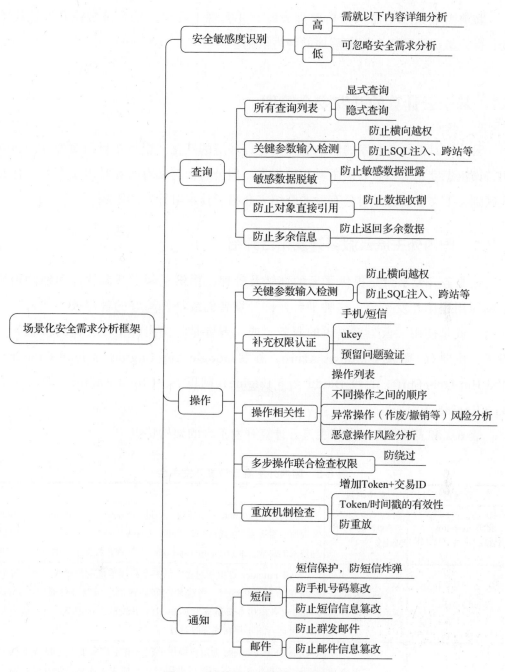

图 6-9　场景化安全需求分析框架

将典型安全需求分析整理成库能够实现场景的安全需求分析的工具化。实际分析时，只要选择类似的场景，就能够立刻得到完整的安全需求分析结果、安全设计方案和安全测试要求，对比场景与类似的场景进行微调，就能迅速完成有关工作。

将典型场景安全需求分析整理成库,并实现工具化,是满足敏捷开发迭代速度,保证敏捷开发安全管理落地的有力措施。

6.2 基于云计算的开发安全管理

云计算对银行业开发的影响主要是运行环境的变化。银行业目前对公有云的应用持谨慎态度,对私有云则主动积极得多。但公有云与私有云在技术层面并没有太大区别,下文主要通过对公有云的介绍来介绍云技术对开发的影响。

6.2.1 国内外主流云服务开发平台介绍

云服务开发平台是提供了云的部署及管理,提供了一个开源软件和硬件相结合的应用程序开发平台。这种平台允许开发者们或是将写好的程序放在"云"里运行,或是使用"云"里提供的服务,或二者皆是。国内外主流公司的云服务开发平台主要有:微软 Windows Azure,谷歌 Google App Engine,Cloud Foundry,Red Hat OpenShift,百度 Baidu App Engine,阿里 Ali Cloud Engine,新浪 Sina App Engine 等。

表 6-3 和表 6-4 为国内外主流云计算开发平台的架构特点。

表 6-3 国内外主流云计算开发平台

云服务	支持语言	架构
微软 Windows Azure	Asp.Net、PHP、Node.js	自我管理(Autonomous)机能,通过 Windows Azure Fabric Controller 掌握所有服务器的运行状态,Fabric Controller 融合了很多微软系统管理技术的总成,通过 Fabric Controller 来管理在数据中心中所有服务器
Cloud Foundry	Java、Net、Grails	Cloud Foundry 是由相对独立的多个模块构成的分布式系统,每个模块单独存在和运行,各模块之间通过消息机制进行通信。Cloud Foundry 各模块本身是基于 Ruby 语言开发的,每个部分可以认为拿来即可运行,不存在编译等过程
Red Hat OpenShift	Java、PHP、Python	OpenShift Express 为用户提供的服务并不仅限于上述的 Web 框架本身,还提供了丰富的接口供用户安装所需的库和定制自己需要的 Web 框架。同时,它还提供了对 MYSQL 等数据库的支持,为开发专业的 Web 应用提供了充分的资源
谷歌 Google App Engine	Python、Java、GO	App Engine 软件开发套件(SDK)包括可以在用户的本地计算机上模拟所有 App Engine 服务的网络服务器应用程序。该 SDK 包括 App Engine 中的所有 API 和库。该网络服务器还可以模拟安全 Sandbox 环境,包括检查是否存在禁用模块的导入以及对不允许访问的系统资源的尝试访问

（续）

云服务	支持语言	架构
百度 Baidu App Engine	Java、Net、Node.js	百度应用开放平台是以用户需求为导向，以"框计算"创新技术和全开放机制为基础，为广大应用开发者及运营商提供的开放式应用分享暨合作的技术对接通道
阿里 Ali Cloud Engine	PHP、Node.js	ACE 为应用提供负载均衡、弹性伸缩、故障恢复、安全沙箱的支持，同时集成了 Session、缓存、文件存储、定时任务等分布式服务，让 PHP、Node.js 等流行的 Web 开发语言可以更加便捷地使用云计算服务
新浪 Sina App Engine	Asp.net、PHP	SAE 从架构上采用分层设计，从上往下分别为反向代理层、路由逻辑层、Web 计算服务池

表 6-4　云计算开发平台提供商优劣势对比

云服务	特点	存在问题
微软 Windows Azure	利于开发者过渡到云计算；可快速获得结果；想象并创建新的用户体验；基于标准的兼容性	具体来说，用户门户网站缺乏多用户支持；收费模式灵活性有待改进；对底层计算资源控制不足
Cloud Foundry	支持各种框架的灵活选择；增加了在 PaaS 平台上部署应用的灵活性；可以灵活地部署在多种云环境中	VMware 虚拟化解决方案只能针对 X86 架构，对于小型机和大型机无法应用；在中国服务能力稍有不足
Red Hat OpenShift	开源带来的不仅是免费，还有自由；支持 Java、PHP、Python、Perl、Ruby 五种编程语言和对应的 Web 框架；OpenShift Express 为用户提供的服务并不仅限于上述的 Web 框架本身，还提供了丰富的接口供用户安装所需的库和定制自己需要的 Web 框架	VMware 的价格过高，并且还在逐年上涨
谷歌 Google App Engine	即 GAE，是一款网络运用程序，提供免费的空间、数据库、二级域名等	GAE 会默认给用户分配一个域名，但是因为域名在国内无法访问，可能有一些开发者望而却步

各大云开发平台的提供商都有自己的特点，各平台的功能和涵盖的领域以及面对的应用对象都有所不同。

云平台可以降低整体的开发时间，平均节约时间为 11.6%。这主要是由于云平台具有可以简化开发过程的能力，包括能够快速在线得到开发资源。此外，云平台提供了合作开发的能力，这也是一个利益。

然而，大约 10% 的开发者认为，使用基于云的开发环境并没有节省时间。相当一部分人说，节约了 30% 以上的时间，38% 的人认为节约的时间为 11%～20%。

6.2.2 云计算环境下的信息安全防御策略

6.2.2.1 完善云计算信息安全标准体系

无论是公有云还是私有云服务用户，均对信息安全有着较高的期望，因此必须以完善的安全标准体系为指导和依据。针对信息安全标准，应就云计算的运营流程、设施配置、安全要求、控制策略及其评估体系，予以逐步的规范化和标准化。

6.2.2.2 切实加强云计算基础设施安全管理

基础设施作为云计算的运行平台，若自身配置存在安全风险和漏洞，那么信息安全必然得不到全面保障，可见加强云计算设施安全管理不失为一种防护策略。重点应做到：最好就基础网络 IP 加以统一规划，并对关键节点中断与服务器的 IP 和 MAC 采取绑定操作，以防地址欺骗；针对网络核心设备，必须使其能够对集合链路冗余进行备份，并基于异常流量监控及时发现并阻断互联网对 DDoS 的攻击，同时分别将防火墙设置在 DMZ 内网和互联网接入点与 DMZ 之间，以此确保云计算服务连续、安全且稳定；对于应用系统主机设备，既要予以安全加固，又要关闭不使用的服务端口和组件，并对虚拟机、数据库、操作系统等加以补丁控制，同时安装实时监测、恶意代码、病毒查杀等软件产品，在信息中心部署 IDS/IPS 设备，以此保护系统安全。

虚拟技术是实现 IT 资源灵活性和利用率最大化的重要手段，一般负责将 IT 内的硬件资源转化成资源池，然后经网络传输给客户，在此可通过键盘锁定、设备冗余、并行访问、对数据存储加以冗余保护、完善容灾和容错机制等策略确保虚拟化安全。

6.2.2.3 强化云计算信息风险防范能力

一是数据加密。此时要求既要对数据的访问权限进行加密，又要加密元数据，故可在传输文件数据时对其进行 AES 加密处理，并对密钥予以 RSA 加密，然后绑定密钥密文和文件密文，经系统分块将其存储于 HDFS 的存储节点中，最后依次经抽取密钥密文、私钥解密、文件密文解密获取文件，一来提高了存储效率，二来改善了加密效果。

二是数据删除技术。有时用户需要对有价值或敏感的云端数据进行全生命周期管理，在数据应用完成后立刻删除，但若遇到磁盘停运，数据可能因被恢复而引发泄露风险，此时可借助替换实际值和键值等数据屏蔽技术减少敏感信息的外泄风险，可在云端部署 SSL VPN 网关接入的方法，确保用户端到云端数据能够安全访问及接入。

在信息发展如此迅速的时代背景下，对于即将面临的数据威胁，如何做到云计算的安全实施已经成为各开发商的主要发展方向。在应对现在日益复杂的网络系统时，其安全防御策略以及相应的手段已成为整体信息安全发展中的主要应用措施。

6.2.3 云计算的安全等级保护要求

随着云计算的发展，云计算的合规要求也相应增多，原有等级保护安全要求中对云部分没有涉及，在拟推出的等级保护 2.0 中补充了云安全，在《信息安全技术　信息系统安全等级保护　第二分册　云计算安全技术要求》系统阐述云计算安全要求，这是由公安部发布的国家级安全标准文件，是国内参照执行度最高的安全标准。其中，"云计算安全技术要求"分册针对云计算信息系统的特点，提出了云计算信息系统安全等级保护的安全要求，其中包括技术要求和管理要求，适用于指导分等级的云计算信息系统的安全建设和监督管理。

《信息系统安全等级保护》目前规划了五个分册，第一个分册是"基本要求"，第二个分册是"云计算安全技术要求"，其余分册的内容如图 6-10 所示。第一分册是其他分册的基础，其他四个分册都是针对不同领域，是对第一分册的更新和补充。

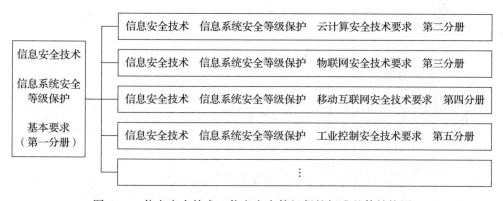

图 6-10　信息安全技术　信息安全等级保护标准整体结构图

云计算安全等级保护要求根据实现方式的不同，分为基本技术要求和基本管理要求两大类。技术类安全要求与云计算信息系统提供的技术安全机制有关，主要通过在云计算信息系统中部署软硬件并正确地配置其安全功能来实现；管理类安全要求与云计算信息系统中各种角色参与的活动有关，主要通过控制各种角色的活动，从政策、制度、规范、流程以及记录等方面做出规定来实现。

以下是安全等级保护三级的云安全扩展要求，读者可以以此了解云安全要求的发展趋势。

一、技术要求

1.1 物理和环境安全

应确保云计算基础设施位于中国境内。

1.2 网络和通信安全

1.2.1 网络架构

网络架构应符合以下要求：

a）确保云计算平台不承载高于其安全保护等级的业务应用系统；

b）绘制与当前运行情况相符的虚拟化网络拓扑结构图，并能对虚拟化网络资源、网络拓扑进行实时更新和集中监控；

c）实现不同云租户虚拟网络之间的隔离；

d）保证虚拟机只能接收到目的地址包括自己地址的报文；

e）保证云计算平台管理流量与云租户业务流量分离；

f）能识别、监控虚拟机之间、虚拟机与物理机之间的流量；

g）提供开放接口或开放性安全服务，允许云租户接入第三方安全产品或在云平台选择第三方安全服务；

h）根据云租户业务需求自主设置安全策略集，包括定义访问路径、选择安全组件、配置安全策略。

1.2.2 访问控制

访问控制应符合以下要求：

a）禁止云租户虚拟机访问宿主；

b）在虚拟化网络边界部署访问控制机，并设置规则；

c）保证当虚拟机迁移时，访问控制策略随其迁移；

d）允许云租户设置不同虚拟机之间的访问控制策略；

e）在不同等级的网络区域边界部署访问控制机，设置规则。

1.2.3 入侵防范

入侵防范应符合以下要求：

a）能监测到云租户的网络攻击行为，并记录类型、时间流量等；

b）能检测到虚拟机与宿主之间的异常；

c）向云租户提供互联网发布内容监测功能，便于对其中的有害信息进行实时监测和告警。

1.2.4 安全审计

安全审计应符合以下要求：

a）对云服务方和租户远程管理时执行特权命令进行审计，至少包括虚拟机删除、重启；

b）根据云服务方和租户的职责划分，收集各自控制部分的审计数据；

c）为安全审计数据的汇集提供接口，并可供第三方审计；

d）根据云服务方和租户的职责划分，实现各自控制部分集中审计。

1.3 设备和计算安全

1.3.1 身份鉴别

身份鉴别应符合以下要求：

a）在网络策略控制器和设备（或代理）之间建立双向验证机制；

b）当进行远程管理时，终端和云计算平台边界设备之间建立双向身份验证机制。

1.3.2 访问控制

访问控制应符合以下要求：

a）确保只有在云租户授权下，云服务方或第三方才具有云租户数据的管理权限；

b）提供云计算平台管理用户权限分离机制，为网络管理员、系统管理员建立不同账户并分配相应的权限。

1.3.3 安全审计

安全审计应符合以下要求：

a）根据云服务方和云租户的职责划分，收集各自控制部分的审计数据并实现集中审计；

b）保证云服务方对云租户系统和数据的操作可被云租户审计；

c）为审计数据的汇集提供接口，并可供第三方审计。

1.3.4 入侵防范

入侵防范应能够检测以下内容：

a）虚拟机之间的资源隔离失效，并进行告警；

b）非授权新建虚拟机或者重新启用虚拟机，并进行告警。

1.3.5 恶意代码防范

应能够检测恶意代码感染及在虚拟机间蔓延的情况，并提出告警。

1.3.6 资源控制

资源控制应符合以下要求：

a) 屏蔽虚拟资源故障，某个虚拟机崩溃后不影响虚拟机监视器及其他虚拟机；

b) 对物理资源和虚拟资源按照策略做统一管理调度与分配；

c) 保证虚拟机仅能使用为其分配的计算资源；

d) 保证虚拟机仅能迁移至相同安全等级的资源池；

e) 确保云租户业务应用系统的虚拟机使用独占的内存空间；

f) 对虚拟机的网络接口的带宽进行设置，并进行监控；

g) 为监控信息的汇集提供接口，并实现集中监控。

1.3.7 镜像和快照保护

镜像和快照保护应该符合以下要求：

a) 提供虚拟机镜像、快照完整性校验功能，防止虚拟机镜像被恶意篡改；

b) 采取加密或其他技术手段防止虚拟机镜像、快照中可能存在的敏感资源被非法访问；

c) 针对重要业务系统提供加固的操作系统镜像。

1.4 应用和数据安全

1.4.1 安全审计

安全审计应符合以下要求：

a) 根据云服务方和云租户的职责划分，收集各自控制部分的审计数据并实现集中审计；

b) 保证云服务方对云租户系统和数据的操作可被云租户审计；

c) 为审计数据的汇集提供接口，并可供第三方审计。

1.4.2 资源控制

资源控制应符合以下要求：

a) 能够对应用系统的运行状况进行监测，并在发现异常时进行告警；

b) 保证不同云租户的应用系统及开发平台之间的隔离。

1.4.3 接口安全

保证云计算服务对外接口的安全性。

1.4.4 数据完整性

确保虚拟机迁移过程中重要数据的完整性，并在检测到完整性受到破坏时采取必要的恢复措施。

1.4.5 数据保密性

数据保密性应符合以下要求：

a）确保云租户账户信息、鉴别信息、系统信息存储于中国境内；

b）确保运维过程产生的配置数据、日志信息等不出境；

c）确保虚拟机迁移过程中重要数据的保密性，防止在迁移过程中的重要数据泄露；

d）支持云租户部署密钥管理解决方案，确保云租户自行实现数据的加解密过程；

e）对网络策略控制器和网络设备（或设备代理）之间网络通信进行加密。

1.4.6 数据备份恢复

数据备份应符合以下要求：

a）云租户应在本地保存其业务数据的备份；

b）提供查询云租户数据及备份存储位置的方式；

c）保证不同云租户的审计数据隔离存放；

d）为云租户将业务系统及数据迁移到其他云计算平台和本地系统提供技术手段，并协助完成迁移过程。

1.4.7 剩余信息保护

应保证虚拟机所使用的内存和存储空间回收时得到完全清除。

二、管理要求

2.1 安全管理机构和人员

2.1.1 授权

应保证云服务方对云租户业务数据的访问或使用必须经过云租户的授权，授权必须保留相关记录。

2.1.2 人员录用

应对运维人员进行背景审查，包括国籍、违法犯罪记录等。外籍人员和具有境外永久居留权的人员不得具有超级管理员权限。

2.2 安全建设管理

2.2.1 安全方案设计

云计算平台应提供开放接口或开放性安全服务，允许云租户接入第三方安全产品或在云平台选择第三方安全服务，支持异构方式对云租户的网络、主机、应用、数据层的安全采取措施。

2.2.2 测试验收

应对云计算平台及云租户业务应用系统进行安全性测试验收。

2.2.3 云服务商选择

云服务商选择应符合以下要求：

a）确保云服务商的选择符合国家有关规定；

b）选择安全合规的云服务商，其所提供的云平台应具备与信息系统等级相应的安全保护能力；

c）满足服务水平协议（SLA）要求；

d）在服务水平协议（SLA）中规定云服务的各项服务内容和具体技术指标；

e）在服务水平协议（SLA）中规定云服务商的权限与责任，包括管理范围、职责划分、访问授权、隐私保护、行为准则、违约责任等；

f）在服务水平协议（SLA）中规定云计算所能提供的安全服务的内容，并提供安全声明；

g）在服务水平协议（SLA）中规定服务合约到期时，完整地返还云租户信息，并承诺相关信息均已在云计算平台上清除；

h）与选定的云服务商签署保密协议，要求其不得泄露云租户数据和业务系统的相关重要信息；

i）对可能接触到云租户数据的员工进行背景调查，并签署保密协议；

j）云服务商应接受云租户以外的第三方运行监管。

2.2.4 供应链管理

供应链管理应符合以下要求：

a）确保供应商的选择符合国家有关规定；

b）确保供应链安全事件信息或威胁信息能够及时传达到云租户；

c）保证供应商的重要变更及时传达到云租户，并评估变更带来的安全风险，采取有关措施对风险进行控制。

2.3 安全运维管理

2.3.1 环境管理

云计算平台的运维地点应位于中国境内，禁止从境外对境内云计算平台实施远程运维。

2.3.2 配置管理

配置管理应符合以下要求：

a）应在信息安全策略发生变更时及评审和测试后更新安全策略，以确保其持续的适用性和有效性；

b）定期进行安全策略的备份，并在发生变更时及时备份安全策略。

2.3.3 监控和审计管理

监控和审计管理应符合以下要求：

a）确保信息系统的监控活动符合关于隐私保护的相关政策法规；

b）确保提供给云租户的审计数据的真实性和完整性；

c）制定相关策略，对安全措施有效性进行持续监控；

d）云服务方应将安全措施有效性的监控结果定期提供给相关云租户；

e）应委托第三方机构对运维过程中的数据安全行为进行审计。

6.2.4 银行云计算安全的发展

国内银行受监管部门的要求，在云计算方面一直是重视私有云建设，在公有云的建设和应用方面则比较谨慎，仅有少量、局部的尝试，因而安全经验并不充分。

在私有云安全方面，银行一般以现有网络安全经验为基础，将私有云与银行现有的安全域管理经验结合在一起，基本保证私有云的安全，例如，把整块的私有云规划为一个安全网域，这样私有云内部之间的安全管理就比较简单，现有的网络安全管理方式完全能够支持。不同的安全域通过不同的私有云单元来支持，不同私有云单元之间的连接也可按照现有不同安全域之间的连接一样管理，保障了私有云的安全性。当然，此种部署方式也部分地限制了私有云的灵活性和弹性。

从发展趋势来说，私有云的规模越来越大以及公有云的引入，都将导致云跨越多个安全区域，在云之间的安全划分将成为银行下一步进行云安全建设的重点考量点。参照安全等级保护三级中对云安全的要求，是云建设的基本要求，同时，银行还应充分研究云之间的安全隔离技术，确保云安全的发展能够跟上云发展的要求。

6.3 DevOps 的安全管理

6.3.1 DevOps 介绍

DevOps 是 Develop 与 Operation 两个单词的合并，表示开发和 IT 运维之间的高度协同，完成高频率部署能力，提高生产环境的可靠性、稳定性、弹性和安全性。

DevOps 的起源通常被放在 2009 年前后，伴随着许多运动的相辅相成和相互促进——效率研讨会运动，特别是由 John Allspaw 和 Paul Hammond 展示的开创性的

"一天10次部署","基础设施即代码运动"(Mark Burgess,Luke Kanies),"敏捷基础设施运动"(Andrew Shafer),"敏捷系统管理运动"(Patrick DeBois),"精益创业运动"(Eric Ries),Jez Humble的"持续集成和发布运动",以及Amazon的"平台即服务运动"等这些运动的相辅相成和相互促进而发展起来的。

DevOps的目标不仅只是增加变更的频率,还支持在不中断和破坏当前服务的基础上确保功能部署成功,同时也可以快速检测和修复缺陷。

目前,银行中生产网的管理比较严格,在生产网中的部署很谨慎,流程也比较规范,DevOps在银行中并没有广泛推开。但有些银行在部分更新比较频繁的业务中,正在尝试DevOps。

6.3.2 DevOps的安全管理

DevOps是一种快捷的开发方式,对其安全管理很有可能会抑制其敏捷性,如何在不影响DevOps敏捷性的基础上,把安全融入DevOps进程是一个挑战。业界也把针对DevOps的安全管理称为DevSecOps。DevSecOps通过加强内部安全测试,主动搜寻安全漏洞,及时修复漏洞、控制风险,实现与业务流程的良好整合(见图6-11)。

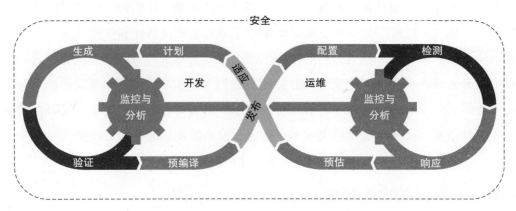

图6-11 DevSecOps

如何让Sec真正融入DevOps,形成DevSecOps?

1. 实现安全自动化

首先,自动化降低了管理不当和产生Bug的概率,而管理不当和Bug是导致操作事故、意外停机时间和安全攻击成功的原因。

其次,高水平的自动化,不再需要安全专业人士参与,也不需要手动配置安全设置，从而不影响 DevOps 环境的灵活性。如身份和访问管理（IAM）、防火墙、漏洞扫描、应用安全测试等集成的和自动化的安全控制，在自动化工具链中贯穿 DevOps 的整个生命周期。

2. 实现连续响应和检测机制

首先，对于关键应用程序的用户登录 / 注销、交易、互动、网络活动与系统活动，实现紧密的监控设计。

其次，利用监测数据建立应用程序的"正常"基线，以检测有意义的偏差。当不寻常的活动造成硬件故障、软件故障、Bug、内部威胁或攻击时，在 DevOps 团队、产品团队、平台团队和安全运营中心团队中分享监测数据。

银行的 DevOps 还处于探索阶段，DevSecOps 也处于尝试和探索阶段。

在敏捷开发章节，已经阐述过比较容易自动化的安全检测工具，其中，源代码审计、Web 漏洞扫描、App 检测等是比较容易融入 DevOps 的自动化安全检测中的，成为 DevSecOps 的发展重点。

在此基础上，开发安全规范检测、安全需求的部分验证也是融入 DevOps 的一些关键点。例如：在软件开发中，安全经常遇到的问题就是来自第三方组件的安全漏洞应急，比如 Struts2、漏洞，这是很多银行尝试和 DevSecOps 相结合的组件。利用 DevOps 中的源代码和编译代码的扫描机制，根据漏洞库扫描二进制文件，用于发现包含高危漏洞的组件，一旦发现，可直接告警或直接阻断发布。DevSecOps 就是依靠自动化安全检测和统一打包机制，实现 DevOps 的安全管理。

银行业在 DevSecOps 领域的探索，不仅实现了 DevOps 的安全，还极大地促进了安全检测的工具化程度。

6.4 基于威胁情报的开发安全管理

威胁情报技术的出现，使得开发安全有了更多的可能，借助共享的威胁情报可以有效提升系统的安全防御能力，在开发安全中合理引入威胁情报对提高信息系统的安全性非常必要。

6.4.1 威胁情报的概念

对于威胁情报，不同的团队对其有多种不同的定义，下面列出了一些经常被引用的定义：

　　Gartner：威胁情报是针对一个已经存在或正在显露的威胁或危害资产的行为的，基于证据知识的，包含情景、机制、影响和应对建议的，用于帮助解决威胁或危害进行决策的知识。

　　SANS 研究院：针对安全威胁、威胁者、利用、恶意软件、漏洞和危害指标所收集的用于评估和应用的数据集。

　　ISIGHT：网络威胁情报是关于已经收集、分析和分发的，针对攻击者和其动机、目的和手段的，用于帮助所有级别安全的，业务员工用于保护其企业核心资产的知识。

　　可以看出来，威胁情报本质上都是针对攻击者的危害行为进行分析，再通过各种技术手段将这些行为呈现出来并沉淀为某种信息，而这些信息将用来更好地保护可能受到威胁的重要资产。

6.4.2　威胁情报的必要性

　　为什么业界目前如此关注威胁情报？威胁的变化严重挑战信息系统的防御技术。

　　安全威胁通用化："心脏出血""破壳"等漏洞反映了打击面更为广泛的基础应用和通用软硬件面临的高危风险。一个通用化漏洞出现后，大量的基础设施往往没有及时进行补救，这给了很多不法分子可乘之机。

　　安全威胁广泛化：安全威胁无孔不入，随着工业 4.0 的发展以及智能设备的大规模推广，安全威胁随着信息化的演进而同步演进，而防御体系如果反应不够迅速，就很容易出现空当。

　　安全威胁潜伏化：APT 类攻击日益频繁且危害重大。这类攻击使用专用的攻击样本和手段，在潜伏的时候多采用低慢频度的模式，令人难以察觉；而一旦发起实质性攻击，过程就会特别快，且攻击目标的指向性也会特别明确。以"震网""火焰"病毒为例，它们被发现时，已经在受害系统中潜伏了几年的时间。

　　缩短攻击成功与防御生效之间的时间窗成为防御者的一个无奈选择，如果能够有效地缩短这个时间窗，从几年缩短到几天、几个小时，甚至几分钟，那么系统的防护力自然而然就随之加强了。威胁情报目前是防御方有可能达成这一目标的唯一技术手段。

6.4.3 威胁情报与安全开发

在安全开发过程中，充分应用威胁情报技术，包括在安全需求中引入威胁情报，充分利用威胁情报在用户信息鉴别、新的安全攻击识别等领域，充分提升信息系统防护方面的安全需求。

在安全设计、开发、安全测试、安全部署等阶段，充分满足安全需要中威胁情报应用的相关需求，保证威胁情报在应用系统中充分落地，保证威胁情报的有效应用，提升系统的安全保障能力。

第 7 章

开发安全案例

7.1 民生银行开发安全应用实例

7.1.1 背景

中国民生银行（简称民生银行）在互联网金融时代，抓住时代脉搏，是首家推出直销银行等互联网银行业务的银行，成为银行互联网业务中的领先者。在互联网业务蓬勃发展的过程中，民生银行也认识到互联网业务对安全的冲击，如何快速响应千变万化的业务需求，并在敏捷开发的过程中保障信息系统的安全性，成为民生银行正在面临也必须解决的关键问题。

信息系统安全性保证是通过对其全生命周期各阶段的管理共同实现的，民生银行以往只在测试、运维阶段关注安全性的管理方式，治标不治本。新业务的安全需求促使民生银行对系统安全性的考量从事后处置走向事前预防，这也意味着安全管理必须从系统的运维阶段大幅前移，覆盖包括需求分析、设计、开发、测试、部署、运维的全生命周期。安全介入得越早，系统潜伏的安全隐患就会越少，而对漏洞修复的成本也会越低。

民生银行理解信息系统全生命周期的安全管理，即在系统整个生命周期各阶段都添加关注安全性的活动和交付结果。这些活动和交付结果包括在系统需求分析、设计过程中开发威胁模型、在开发过程中使用代码静态分析工具以及在集中进行的"安全推动"过程中进行代码审核和安全测试等内容，全面提高所开发系统的安全性。

民生银行作为国内股份制商业银行，在信息系统开发方面面临的现实困难是：内部科技开发人力资源有限；大量的开发工作依赖于外包公司实现，而外包公司开发质量参差不齐且人员流动性较大，即便反复开展安全培训，也依然难以确保所开发的产品的安全质量达到行内的要求。

在此情况下，民生银行科技部认识到必须通过全面、有效的安全管理来提高所开发系统的安全性。

7.1.2 技术路线和关键技术

民生银行在全生命周期开发安全建设过程中，坚持以相关理论为指导、应用技术为核心的理念，采取顶层设计与分解细化有机结合，理论与技术有机结合的研究思路，按照文档建立与工具研发并重、体系构建与应用试点并举的原则，从体系架构设计、体系建设、工具研发和应用试点等方面出发，有计划、分阶段地开展了有关研究和实施工作。在研究过程中主要解决基于 ADCTA 循环模型的安全开发框架，面向行业应用的层次化开发安全管理体系结构，威胁分析与测试验证相结合的方法机制，情景式威胁分析技术，基于源代码分析引擎的安全规则审计，FireFly 安全开发框架在移动银行业务推广中的应用等多项关键技术。

7.1.3 民生银行开发安全管理架构

民生银行按照开发安全工作的层次和系统生命周期的过程，建立的开发安全管理架构如图 7-1 所示。

1. 安全控制

该部分以《开发安全管理纲要》为核心，包含过程控制、组织考核、法律法规等系列文档，用来控制开发安全管理的整体活动，保证开发安全管理活动流程规范、质量可靠。

2. 安全操作

操作性文档是用来在安全开发的各个环节指导具体的开发活动，保证具体开发活动规范、质量可控的文档。

3. 安全支撑

本部分是提高开发安全管理工作效率，控制安全开发成本，保证体系真正落地的关键部分。安全支撑的核心是工具和安全框架，在本体系中，建立两个资源库、一个威胁分析工具、一个安全规则检测平台和一个安全框架。在试点工作中，这些工具可以有效提高开发安全的效率和成果。此外，本部分中还包含很多成熟的软件工具，比如渗透测试工具、源代码检测软件等。

4. 安全培训

安全意识永远是安全管理工作的基石，安全技能永远是安全管理工作效率的保障，安全培训工作的重要性不言而喻。

本部分包含在开发安全管理工作中，安全意识和安全技能方面培训的系列课程。

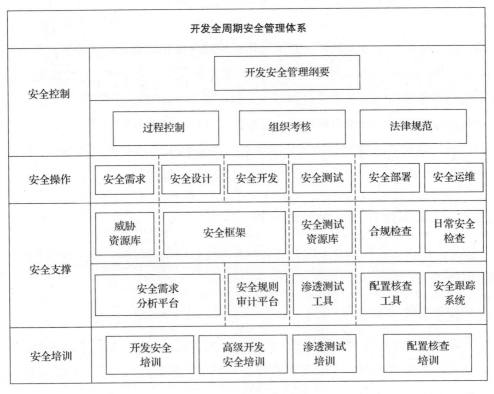

图 7-1　开发安全管理架构

7.1.4　民生银行开发安全管理体系

民生银行早已建立以 ISO27001 为基础的信息安全管理体系，该体系对开发安全的内容有所提及，但在实践中并没有充分发挥作用，因此，民生银行在此基础上酝酿建立更加全面、与实践结合更加紧密的安全开发管理体系。民生银行新建的开发安全管理体系构成如第 3 章中图 3-4 所示。

该管理体系与 ISO27001、等级保护实施指南、微软 SDL 等对安全开发的要求的响应情况如表 7-1 至表 7-3 所示。

表 7-1 ISO27001 信息安全管理体系

ISO27001 信息安全管理体系 _For 开发安全

条款		控制目标及控制措施	响应文档
	系统获取、开发和维护		
A.1	信息系统的安全需求	目标：确保信息安全是信息系统整个生命周期中的一个有机组成部分，这也包括提供公共网络服务的信息系统的要求	
A.1.1	信息安全要求分析和说明	信息安全相关要求应包括新的信息系统要求或增强已有信息系统的要求	DS_02_006_信息系统安全需求编写指南.docx
A.1.2	公共网络应用服务安全	应保护公共网络中的应用服务信息，以防止欺骗行为、合同纠纷、未授权泄露和修改	DS_01_001_系统开发安全管理手册_V1.0.doc
A.1.3	保护应用服务交易	应保护涉及应用服务交易的信息，以防止不完整传送、错误路由、未授权消息变更、未授权泄露、未授权消息复制或重放	DS_01_001_系统开发安全管理手册_V1.0.doc
A.2	开发和支持过程中的安全	目标：应确保进行信息安全设计，并确保其在信息系统开发生命周期中的实施	
A.2.1	安全开发策略	应建立软件和系统开发规则，并应用于组织内的开发	DS_01_001_系统开发安全管理手册_V1.0.doc
A.2.2	系统变更控制规程	应通过使用正式变更控制程序控制开发生命周期中的系统变更	DS_02_008_信息系统变更安全评估管理流程V1.2.docx
A.2.3	运行平台变更后应用的技术评审	当运行平台发生变更时，应对业务的关键应用进行评审和测试，以确保对组织的运行和安全没有负面影响	DS_02_008_信息系统变更安全评估管理流程V1.3.docx
A.2.4	软件包变更的限制	应对软件包的修改进行劝阻，只限于必要的变更，且对所有的变更加以严格控制	DS_02_008_信息系统变更安全评估管理流程V1.4.docx
A.2.5	安全系统工程原则	应建立、记录和维护安全系统工程原则，并应用到任何信息系统实施工作中	DS_01_001_系统开发安全管理手册_V1.0.doc
A.2.6	安全开发环境	组织应建立并适当保护系统开发和集成工作的安全开发环境，覆盖整个系统开发生命周期	DS_04_001_开发环境安全管理规定_V1.0.doc
A.2.7	外包开发	组织应管理和监视外包系统开发活动	DS_05_001_开发人员安全管理规定_V1.0.doc
A.2.8	系统安全测试	在开发过程中，应进行安全功能测试	DS_04_003_测试安全管理规定.docx
A.2.9	系统验收测试	对于新建信息系统和新版本升级系统，应建立验收测试方案和相关准则	DS_02_005_信息系统安全评估管理流程V1.2（修改）.docx
A.3	测试数据	目标：确保保护测试数据	
A.3.1	系统测试数据的保护	测试数据应认真地加以选择、保护和控制	DS_04_003_测试安全管理规定.docx

表 7-2　GB/T 25058 信息系统安全等级保护实施指南

中国民生银行

GB/T 25058 信息系统安全等级保护实施指南 _For 开发安全

条款		控制内容及要求	响应文档
A.1	安全控制开发 安全措施需求分析		
A.1.1		以规范的形式准确表达安全方案设计中的指标要求，确定软件设计的约束和软件同其他系统相关的接口细节	DS_02_006_ 信息系统安全需求编写指南 .docx
A.2	概要设计		
A.2.1		概要设计要考虑安全方案中关于身份鉴别、访问控制、安全审计、剩余信息保护、通信完整性、通信保密性、抗抵赖等方面的指标要求，设计安全措施模块的体系结构，定义开发安全措施的模块组成，定义每个模块的主要功能和模块之间的接口	DS_02_007_ 信息系统安全设计编写指南 .docx
A.3	详细设计		
A.3.1		依据概要设计说明书，将安全控制开发进一步细化，对每个安全功能模块的接口、函数要求、各接口之间的关系，各部分的内在实现机理都要进行详细的分析和细化设计	
A.3.2		按照功能的需求和模块划分进行各个部分的详细设计，包含接口设计和管理方式设计等。详细设计是设计人员根据概要设计书进行模块设计，将总体设计所获得的模块按照单元、程序、过程的顺序逐步细化，详细定义各个单元的数据结构、程序的实现算法以及程序、单元、模块之间的接口等，作为以后编码工作的依据	
A.4	编码实现		
A.4.1		按照设计进行硬件调试和软件的编码，在编码和开发过程中，要关注硬件组合的安全性和编码的安全性，并通过论证和测试	DS_02_007_ 信息系统安全设计编写指南 .docx
A.5	测试		
A.5.1		开发基本完成后要进行测试，保证功能的实现和安全性的实现。测试分为单元测试、集成测试、系统测试和以用户试用为主的用户测试四个步骤	DS_04_003_ 测试安全管理规定 .docx
A.6	安全控制开发过程文档化		
A.6.1		安全控制开发过程需要将概要设计说明书、详细设计说明书、开发测试报告以及开发说明书等整理归档	DS_03_001_ 开发文档安全管理规范 _V1.0.doc
A.6.2		活动输出：安全控制开发过程相关文档	

表 7-3 Microsoft 安全开发生命周期（SDL）

Microsoft 安全开发生命周期（SDL）

条款		标准 （专家支持）	高级 （核心安全团队支持）	动态演进 （产品团队和核心安全团队联合支持）	响应文档
A.1	培训，策略，组织能力				
A.1.1		执行支持：默许的	执行支持：明确的	执行支持：SDL 强制授权和执行	
A.1.2		企业范畴：几个 SDL 试点项目	企业范畴：新的高风险项目	企业范畴：所有的项目都具备有意义的风险	
A.1.3		培训：基本概念	培训：通用基线	培训：定制培训	DS_05_003_开发人员安全教育与培训管理规定.docx
A.1.4		基本安全缺陷跟踪	存在核心安全团队	SDL 与开发方法相适合	
A.2	需求与设计				
A.2.1		风险评估	安全和个人隐私保护的功能需求	威胁模型：由产品组独立创建	DS_02_006_信息系统安全需求编写指南.docx
A.2.2		威胁模型：高风险模块试点	标准安全解决方案		
A.2.3			威胁模型：专家协助建模		
A.3	实现				
A.3.1		编译器防御	静态分析工具	内部，针对产品的安全工具开发和定制	DS_04_002_编译安全管理规定.docx
A.3.2		禁止功能			
A.3.3		跨站脚本及 SQL 注入防御			
A.4	验证				
A.4.1		文件 Fuzzing 测试	全面 Fuzzing 测试及 Web 应用程序扫描	内部开发和定制的工具	DS_02_005_信息系统安全评估管理流程 V1.2（修改）.docx
A.4.2		基本 Web 应用扫描	威胁模型验证	检测漏洞	
A.4.3		适当的第三方渗透测试		审计 SDL 遵守情况	
A.5	发布和响应				
A.5.1		最后的安全审查：验证内部和外部合规	响应计划到位，事件跟踪	实时事件跟踪	DS_02_005_信息系统安全评估管理流程 V1.2（修改）.docx
A.5.2		工程归档	基本的根源分析	高级根源分析以及对策略的正式反馈	DS_03_001_开发文档安全管理规范_V1.0.doc
A.5.3		响应：基本			DS_06_002_信息系统开发应急管理规定.docx

ISO/IEC 15408 信息技术安全性评估准则（CC）的相关要求特别具体，很难找到一一对应的文档，但民生银行开发安全管理体系从整体上是满足其要求的（见表 7-4）。

表 7-4　ISO/IEC 15408 信息技术安全性评估准则（CC）

ISO/IEC 15408 信息技术安全性评估准则（CC）

等级		评估保证等级（EAL）内容
A.1	EAL1	功能测试（functionally tested）
A.1.1		适用于：对正确运行需要一定信任的场合，对该场合的安全威胁应视为并不严重
A.1.2		依据一个规范的独立性测试和对所提供指导性文档的检查来为用户评估目标对象。没有开发者帮助也能评估。通过评估，可以确信评估对象的功能与其文档在形式上是一致的，且对已标识的威胁提供了有效的保护
A.2	EAL2	结构测试（structurally tested）
A.2.1		要求开发者递交设计信息和测试结果，但不需要开发者增加过多费用或时间投入
A.2.2		适用于：在缺乏现成可用的完整的开发记录时，开发者或用户需要一种低等到中等级别的独立保证的安全性
A.3	EAL3	系统地测试和检查（methodically tested and checked）
A.3.1		适用于：开发者或用户需要一个中等级别的独立保证的安全性，且在不考虑大量重建费用的情况下，对评估对象及其开发过程进行彻底审查
A.4	EAL4	系统地设计、测试和复查（methodically designed, tested, and reviewed）
A.4.1		适用于：开发者或用户对传统的商品化的评估对象需要一个中等到高等级别的独立保证的安全性，并且准备负担额外的安全专用工程费用
A.4.2		需要分析评估对象模块的低层设计和实现的子集
A.5	EAL5	半形式化设计和测试（semiformally designed and tested）
A.5.1		适用于：开发者和使用者在有计划的开发中，采用严格的开发手段，以获得一个高级别的独立保证的安全性，不会因采取专业性安全工程技术而增加一些不合理的开销
A.5.2		需要分析所有功能的实现，还需要额外分析功能规范和高层设计的形式化模型和半形式化表示
A.6	EAL6	半形式化验证的设计和测试（semiformally verified design and tested）
A.6.1		适用于：在高风险环境下的特定安全产品或系统的开发，且要保护的资源值得花费一些额外的人力、物力和财力
A.7	EAL7	形式化验证的设计和测试（formally verified design and tested）
A.7.1		适用于：一些安全性要求很高的评估对象开发。这些评估对象将应用在风险非常高的地方，或者所保护资产的价值很高的地方
A.7.2		目前，该级别的评估对象比较少，一方面是对安全功能全面的形式化分析难以实现，另一方面在实际应用中也很少有这类需求

7.1.5　民生银行安全评审流程

民生银行为确保应用系统开发及生产运行安全，制定了较为严格的应用系统安全评估管理流程，并通过行内的流程管理系统实施管理和进行记录。

民生银行信息系统安全评审流程如图 7-2 所示。

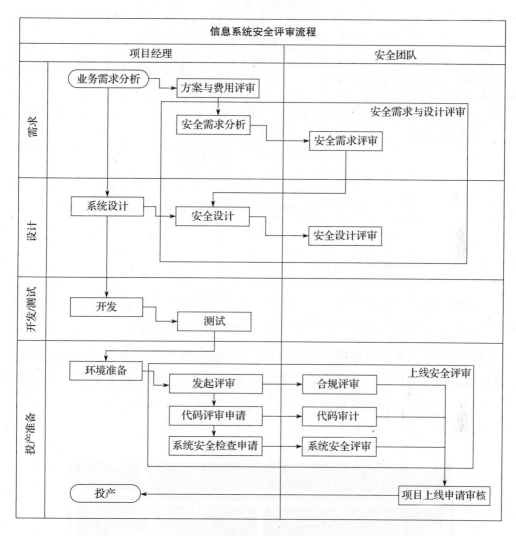

图 7-2　民生银行安全评审流程

该评审过程有安全需求评审、安全设计评审和上线安全评审，通过必要的安全评审保证了安全开发的工作质量。

7.1.6　安全需求

民生银行的安全需求分析是从威胁分析开始的，通过完备的威胁分析和系统的实际情况进行安全需求分析。为保证安全需求分析的有效性和效率，民生银行将行内系统分为 10 大类、29 小类、49 个分类，分类生成安全需求的分析模板，有效提高安全需求分析的效率，如图 7-3 所示。

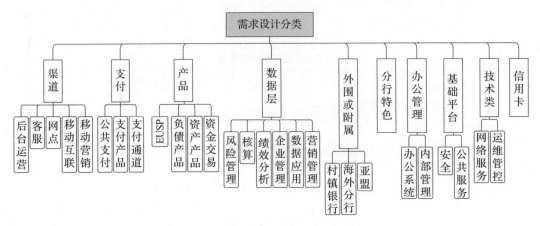

图 7-3　民生银行安全需求和设计分类

7.1.7　情景式需求分析平台

针对安全需求的分析比较复杂、对人员的安全知识要求比较高、实施困难等现状，民生银行在分类安全需求的基础上建立情景式需求分析平台。

整个平台建立在庞大的威胁资源库衍生的安全需求集合的基础上，结合对现有系统的威胁模型的分析，实现情景式安全需求自动分析系统。让普通的程序员像安全专家一样进行安全需求分析。

系统的架构如图 7-4 所示。

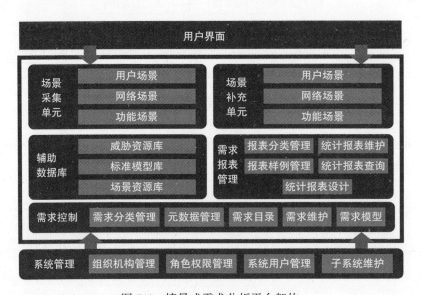

图 7-4　情景式需求分析平台架构

7.1.8 安全设计和开发支持

在安全设计和开发阶段，提供包含安全解决方案/安全组件/安全框架的三级技术支撑。其中，安全解决方案是针对常见安全需求的完整解决方案说明；安全组件是源代码级的，可作为组件使用的安全程序；安全框架是包含常用安全功能的软件框架。

7.1.9 安全解决方案

针对重点安全需求制订安全解决方案，如表 7-5 所示。

表 7-5　安全解决方案

序号	重点安全需求	安全类别	对应安全威胁
1	交易防篡改	业务安全	交易篡改
2	防越权	服务器端安全	越权攻击
3	防重放	业务安全	交易重放
4	防跨站	服务器端安全	跨站脚本攻击
5	防 SQL 注入	服务器端安全	SQL 注入
6	防短信炸弹	服务器端安全	短信炸弹攻击
7	敏感信息保护	服务器端安全	敏感信息泄露
8	报文全加密	客户端安全	报文截取、窃听
9	客户端认证服务端	客户端安全	中间人攻击
10	客户端加壳	客户端安全	非法修改、反编译、动态调试
11	防分布提交攻击	服务器端安全	分布交易绕过

7.1.9.1 安全组件

民生银行已经建成安全组件库，具体如表 7-6 所示。

表 7-6　安全组件库

序号	分类	组件名称	组件服务方式
1	业务安全	防重放	源代码
2	业务安全	防参数越权	源代码
3	业务安全	忘记密码	源代码
4	业务安全	防 SQL 注入	源代码
5	应用安全	防跨站	源代码
6	应用安全	文件上传	源代码
7	应用安全	文件下载	源代码
8	应用安全	业务安全日志	源代码 + 接口服务
9	应用安全	防短信炸弹	源代码
10	应用安全	图片验证码	源代码
11	应用安全	随机数生成器	源代码
12	应用安全	COOKIE 保护	源代码
13	应用安全	数据脱敏	源代码
14	应用安全	密码加密存储和校验	源代码

7.1.9.2 安全框架

民生银行安全框架满足行内的常见安全需求,其安全功能包括客户端认证服务端、密码控件、本地敏感数据加解密、应用加固等,还有面向移动应用开发的移动安全框架。

7.1.9.3 上线安全评审

民生银行的项目在投产准备阶段,必须进行上线安全评审。上线安全评审是对系统安全的一个综合性评测,包含的内容有:核查是否已经通过安全需求与方案评审,组织和开展安全合规检查、代码安全评审、系统安全评审等,完成应用系统投产前的安全评估工作。

上线安全评审阶段除使用常见的渗透测试工具,还建设代码安全云检测平台实现源代码安全检测。该平台可以调用多种源代码检测工具实现综合检测,并支持每个开发人员可随时进行自助式代码检测,进而大大提高源代码检测的效率(见图 7-5)。民生银行还建设自动化安全规则审计平台,实现业务逻辑类漏洞(如越权等逻辑漏洞)的工具化检测。

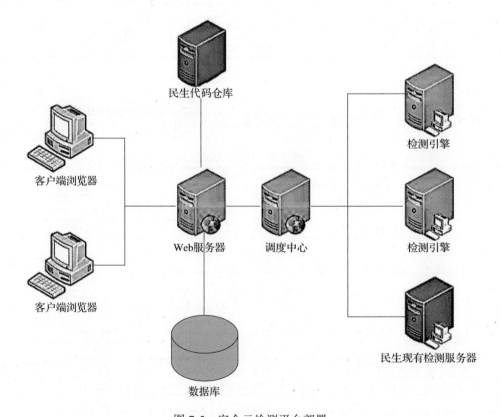

图 7-5 安全云检测平台部署

7.1.10 小结

民生银行通过建立和完善全生命周期开发安全管理体系，将安全保障贯穿信息系统生命周期始终，覆盖信息系统生命周期各项活动，保证了信息系统生命周期各阶段安全活动有明确的部门和角色来执行，分工明确，责任落实，便于量化考核。

同时，通过安全体系和工具/框架的推广使用，节省安全成本。在信息系统开始规划阶段即全面考虑系统安全问题，实施各种安全控制措施，从而做到早发现、早预防、早整改，节省综合成本。通过统一安全组件/安全框架的形式，以架构和平台来解决主要安全问题，简化安全管理。

民生银行的全生命周期安全管理将必要的安全控制纳入开发工作中，利用辅助工具/框架等手段提高工作效率，做到"环环安全把关，步步工具相助"，为民生银行信息系统的安全保障做出了应有的贡献，其思考和实践为银行业开发安全领域的探索提供了启发和经验。

7.2 中国农业银行安全开发管控实例

7.2.1 项目背景

随着信息科技与商业银行业务的深度融合，银行业务对信息系统的依赖性日益增强，银行信息化的快速发展，对信息科技风险管理提出了更高的要求。其中，如何在信息系统全生命周期开展安全开发管理，确保其信息系统安全可靠，已成为商业银行必须认真面对的一个重要课题。

7.2.2 安全开发管理理念及思路

农业银行结合内外部监管要求和自身工作实际，建立了符合工作需要的"研发过程风险管控体系"，实现对项目研发全过程的安全管理。

7.2.2.1 研发过程风险管控体系概述

研发过程风险管控体系以"外部审计、测评、漏洞处置、内部风险排查与处置"等为驱动力，以提高信息系统"安全性、合规性"为目标，具体包括组织体系、制度体系、标准体系和安全技术支持服务体系四大部分，如图 7-6 所示。

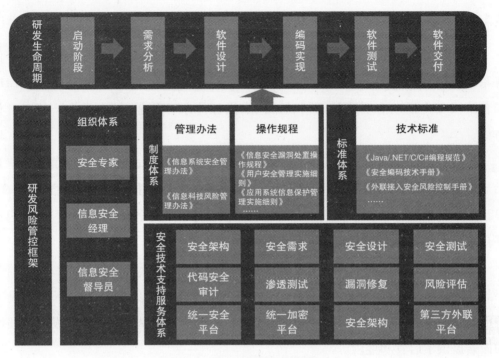

图 7-6 研发过程风险管控体系

该体系本质上是对信息系统全生命周期安全开发理念的实践，具体化了各项管理制度、标准和技术工具。通过对研发过程风险管控工作进行体系性规划，确定总体开展策略和原则，解决了审核流程、标准等一系列问题，对于指导后续工作开展，提高安全开发工作的合理性和效率，降低安全管理和技术成本具有重要意义。

7.2.2.2 信息系统开发各阶段安全管控措施

在信息系统建设启动、需求分析、系统设计、编码、软件测试和交付各阶段，均同步开展相应的安全管理活动，如图 7-7 所示。

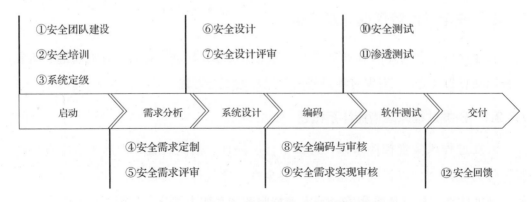

图 7-7 信息系统开发各阶段安全管控措施

7.2.2.3 安全开发使用的工具

安全开发过程中使用的工具主要有：源代码规范性检查工具、源代码安全检查工具、系统安全测试工具等。

源代码规范性检查工具：采用了 Jtest、.test 等面向不同语言的规范性扫描工具。

源代码安全检查工具：采用了 Fortify 工具，对信息系统源代码进行安全扫描，并指导安全缺陷修复工作开展。

系统安全测试工具：采用了具有黑盒、白盒、性能测试及渗透测试的工具，对信息系统进行复合检查。

7.2.3 安全开发管控项目实践

本节是针对具体项目——监管信息报告系统项目的安全管控的实践加以介绍。

7.2.3.1 项目基本情况

近几年，随着银行业改革的不断深入，银行业监管越来越严格：一是监管指标越来越复杂，二是监管得越来越细，三是监管报送质量要求越来越高。银保监会的银行监管统计数据质量管理"良好标准"要求各行完善监管统计制度，从根本上解决监管统计数据质量问题。某商业银行目前的监管统计数据采用各级机构逐层上报方式，存在的问题主要有：一是各分行统计数据分散加工，各分行数据加工逻辑、统计口径不一致，统计数据质量差；二是数据分散，数据孤岛现象严重；三是分行、支行、网点统计人员统计任务繁重。为从根本上解决上述问题，切实减轻下级机构负担，实现银行业外部监管部门、人民银行、银保监会及各地方监管局监管统计数据的集中加工、统一管理，监管数据"一口出"，确保各监管统计数据"同源同质同规"，推动各行由生成数据向使用数据、分析数据工作模式的转变，深入挖掘数据潜在价值，该商业银行启动了监管信息报告系统项目。该系统依托大数据平台，具有一体化的报表配置、数据加工、填报、集团并表、发布展现、监测预警、分析报告、组装报送等监管报送全流程管理功能，全面支撑人民银行"金融统计数据集中"、"标准化存贷款综合抽样统计监测"、"全球系统性重要银行通用数据模板信息"、"精准扶贫贷款专项统计"、银保监会"1104 工程"、"新资本协议"、"监管标准化测试数据报送"以及"流动性覆盖率信息披露"等监管统计数据加工报送需求。

为确保该系统的安全可靠性，防范研发风险，该商业银行在项目开展过程中实施了项目研发风险管控工作。该商业银行项目研发风险管控具体工作已融入项目全生命周期各阶段的管理制度、方法及工具中。

7.2.3.2 立项准备阶段

立项准备阶段,由业务部门牵头进行系统可行性分析及业务需求研制。该系统业务需求及可行性分析由该行信息管理部门牵头,联合相关业务部门及科技部门共同研制。其中安全管控工作主要有:

(1) 项目安全分析。从技术、经济、社会等各方面,从金融环境、外部监管、内部资源和信息安全等多角度,包括潜在环境风险、设备风险和操作风险等安全风险分析,对该系统安全进行全面论证,采取有效的风险应对措施。

(2) 业务安全性需求。依据该商业银行信息系统风险管控相关要求以及该行具体情况,对该系统的用户管理、角色管理、权限管理和身份识别等安全性业务需求进行论证,并提出符合各项安全规定的具体业务要求。

7.2.3.3 立项阶段

立项阶段,该商业银行信息科技管理部门按照项目管理办法启动立项流程。其中,安全管控工作主要是信息系统安全保护等级评定,后续将依据安全保护级别确定项目安全实施的各项标准。

研发风险管控部门对业务需求等立项申请材料进行分析,确定该信息系统安全保护级别。监管信息报告系统涉及的业务信息主要包括各类统计分析及监管报表,主要实现监管统计数据的总行集中加工、全行共享使用,以及外部监管报送等服务。该系统业务服务遭到破坏后,可能导致无法向外部监管部门进行正常的数据上报服务。根据GB/T 22240—2020《信息安全技术 网络安全等级保护定级指南》及《中国人民银行关于银行业金融机构信息系统安全等级保护定级的指导意见》(银发〔2012〕163号),该行将监管信息报告系统定为安全等级保护二级系统。其业务信息、系统服务安全保护等级矩阵表分别如表7-7、表7-8所示。其信息系统安全保护级别判定如表7-9所示。

表7-7 监管信息报告系统业务信息安全保护等级矩阵表

监管信息报告系统业务信息安全被破坏时所侵害的客体	对相应客体的侵害程度		
	一般损害	严重损害	特别严重损害
公民、法人和其他组织的合法权益	第一级	第二级	第二级
社会秩序、公共利益	第二级	第三级	第四级
国家安全	第三级	第四级	第五级

表 7-8 监管信息报告系统系统服务安全保护等级矩阵表

监管信息报告系统	对相应客体的侵害程度		
系统服务安全被破坏时所侵害的客体	一般损害	严重损害	特别严重损害
公民、法人和其他组织的合法权益	第一级	第二级	第二级
社会秩序、公共利益	第二级	第三级	第四级
国家安全	第三级	第四级	第五级

表 7-9 监管信息报告系统信息系统安全保护级别判定表

信息系统名称	安全保护等级	业务信息安全等级	系统服务安全等级
监管信息报告系统	二	二	二

该商业银行信息科技部门的研发风险管控部门据此起草了《关于"监管信息报告系统项目"等级保护定级意见的说明》。该材料作为立项材料内容之一，提交该商业银行信息科技风险管理领导小组审批。

经高层领导审批后，该项目准许立项。随后，信息科技部门向软件开发部门下发项目实施函，要求该行软件开发部门组织该项目的项目经理竞聘，组建项目组，负责组织实施监管信息报告系统建设，并要求在项目开发过程中按照等级保护二级标准要求开展项目安全设计开发工作。

7.2.3.4 计划阶段

计划阶段，项目经理负责成立项目组，任命项目组管理人员角色，制定项目目标定义书，组织进行功能点梳理、工作量估算，以及制订各项管理计划。具体安全管理工作主要有组建安全团队、制订安全培训计划和制订安全管理计划。

（1）组建安全团队。根据项目启动通知，项目经理组建监管信息报告系统项目团队，并由项目经理指定一位具有丰富研发工作经验和信息安全知识的技术经理担任项目信息安全经理，负责实施项目研发过程中的研发风险管控工作。同时，研发风险管控部门为该项目指定了信息安全督导员，负责全程跟踪和督导项目研发风险管控工作。

（2）制订安全培训计划。信息安全经理制订对包括项目经理在内的全体项目组成员进行安全培训的计划，并按计划组织进行培训活动（见表 7-10）。

表 7-10 安全培训计划

项目阶段	培训人员	安全培训内容	计划日期	讲师
计划阶段	项目组全体成员	研发风险管控工作流程和要求；信息科技风险监管要求与案例分析；内外部监管要求、业界信息安全动态	××××-××-××	信息安全督导员
	项目经理、信息安全经理	ISO27001 信息安全管理体系标准、商业银行信息科技风险管理指引	××××-××-××	信息安全督导员

（续）

项目阶段	培训人员	安全培训内容	计划日期	讲师
需求分析阶段	需求经理、需求分析成员	安全需求指南	××××-××-××	信息安全经理
设计阶段	项目经理、技术经理、设计人员	架构设计指引	××××-××-××	信息安全经理
编码阶段	编码人员	安全编码规范、漏洞扫描工具使用、OWASP Top 10 2017、安全编码技术手册	××××-××-××	信息安全经理
测试和投产阶段	项目组运维人员	安全生产运维	××××-××-××	信息安全经理

（3）制订安全管理计划。在制订项目实施计划过程中，根据研发风险管控工作要求，梳理关键研发风险管控活动，结合项目整体时间计划形成该项目的安全管理计划。安全管理计划主要包括研发风险管控活动计划和安全报告计划两部分，分别如表7-11和表7-12所示。

表7-11 研发风险管控活动计划

项目阶段	安全支持活动	计划日期
计划阶段	制订"安全管理计划"和"风险管理计划"，并通过计划评审	××××-××-××
需求分析阶段	进行安全需求分析，明确安全需求，并通过需求评审	××××-××-××
设计阶段	进行安全设计，并通过设计评审	××××-××-××
编码阶段	组织源代码安全审核工作	××××-××-××
测试阶段	开展安全需求实现审核，完成《安全需求实现审核报告》	××××-××-××
投产阶段	进行发现问题的整改工作	按需
全程	安全风险排查、跟踪各安全风险事项状况，制定应对措施和更新安全风险登记簿，并向相关人员发布	每周项目例会
全程	研发风险管控工作的督导	随时

表7-12 安全报告计划

报告名称	负责人	报告时机	报告对象
《安全需求实现审核报告》	信息安全督导员	安全需求实现审核工作结束后	业务经理、项目经理、信息安全经理
《研发风险管控工作总结报告》	信息安全督导员	研发风险管控工作结束后	研发风险管控部门负责人、项目所在部门负责人
《项目风险登记簿》	信息安全经理	每周	项目所在部门负责人、信息安全督导员、业务经理、项目经理

7.2.3.5 需求分析阶段

1. 安全需求分析培训

信息安全经理组织，信息安全督导员配合，结合本项目实际情况，共同对需求经理及需求分析团队进行安全需求分析培训。培训内容主要有：业务安全性需求分析方法与步骤，《安全需求指南》介绍，以及安全等级保护各级别信息系统安全要求等。

2. 安全需求分析

在需求分析阶段，由信息安全经理牵头，信息安全督导员配合对监管信息报告系统业务安全性需求进行分析；同时，根据《安全需求指南》中安全等级保护级别为二级的信息系统安全要求进行差距分析，明确本项目需要实现的安全需求内容，并按本项目需求规格说明书进行完善。

该商业银行《安全需求指南》中对等级保护二级信息系统的安全需求包括物理、网络、系统、应用、数据 5 个方面。其中，应用安全方面包括 9 类共 49 个单项需求（包含 25 个强制需求）。根据监管信息报告系统实际情况，项目组将系统应用安全目标设定为 8 类共 37 个单项需求，其中 23 个强制需求全部采纳。所采纳的 8 类安全需求分别是身份鉴别、访问控制、安全审计、通信完整性和保密性、存储完整性和保密性、抗抵赖、软件容错、资源控制，如图 7-8 所示。

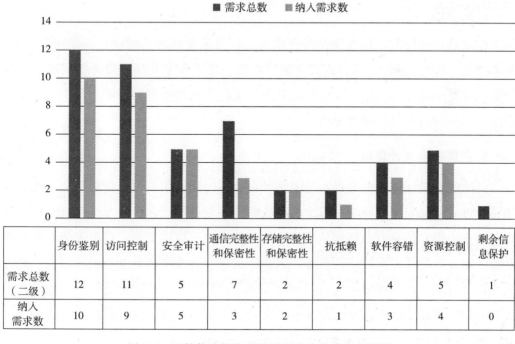

	身份鉴别	访问控制	安全审计	通信完整性和保密性	存储完整性和保密性	抗抵赖	软件容错	资源控制	剩余信息保护
需求总数（二级）	12	11	5	7	2	2	4	5	1
纳入需求数	10	9	5	3	2	1	3	4	0

图 7-8 监管信息报告系统项目安全需求定制结果

3. 安全需求评审

为确保安全需求的准确性、合理性，信息安全督导员组织召开安全需求评审会议，邀请相关安全领域专家参会，进行安全需求评审工作。

信息安全督导员根据本项目安全需求特点，邀请该商业银行的安全管理部门、内控合规部门、审计部门、设备管理部门、运营管理部门专家及项目经理，组成安全需求评审小组，对该项目安全需求进行评审。评审过程中，首先由项目信息安全经理介绍了项目背景、总体需求和安全需求的定制过程和结果，参会专家就安全需求定制情况进行了提问，并针对项目组反馈情况提出了敏感数据传输加密应纳入需求的建议。经会议讨论后，该建议被采纳，并正式纳入安全需求范围。

评审通过后，信息安全督导员将安全需求及评审过程文档进行备案，作为后续安全设计、安全编码和测试等工作的依据。

7.2.3.6 设计阶段

1. 安全设计培训

信息安全经理组织，信息安全督导员配合，结合本项目实际情况，共同对技术经理及系统设计团队进行安全设计培训。培训内容主要有《架构设计指引》介绍、《安全设计指南》等。

2. 安全设计

在项目设计阶段，信息安全经理牵头，信息安全督导员配合，依据安全需求，参考《安全设计指南》，结合该商业银行环境、技术水平及项目资源等情况，进行信息系统安全设计，并作为《监管信息报告系统项目设计规格说明书》中的"安全设计"部分的内容写入项目文档。

3. 内部安全设计评审

内部安全设计评审由项目实施团队所在处室内部组织进行。信息安全经理邀请项目经理、信息安全督导员、至少两名处内资深专员和三名高级专员组成安全设计内部评审小组。信息安全经理从本项目的环境安全、架构安全、信息安全、安全性功能、审计功能等方面使用的技术、工具、资源、开发平台及开源组件出发，进行安全设计介绍，在内部评审人员在对该系统的设计充分、全面地了解后，每位评审人员分别给出评审意见及结论。评审结论分为"通过""有条件通过""不通过"三种情况。

（1）"通过"是指设计中不存在安全问题，符合国家及外部监管部门对银行业信息系统安全相关要求。

（2）"有条件通过"是指安全设计中存在轻微或一般问题，按评审意见纠正，信息安全经理组织完善纠正后，向评审人员提交函审。

（3）"不通过"是指安全设计中存在严重缺陷或问题，信息安全经理组织对安全设计进行纠正，再组织召开复审会议，再次进行审议。

本项目经过内部评审及后续函审，评审结论一致通过后，项目经理向该商业银行信息系统研发部门技术委员会提请进行技术委员会审查。

4. 技术委员会审查

技术委员会由该商业银行信息系统研发部门各领域专家组成。技术委员会在对本项目进行总体设计评审的同时，同步进行安全设计审查。依据该商业银行《技术委员会技术审查工作手册》管理办法，技术委员会技术审查分为三个级别：一级审查，由该商业银行研发部门技术委员会主任主持审查；二级审查，由技术委员会主任授权人员主持；三级审查，由项目实施部门主管领导或其授权人员主持。技术委员会秘书处依据技术审查分级定义确定监管信息报告系统审查级别为二级。二级审查以审议会方式进行，技术委员会秘书处组织举办。技术委员会秘书处邀请技术委员会安全领域专家对本项目安全设计进行评审。针对安全专家提出的评审意见，由信息安全经理进行反馈。根据该商业银行评审流程，评审意见分为"通过""有条件通过""不通过"三种情况，与内部评审处理办法相同。

最终经过评审和信息安全经理反馈后，该项目安全设计顺利通过技术委员会审查，形成安全设计基线。

7.2.3.7 编码阶段

1. 安全编码培训

在编码阶段，信息安全经理组织，信息安全督导员配合，针对本项目使用具体开发语言和开源框架，共同对技术经理及系统设计团队进行安全编码培训。培训内容主要有《Java 语言安全编码规范》《C 语言安全编码规范》《数据库编程规范》《安全编码技术手册》等内容。

2. 源代码安全审核

在编码阶段，项目组团队严格按照代码编写规范进行代码编写。编码工作基本完成后，信息安全经理将源代码提交源代码安全审核工具进行漏洞扫描，并组织编码人员对扫描发现问题进行了修复。该项目首次源代码安全审核和最终审核结果对比如图 7-9 所示。

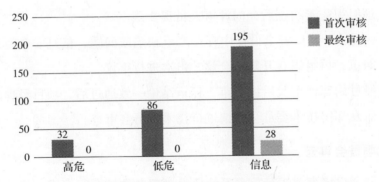

图 7-9　监管信息报告系统项目两次源代码安全审核结果对比

3. 安全需求实现审核

在系统提交测试之前，信息安全经理向研发风险管控部门申请对项目安全需求实现情况进行审核。研发风险管控部门受理申请后，从安全专家团队中重新抽取两位专家与项目信息安全督导员共同组成安全需求实现审核小组。

安全需求实现审核小组组织召开了该项目的安全需求实现审核会议。会上，由信息安全经理介绍项目安全需求分析、安全设计、源代码安全审核结果。安全需求实现审核小组对每一项安全需求的实现情况进行了审核。

经评审，该项目在需求分析阶段设定 5 大方面共 127 项安全需求，其中，前期已实现安全需求 93 项，本项目新实现安全需求 30 项，有 4 项安全需求未能实现。对于未能实现的安全需求，有 3 项为受资源或技术能力限制未能实现，1 项为安全实现未达到预期目标。对于受资源或技术能力限制未能实现，项目组均采取了相应的风险缓释措施；对于未达到预期目标的安全需求，安全需求实现审核小组给出了改进建议，要求项目组尽快完成整改工作。

根据安全需求实现审核会议要求，项目组快速完成了未达到预期目标的安全需求的加固改造，并将整改结果提交安全需求实现审核小组再次审核。经过审核后，安全需求实现审核小组认为该项目安全需求完成情况基本达标，并要求信息安全督导员起草《监管信息报告系统项目安全需求实现审核报告》。

信息安全督导员根据安全需求实现审核情况完成该报告，经安全需求实现审核小组审核确认后发送该项目业务经理、项目经理、信息安全经理。

7.2.3.8　测试阶段

进入测试阶段后，由测试经理组织在该项目功能、性能测试过程中，同步对安全功能、性能进行测试，同时采用漏洞扫描工具对测试环境下的系统进行了漏洞扫描。由于该系统非互联网应用系统，因此未对其进行渗透测试。

本项目在测试阶段共发现安全方面缺陷 29 个，各类缺陷数量如图 7-10 所示。

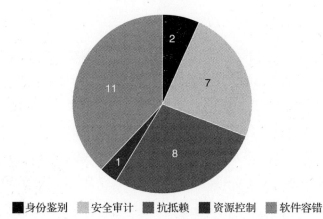

图 7-10　监管信息报告系统项目测试发现安全缺陷类别数量图

根据测试发现的问题和漏洞，信息安全经理牵头组织项目组成员进行修复，并将修复后的信息系统再次提交测试，最终系统通过全部安全测试。

7.2.3.9　投产阶段

1. 投产安全准备

项目组成立了投产工作小组，制订了投产实施方案，起草了投产操作手册、安全运维操作手册、应急操作手册等文件。其中，信息安全经理担任投产安全小组组长，制订了投产风险评估和应急响应计划。

2. 安全投产评审

项目投产准备就绪后，项目经理向该商业银行科技管理部门提交项目投产申请。科技管理部门牵头，统筹信息系统运行和保障部门，组织召开投产变更评审会，对本项目投产准备情况、投产风险分析、应急响应预案进行审议。审议通过后，批准该项目按计划投产。

经过紧张有序的投产实施工作，该商业银行监管信息报告系统投产工作顺利完成。经过一段时间的运行保障后，项目组将运维工作移交运维团队，随后完成了结项工作，项目组正式解散。

信息安全督导员根据该项目研发风险管控工作实施情况，起草了《监管信息报告系统项目研发风险管控工作总结报告》，就项目各阶段研发风险管控工作执行情况、各阶段评审发现的问题及修复情况、信息系统最终安全审核结果、研发风险管控工作过程中出现的问题和改进工作建议等进行总结，发送研发风险管控部门负责人、项目所在部门负责人。

7.2.4 小结

中国农业银行结合内外部监管要求和自身安全要求建立全生命周期研发过程风险管控体系，实现对全周期的安全管理。

该管控体系以"外部审计、测评、漏洞处置、内部风险排查与处置"等为驱动力，以提高信息系统"安全性、合规性"为目标，具体包括组织体系、制度体系、标准体系和安全技术支持服务体系四大部分。研发过程风险管控体系为中国农业银行信息系统的安全保障发挥作用，其思考和实践为银行业开发安全领域的探索提供启发和借鉴。

7.3 基于架构安全的开发安全管理实践

7.3.1 架构管理介绍

本节以某大型商业银行为例加以阐述。架构是信息系统的灵魂，是支撑和连接信息系统各部分的关键，正所谓"无架构、不系统"。TOGAF（The Open Group Architecture Framework，开放企业架构框架）的定义是"架构是针对某种特定目标系统的，具有体系性的、普遍性的问题而提供通用的解决方案，往往是对复杂形态的一种共性的体系抽象"。

架构可以分为业务架构和IT架构。其中，IT架构包括数据架构、应用架构、技术架构等层面。架构又可以分为企业级架构和单个系统的架构。其中，企业级架构起统一规划、承上启下的作用，向上承接企业战略发展和业务模式，向下规划和指导各个系统的定位和功能。单个系统的架构关注系统模块、功能点设计，包括前台展示、业务处理逻辑、后台数据结构等，其架构设计需要遵循企业级架构设计原则。

架构管理是建立和维护企业级架构，指导和规范单个系统架构设计的过程。架构管理的主要对象为企业架构原则、愿景、需求以及业务架构、信息系统架构、技术架构和架构实现等。良好的架构管理能够获得IT效率和业务创新之间的恰当平衡，能够为企业带来重要的商业效益。

在银行业，架构管理日益受到广泛重视。某大型商业银行基于TOGAF，结合自身实际，设计和实施了结构合理、管理完善的架构管理体系。

7.3.1.1 管理组织

为加强架构统筹和管理，发挥技术骨干的辅助决策和专家支持作用，该商业银行在设置专业处室的基础上,成立了技术委员会,负责 IT 架构管理组织工作,形成了矩阵式的架构管理组织结构(见图 7-11)。

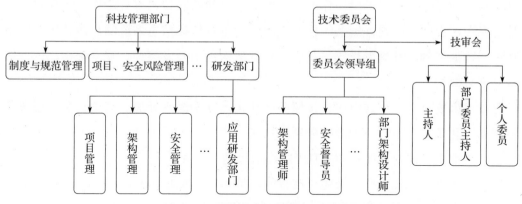

图 7-11 矩阵式的架构管理组织结构

7.3.1.2 标准规范

不以规矩,不成方圆。为规范架构管理和架构设计,该商业银行建立了覆盖战略规划、管理制度、技术规范三个层级的标准规范体系。其中战略规划明确了企业架构的目标、策略和原则,以及该行 IT 架构的总体规划和指导方针;管理制度明确了架构管理相关工作角色、职责、流程和管理要求;技术规范是对具体业务领域、功能模块的指导性设计标准(见图 7-12)。

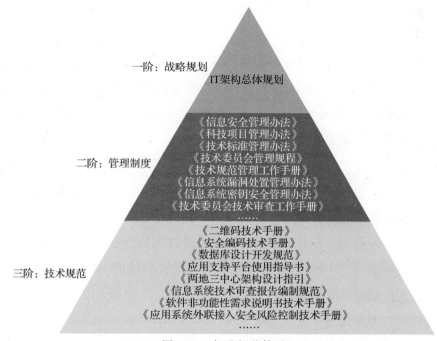

图 7-12 标准规范体系

7.3.1.3 管理机制

架构评审是实现架构管理的有效手段。该商业银行技术委员会以技审会为抓手，通过分级分类、多部门协作的审查方式，全面开展技术审查工作，实现对全行信息系统建设的架构设计把关。技术审查内容主要包括信息系统的总体架构、应用架构、数据架构、基础架构等。其中，基础架构包括开发架构、安全架构、运行架构和部署架构等。

技术审查以会议形式组织，按照两个层次、三个级别开展。其中，两个层次为专家初审和正式会审，三个级别分别为：

一级审查，由技术委员会主任（总经理级别）主持。

二级审查，由技术委员会主任授权的人员（专家或处长级）主持。

三级审查，由项目（任务）主办部门的处长或其授权人员主持。

7.3.1.4 管理工具

为提高架构管理的工作效率和规范性，该商业银行建设了"科技管理平台""数据模型设计与管理系统""接口管理系统"等系统。其中，"科技管理平台"实现了项目全生命周期的项目管理流程的信息化管理；"数据模型设计与管理系统"管理了各个应用的数据结构，为企业级数据标准的落地实施提供了技术支撑；"接口管理系统"实现了应用接口的维护、查询、申请、审批、发布流程的一体化管理，实现了系统间关系的统筹管理。

7.3.1.5 平台支撑

通过建设开发平台，以及对开源软件的集中管理，该商业银行实现了架构统筹和资源共享。例如，"统一单点登录平台"为各应用系统提供安全合规的身份识别以及用户管理功能；"统一客户端应用开发平台"提供方便快捷的客户端应用开发工具，且实现了客户端的架构统一等。

7.3.2 架构安全管理

安全是架构管理的重要内容之一。众所周知，信息系统建设的初始阶段是安全投入产出比最高的阶段。但是，安全工作的重要性和特殊性，以及安全问题的时间性和隐藏性，决定了架构安全管理不但是系统设计阶段的工作，还包括在系统运行、维护过程中的持续改进，是一项贯穿信息系统全生命周期的工作。

该商业银行的架构安全管理总体上可以从两方面来看：一是在系统投产前的开发测试阶段，开展信息系统安全定级、安全需求分析和设计、安全审查、安全测试等安全管理活动；二是在系统投产后的运行与维护阶段，开展安全测评、漏洞处置等持续改进工作。

7.3.2.1 安全定级

安全定级即信息系统等级保护定级。安全定级结果将作为系统安全需求分析和设计、安全测试、漏洞处置等安全管理活动中实现分级差异化管理的依据。因此，安全定级是系统架构安全管理的基础。

该商业银行安全定级工作主要依据我国等级保护相关法律法规以及该行制定的《应用系统定级规则》进行，主要依据经济效益和社会效益两个维度。其中，经济效益主要从系统所支撑业务创造价值（包括经营和管理）的角度来评价。社会效益主要从系统所支撑的业务服务国家和服务社会的角度来评价。根据各项指标的量化得分，分别确定系统的等级业务信息和系统服务安全保护等级。

7.3.2.2 安全需求分析和设计

安全需求分析和设计是贯彻架构安全管理要求的重要环节。为规范安全需求分析工作的开展，该行综合等级保护等信息安全标准，以及监管要求制定了"安全需求求说明书模板"（见表7-13），要求项目组在需求分析过程中，明确身份鉴别、访问控制等安全需求。

表 7-13 安全需求说明书模板的主要内容

序号	需求类别	需求内容
1	身份鉴别	双因素身份鉴别、登录失败处理、密码复杂度、定期修改密码、强制修改初始密码等
2	访问控制	访问控制模型、最小权限原则、权限相互制约、限制默认账户访问权限等
3	安全审计	记录审计日志、覆盖到每个用户的每个操作、审计记录内容、日志保存时间、审计日志的使用、审计模块的功能等
4	敏感信息保护	通信完整性、通信保密性、数据完整性、数据保密性等
5	软件容错	数据有效性验证、错误信息保护等
6	资源控制	超时自动结束会话、最大并发会话数限制、单账户多重并发会话限制、系统服务水平监测、服务优先级设定等
7	数据备份与恢复	数据备份策略、备份介质存放、同城备份和异地备份原则等

在设计阶段，要求项目组明确各项安全需求的设计情况，具体包括：

1）描述用户登录时所使用的身份鉴别技术。

2）描述用户权限的授权和管理机制。

3）描述系统记录审计日志的范围、记录内容、记录方式、备份策略、保存时间等。

4）描述系统采用的完整性、保密性、抗抵赖技术手段，以及所使用的摘要算法、签名算法、加密算法、密钥长度、加密协议等。

5）描述系统的软件容错设计。

6）描述系统的资源监控和报警设计。

7）描述系统的数据备份和恢复策略等。

7.3.2.3 安全审查

技术委员会在技术审查过程中，同步对项目架构安全设计进行全面审查。审查的重点在于基础架构是否合理、安全需求能否实现和灾备架构是否合理三个方面。

基础架构是否合理。架构设计团队是否根据基础平台架构安全要求和信息系统等级保护级别，以及该商业银行具体环境、技术水平等实际情况，选择合适的基础软件，确定合理且符合安全要求的集群方式，明确系统接入层、应用服务器层、数据库服务器层及数据存储层所适用的安全的基础产品及架构。

安全需求能否实现。项目组是否根据安全需求分析结果，参考《应用系统外联接入安全风险控制技术手册》《身份认证架构设计指引》等技术规范，完成身份认证、访问控制、安全审计等安全功能设计，并结合所选择的开发架构，规划合理的应用接口和数据交换方式，形成满足系统安全需求的安全设计结果。

灾备架构是否合理。项目组是否依据安全需求，参考《总体架构设计规范》等标准，确定基础平台架构（主机平台或开放平台），再根据系统等级保护级别确定灾备等级及该行《两地三中心架构设计指引》，明确灾备架构。

7.3.2.4 安全测评

安全测评是指借助专业的测评机构或团队，对已投产运行信息系统的安全性和合规性水平进行测试和评价，及时发现系统的安全性和合规性问题，指导商业银行排除风险隐患，提高系统的安全性。安全测评是架构安全管理的重要环节之一，这对于及时发现系统架构安全问题，改进架构安全管理水平意义重大。

根据我国《网络安全法》，"关键信息基础设施的运营者应当自行或者委托网络安全服务机构对其网络的安全性和可能存在的风险每年至少进行一次检测评估"。该商业银行聘请了"公安部信息安全等级保护评估中心"作为独立的第三方，定期对信息系统进行安全测评。在测评过程中，测评专家采用调研表、现场访谈及应用系统测试环境验证等方式，对该商业银行系统的基本情况、业务流程、安全功能等进行调研、测试和验证，并依据等级保护标准形成测评报告。

针对测评发现的问题，该商业银行高度重视，积极组织进行整改，一方面与公安部专家沟通，明确整改要求，制订并实施整改方案；另一方面，对发现的问题进行深入研讨，举一反三，完善架构管理体系，对于共性的、难整改的问题，进行专题研究，总结制定针对性的安全技术规范。

7.3.2.5 漏洞处置

安全漏洞危害着信息系统安全。做好安全漏洞处置工作，应坚持"快速处置、全面排查、等级区分、资源倾斜"的原则。这既是对现有系统的安全保护，同时又是对架构安全管理体系的完善。

针对可能存在的安全漏洞，该商业银行除开展内部漏洞扫描和监测外，还聘请外部独立专业公司和机构，对信息系统进行漏洞检测。根据漏洞管理和处置工作需要，该商业银行建立了漏洞分类标准（见表7-14），并根据不同漏洞的影响范围、危害程度及紧迫性，将其分为低危、中危和高危三种级别。

表 7-14 安全漏洞类别分类表

安全漏洞类别	安全漏洞类别特征
身份伪造	用户信息被获取或破解
数据篡改	信息存储数据被非法修改
行为抵赖	不能对用户的行为进行确定性认定
信息泄露	信息被非法访问
拒绝服务	系统无法对外部提供正常服务
权限提升	用户权限被非法提升
配置漏洞	系统、网络、设备、应用软件等配置不当

针对已发现的漏洞，该商业银行建立了完整的漏洞处置工作流程。首先由安全管理部门进行评估，在确定漏洞危害性级别后发起漏洞处置任务单，明确漏洞处置责任部门，并要求在规定时限内进行排除和解决。针对漏洞的具体情况，其漏洞处置方法可分为以下几类：

1）关闭：永久或暂时关闭存在漏洞的功能模块或应用系统。

2）修复：对应用系统进行升级，解决安全漏洞。

3）临时加固：采取临时附加控制或规则等，暂时解决规避风险，后续进行修复。

4）接受：确认漏洞产生的风险及影响在可接受范围内，接受漏洞。

安全漏洞处置完成后，由安全管理部门进行核验。核验无误后，关闭漏洞处置任务。

7.3.3 小结

该商业银行重视架构建设，通过架构安全管理，推动开发安全管控工作。整体安全需求以架构安全和等级保护要求为出发点，体系简洁，可为银行业在开发安全领域中架构安全管理的探索提供借鉴。

7.4 XcodeGhost 事件

XcodeGhost 事件是在开发过程中对编译器保护不足，导致使用带有后门的编译器，影响最终上线应用安全的安全事件，是典型的开发安全管理不足导致的安全事件，可以充分呈现开发安全管理的现状和风险，值得大家研究。

7.4.1 事件始末

2015 年 9 月，腾讯公司安全团队在跟进一个本公司所开发的一款手机 App 应用的漏洞时，发现该 App 在启动、退出时会通过网络向某个域名发送异常的加密流量，行为非常可疑，于是该安全团队立即跟进，经过分析和追查，发现了该问题是由于使用含有恶意代码的 Xcode 编译器导致的，并随后还原了感染方式、病毒行为和影响面。

Xcode 是运行在操作系统 Mac OS X 上的集成开发工具（IDE），由苹果公司开发。Xcode 是开发 OS X 和 iOS 应用程序的最快捷的方式。Xcode 具有统一的用户界面设计，编码、测试、调试都在一个简单的窗口内完成。

不管是用 C、C++、Objective-C 或 Java 编写程序，在 AppleScript 里编写脚本，还是试图从另一个奇妙的工具中转移编码，均可以使用 Xcode 编译。Xcode 的编译速度快，每次操作都很快速和轻松。

苹果公司为用户提供全套免费的 Cocoa 程序开发工具（Xcode），和 Mac OS X 一起发行，可在苹果公司的官方网站下载。

从上述说明可以看出，Xcode 编译器对于在苹果系统上的应用开发来说是一个重要的工具。

腾讯公司产品团队立刻修补漏洞，发布新版本，同时意识到事件影响面比较广，立即上报了国家互联网应急中心（CNCERT）。

9 月 14 日，CNCERT 发布了一个安全公告，警告非官方的若干版本的 Xcode 程序包（苹果系统的软件开发包）被做了恶意的修改并被故意大范围散发诱导使用，经由这个 Xcode 开发包编译的苹果系统程序会被植入恶意代码。已知有数百个应用程序受影响，包括微信、滴滴出行、中国联通、高德地图、铁路 12306、同花顺等知名 App。这些被特洛伊化的应用会连接外部的控制服务器，导致信息泄露甚至被远程控制。

9 月 18 日，Palo Alto Networks 和 Apple Security Team 公布了手机病毒 XcodeGhost 的有关信息，百度、360 等安全公司也非常重视。黑客利用网盘存储恶意工具，在很多非官方苹果社区论坛中传播。

9 月 19 日，各大互联网安全厂商在官网、微博、论坛、微信等处相继发布 XcodeGhost 的威胁分析报告。具有代表性的分析有百度云安全团队和 360NirvanTeam（涅槃团队）。

9 月 19 日，XcodeGhost 作者公布源代码，XcodeGhost 的后门功能更加清晰，主要威胁功能表现为由服务器下发执行指令到客户端执行，从而提高渗透级别，获取作者关心的任何信息。

主要功能包括：

1）上传软件包应用名称、版本、操作系统等基本信息。

2）可以由服务器下发指令：包括下发打开任意网页指令，下发打开 App 下载链接指令，下发弹出对话框指令。

9 月 20 日后，苹果公司下架了影响比较大的流行 App，各大安全厂商也相继发布了检测工具或提供云实时检测报告。

7.4.2 原理分析

苹果设备上的 App 都是由苹果 Xcode 开发工具所编写，但 Xcode 体积过于庞大，如果在苹果官方商店下载安装会非常缓慢，于是很多开发者会在网盘或迅雷下载。但这些非官方渠道的 Xcode 竟然暗藏杀机，利用开发者感染了企业上架的 App。

完整的攻击链条是：

1）黑客将包含恶意功能的 Xcode 重新打包，发到各大苹果开发社区供人下载。

2）来自各企业内的开发者下载安装了携带恶意代码的 Xcode 编写 App。

3）恶意 Xcode 开始工作，向这些 App 注入信息窃取功能。

4）被注入恶意功能的 App 通过审核上架苹果官方商店。

5）用户在苹果商店安装了这些被感染的 App。

6）这些受感染的 App 启动、后台运行、恢复、结束时上报信息至黑客控制的服务器。

攻击代码分析：在携带恶意代码的 Xcode 中，在 /Applications/Xcode.app/Contents/Developer/Platforms/iPhoneOS.platform/Developer/SDKs/Library/Frameworks/CoreServices.framework/ 目录下包含 CoreService 目录，该目录就是恶意代码所在。通过修改 Xcode 编译参数，可以将这个恶意模块自动地部署到任何通过 Xcode 编译的苹果 App（iOS/Mac）中。

恶意代码内容非常简单，只有少量函数。主要的功能就是先收集一些 iPhone 和 App 的基本信息，包括 App 版本、App 名称、本地语言、iOS 版本、设备类型、国家码等设备信息，能精准地区分每一台 iOS 设备。

上报的域名是 init.icloud-analysis.com，该域名并不是苹果公司的官方网站，而是病毒作者所申请的仿冒网站，是用来收集数据信息的。

黑客能够通过上报的信息区分每一台 iOS 设备，然后如同已经上线的肉鸡一般，随时、随地、给任何人下发伪协议指令，通过 iOS openURL 这个 API 来执行。黑客通过这个方式，不仅能够在受感染的 iPhone 中完成打开网页、发短信、打电话等常规手机行为，甚至还可以操作具备伪协议能力的大量第三方 App。与远程执行指令类似，黑客也可以远程控制弹出任何对话框窗口。

7.4.3 传播途径

XcodeGhost 的传播途径主要是通过传播携带恶意代码的 Xcode。携带恶意代码的 Xcode 压缩包文件先是被发布到了 Douban、SwiftMi、CocoaChina、OSChina 等论坛网站上，然后又在百度云出现了大量下载文件。此外，它还成功感染了迅雷的离线服务器。也就是说，如果程序员常用下载软件是迅雷，就算输入苹果官网的地址下载下来的压缩包，也仍然有可能是被修改过的！

通过搜索引擎搜索"Xcode"出来的页面，除了指向苹果 AppStore 的那几个链接，其余的都是通过各种 id（除了 coderfun，还使用了很多 id，如 lmznet、jrl568 等）在各种开发社区、人气社区、下载站发帖，最终全链接到了不同 id 的百度云盘上。有安全团队下载了近 20 个各版本的 Xcode 安装包，发现居然无一例外地都被植入了恶意的 CoreServices.framework，可见投放这些帖子的黑客对 SEO（Search Engine Optimization，是指通过对网站进行站内优化和站外优化，从而提高网站的网站关键词排名以及公司产品的曝光度）也相当了解。

进一步来看，攻击者做到的效果是只要是通过搜索引擎下载 Xcode，就都会下载到 XcodeGhost，还真的做到了幽灵一样的存在。

7.4.4 影响面

数百个 App 应用被感染,其中不乏大公司的知名应用,也有不少金融类应用,还有诸多民生类应用。保守估计,受这次事件影响的用户数超过一亿。

7.4.5 后续

XcodeGhost 从传统的利用应用漏洞攻击转为利用编程语言灵活性及开发工具配置修改的攻击,攻击手法隐蔽,攻击代码逆向分析非常具有迷惑性。

经过这一事件后,开发团队重新认识了编码工具安全的重要性,真正从内心接受了安全的下载方式——只从官方下载,同时进行 MD5 和 SHA-1 双校验。而这个事件本身所带来的思考,远不止改变不安全的下载习惯这么简单,必须全面考虑编译环境、发布环境的安全,保持编译服务器和自动发布服务器干净的环境,配套完整的安全策略,才能保证在漫长过程中,保证开发环境的安全。

7.4.6 案例总结

在开发过程中,安全问题总是不经意地到来。编译器的安全保护是非常重要但又很容易被忽视的问题。XcodeGhost 事件充分表明对编译器安全的忽略带来的重大风险,揭示了安全开发管理工作的艰难性和巨大价值。

开发安全是一门实践科学,在实际应用过程中,各个商业银行都结合本行的具体情况,形成了自己的开发安全管理特色。同时,读者也应该看到,在开发安全实践中,万变不离其宗的共同点是:

1)分阶段管理,将开发安全嵌入到信息系统开发的各个周期。

2)安全需求的产生和响应是开发安全的驱动力和关键点。

3)安全测试开发是安全工作质量的保障的必备环节。

此外,XcodeGhost 事件也是一个不可多得的典型案例,它揭示了开发安全所面临风险的隐蔽性、间接性和巨大的破坏性,在没有真正发生损失时,或者说还没有发现正在发生损失时,开发团队常常被眼前的业务压力所困,忽略安全开发的相关工作,从而为系统安全埋下隐患。

希望各位读者以 XcodeGhost 案例为戒,真正认识到开发安全的重要性,借鉴其他商业银行的开发安全实践经验,在工作中积极开展开发安全相关活动,保证所推出的信息系统安全可靠,并保障业务的持续稳健发展。

参考文献

［1］ 唐涛根. 关于iOS App开发安全框架设计与实现的探讨［J］. 科技展望, 2017 (26): 19.

［2］ 韩玉会. iOS架构下的应用程序开发研究［J］. 西安文理学院学报（自然科学版）, 2017, 20 (2): 34-36.

［3］ 赵慧娜, 李君芳. 计算机软件安全检测问题研究及检测实现方法［J］. 信息记录材料, 2017, 18 (3): 41-42.

［4］ 欧阳永基, 魏强, 王嘉捷, 等. 基于脆弱点特征导向的软件安全测试［J］. 清华大学学报（自然科学版）, 2017, 57 (9): 903-908.

［5］ 罗超. 浅谈计算机软件安全漏洞原理及防范措施［J］. 信息通信, 2017 (4): 134-135.

［6］ 吕晓强, 张磊, 汤志刚. 信息系统开发全生命周期安全管理研究与实践［J］. 金融电子化, 2016 (8): 75-76.

［7］ 汪普庆. 计算机软件安全及其防范探讨［J］. 数字技术与应用, 2016 (1): 219.

［8］ 斯塔克. 威胁建模：设计和交付更安全的软件［M］. 江常青, 班晓芳, 梁杰, 等译. 北京：机械工业出版社, 2015.

［9］ 张凌云. 浅谈计算机软件安全检测方法［J］. 信息通信, 2014 (1): 140.

［10］ 王刚. 商业银行金融信息系统稳定性策略研究［J］. 河南科技, 2014 (6): 19-21.

［11］ 贾树辉, 陈进. 商业银行IT外包绩效影响因素及作用机制研究［J］. 管理现代化, 2014, 34 (3): 81-83.

［12］ VIEGA J, MCGRAW G. 安全软件开发之道：构筑软件安全的本质方法［M］. 殷丽华, 张冬艳, 郭云川, 等译. 北京：机械工业出版社, 2014.

［13］ 陈炳煌, 邵明, 林秋果. 基于CUnit自动化测试框架的设计与实现［J］. 计算机系统应用, 2013, 22 (2): 194-197.

［14］ HOOG A. Android取证实战：调查、分析与移动安全［M］. 何泾沙, 等译. 北京：机械工业出版社, 2013.

［15］ 赵家玉. 基于逻辑覆盖的软件测试分析［J］. 软件导刊, 2011, 10 (2): 23-25.

[16] 杨萍,杨美红,郭莹,等.中小软件企业项目风险管理过程的分析与研究[J].计算机与数字工程,2009,37(3):97-100.

[17] 林群霞,黎小平.信息系统开发过程中的风险控制[J].惠州学院学报(自然科学版),2008,28(3):76-79.

[18] HOWARD M,LIPNER S.软件安全开发生命周期[M].李兆星,原浩,张铖,译.北京:电子工业出版社,2008.

[19] 钱鸿生,黄立平.基于风险管理的软件生命周期模型研究[J].通信学报,2006,27(5):135-140.

[20] 王寓辰,张金隆,卢新元,等.全生命周期下IT项目风险识别研究[J].管理学报,2005(S2):5-9.

[21] 余勇,林为民.软件安全开发模型的研究[J].计算机安全,2005(4):11-14.

[22] 方洪全,曾勇,唐小我.银行电子业务研发和管理中面临的风险分析[J].中国管理科学,2003,11(4):96-100.

投资与估值丛书

书号	书名	定价
978-7-111-62862-0	估值:难点、解决方案及相关案例	149.00
978-7-111-57859-8	巴菲特的估值逻辑：20个投资案例深入复盘	59.00
978-7-111-51026-0	估值的艺术：110个解读案例	59.00
978-7-111-62724-1	并购估值：构建和衡量非上市公司价值（原书第3版）	89.00
978-7-111-55204-8	华尔街证券分析：股票分析与公司估值（原书第2版）	79.00
978-7-111-56838-4	无形资产估值：如何发现企业价值洼地	75.00
978-7-111-57253-4	财务报表分析与股票估值	69.00
978-7-111-59270-9	股权估值	99.00
978-7-111-47928-4	估值技术	99.00

资本的游戏

书号	书名	定价	作者
978-7-111-62403-5	货币变局：洞悉国际强势货币交替	69.00	（美）巴里.艾肯格林
978-7-111-39155-5	这次不一样：八百年金融危机史（珍藏版）	59.90	（美）卡门M.莱茵哈特 肯尼斯S.罗格夫
978-7-111-62630-5	布雷顿森林货币战：美元如何统治世界（典藏版）	69.00	（美）本·斯泰尔
978-7-111-51779-5	金融危机简史：2000年来的投机、狂热与崩溃	49.00	（英）鲍勃·斯瓦卢普
978-7-111-53472-3	货币政治：汇率政策的政治经济学	49.00	（美）杰弗里 A. 弗里登
978-7-111-52984-2	货币放水的尽头：还有什么能拯救停滞的经济	39.00	（英）简世勋
978-7-111-57923-6	欧元危机:共同货币阴影下的欧洲	59.00	（美）约瑟夫 E.斯蒂格利茨
978-7-111-47393-0	巴塞尔之塔:揭秘国际清算银行主导的世界	69.00	（美）亚当·拉伯
978-7-111-53101-2	货币围城	59.00	（美）约翰·莫尔丁 乔纳森·泰珀
978-7-111-49837-7	日美金融战的真相	45.00	（日）久保田勇夫

CFA协会投资系列
CFA协会机构投资系列

机械工业出版社陆续推出了《CFA协会投资系列》（共9本）《CFA协会机构投资系列》（共4本）两套丛书。这两套丛书互为补充，为读者提供了完整而权威的CFA知识体系（Candidate Body of Knowledge，简称CBOK），内容涵盖定量分析方法、宏微观经济学、财务报表分析方法、公司金融、估值与投资理论和方法、固定收益证券及其管理、投资组合管理、风险管理、投资组合绩效测评、财富管理等，同时覆盖CFA考试三个级别的内容，按照知识领域进行全面系统的介绍，是所有准备参加CFA考试的考生，所有金融专业院校师生的必读书。

序号	丛书名	中文书号	中文书名	原作者	译者	定价
1	CFA协会投资系列	978-7-111-45367-3	公司金融：实用方法	Michelle R. Clayman, Martin S. Fridson, George H. Troughton	汤震宇 等	99
2	CFA协会投资系列	978-7-111-38805-0	股权资产估值（原书第2版）	Jeffrey K. Pinto, Elaine Henry, Jerald E. Pinto, Thomas R. Robinson, John D. Stowe, Abby Cohen	刘醒云 等	99
3	CFA协会投资系列	978-7-111-38802-9	定量投资分析（原书第2版）	Jerald E. Pinto, Richard A. DeFusco, Dennis W. McLeavey, David E. Runkle	劳兰珺 等	99
4	CFA协会投资系列	978-7-111-38719-0	投资组合管理：动态过程（原书第3版）	John L. Maginn, Donald L. Tuttle, Dennis W. McLeavey, Jerald E. Pinto	李翔 等	149
5	CFA协会投资系列	978-7-111-50852-6	固定收益证券分析（原书第2版）	Frank J. Fabozzi	汤震宇 等	99
6	CFA协会投资系列	978-7-111-46112-8	国际财务报表分析	Thomas R. Robinson, Elaine Henry, Wendy L. Pirie, Michael A. Broihahn	汤震宇 等	149
7	CFA协会投资系列	978-7-111-50407-8	投资决策经济学：微观、宏观与国际经济学	Christopher D. Piros	韩复龄 等	99
8	CFA协会投资系列	978-7-111-46447-1	投资学：投资组合理论和证券分析	Michael G. McMillan	王晋忠 等	99
9	CFA协会投资系列	978-7-111-47542-2	新财富管理：理财顾问客户资产管理指南	Roger C. Gibson	翟立宏 等	99
10	CFA协会机构投资系列	978-7-111-43668-3	投资绩效测评：评估和结果呈报	Todd Jankowski, Watts S. Humphrey, James W. Over	潘席龙 等	99
11	CFA协会机构投资系列	978-7-111-55694-7	风险管理：变化的金融世界的基础	Austan Goolsbee, Steven Levitt, Chad Syverson	郑磊 等	149
12	CFA协会机构投资系列	978-7-111-47928-4	估值技术：现金流贴现、收益质量、增加值衡量和实物期权	David T. Larrabee	王晋忠 等	99
13	CFA协会机构投资系列	978-7-111-49954-1	私人财富管理：财富管理实践	Stephen M. Horan	翟立宏 等	99